当代中国社会变迁研究文库编委会

主　任　李培林

副主任　陈光金　张　翼

委　员　（按姓氏音序排列）
　　　　　陈婴婴　景天魁　李春玲　李银河
　　　　　罗红光　王春光　王晓毅　王延中
　　　　　王　颖　杨宜音

当代中国社会变迁研究文库

出生与机会
出生队列规模变动与人口福利

马妍 著

Birth and Fortune:
Birth Cohort Size and Personal Welfare

社会科学文献出版社
SOCIAL SCIENCES ACADEMIC PRESS (CHINA)

总　序
推进中国社会学的新成长

中国社会学正处于快速发展和更新换代的阶段。改革开放后第一批上大学的社会学人，已经陆续到了花甲之年。中国空前巨大的社会变迁所赋予社会学研究的使命，迫切需要推动社会学界新一代学人快速成长。

"文化大革命"结束后，百废待兴，各行各业都面临拨乱反正。1979年3月30日，邓小平同志在党的理论工作务虚会上，以紧迫的语气提出，"实现四个现代化是一项多方面的复杂繁重的任务，思想理论工作者的任务当然不能限于讨论它的一些基本原则。……政治学、法学、社会学以及世界政治的研究，我们过去多年忽视了，现在也需要赶快补课。……我们已经承认自然科学比外国落后了，现在也应该承认社会科学的研究工作（就可比的方面说）比外国落后了"。所以必须奋起直追，深入实际，调查研究，力戒空谈，"四个现代化靠空谈是化不出来的"。此后，中国社会学进入了一个通过恢复、重建而走向蓬勃发展和逐步规范、成熟的全新时期。

社会学在其恢复和重建的初期，老一辈社会学家发挥了"传帮带"的作用，并继承了社会学擅长的社会调查的优良传统。费孝通先生是我所在的中国社会科学院社会学研究所第一任所长，他带领的课题组，对实行家庭联产承包责任制后的农村进行了深入的调查，发现小城镇的发展对乡村社区的繁荣具有十分重要的意义。费孝通先生在20世纪80年代初期发表的《小城镇·大问题》和提出的乡镇企业发展的苏南模式、温州模式等议题，产生了广泛的影响，并受到当时中央领导的高度重视，发展小城镇和乡镇企业也随之成为中央的一个"战略性"的"大政策"。社会学研究所第三任所长陆学艺主持的"中国百县市经济社会调查",形成了100多卷本调查著作,已建立了60多个县(市)的基础问卷调查资料数据库,现正在组织进行"百村调查"。中国社会科学院社会学研究所的研究人员在20世纪90年代初期集体撰写了第一本《中国社会发展报告》,提出中国社会变迁的一个重要特征,就是在从计划经济走向社会主义市场经济的体制转轨的同时,也处于从农业社会向工业社会、从乡村社会向城市社会、从礼俗社会向法理社会的社会结构转型时期。在社会学研究所的主持下,从1992年开始出版的《中国社会形势分析与预测》年度"社会蓝皮书",至今已出版20本,在社会上产生了较大影响,并受到有关决策部门的关注和重视。我主持的从2006年开始的全国大规模社会综合状况调查,也已经进行了三次,建立起庞大的社会变迁数据库。

2004年党的十六届四中全会提出的构建社会主义和谐社会的新理念,标志着一个新的发展时期的开始,也意味着中国社会学发展的重大机遇。2005年2月21日,我和我的前任景天魁研究员为中央政治局第二十次集体学习做"努力构建社会主义和谐社会"的讲解后,胡锦涛总书记对我们说:"社会学过去我们重视不够,现在提出建设和谐社会,是社会学发展的一个很好的时机,也可以说是社会学的春天吧!你们应当更加深入地进行对社会结构和利益关系的调查研究,加强对社会建设和社会管理思想的研究。"2008年,一些专家学者给中央领导写信,建议加大对社会学建设发展的扶持力度,受到中央领导的高度重视。胡锦涛总书记批示:"专家们来信提出的问题,须深入研究。要从人才培养入手,逐步扩大社会学研究队伍,推动社会学发展,为构建社会主义和谐社会服务。"

目前,在恢复和重建30多年后,中国社会学已进入了蓬勃发展和日渐成熟的时期。中国社会学的一些重要研究成果,不仅受到国内其他学科的广泛重视,也引起国际学术界的关注。现在,对中国社会发展中的一些重大经济社会问题的跨学科研究,都有社会学家的参与。中国社会学已基本建立起有自身特色的研究体系。

回顾和反思30多年来走过的研究历程,社会学的研究中还存在不少不利于学术发展的问题。

一是缺乏创新意识,造成低水平重复。现在社会学的"研究成果"不可谓不多,但有一部分"成果",研究之前缺乏基本的理论准备,不对已有的研究成果进行综述，不找准自己在学科知识系统中的位置，没有必要的问题意识，也不确定明确的研究假设，缺少必需的方法论证，自认为只要相关的问题缺乏研究就是"开创性的""填补空白的"，因此研究的成果既没有学术积累的意义，也没有社会实践和社会政策的意义。造成的结果是，低水平重复的现象比较普遍，这是学术研究的大忌，也是目前很多研究的通病。

二是缺乏长远眼光，研究工作急功近利。由于科研资金总体上短缺，很多人的研究被经费牵着鼻子走。为了评职称，急于求成，原来几年才能完成的研究计划，粗制滥造几个月就可以出"成果"。在市场经济大潮的冲击下，有的人产生浮躁情绪，跟潮流、赶时髦，满足于个人上电视、见报纸、打社会知名度。在这种情况下，一些人不顾个人的知识背景和学科训练，不尊重他人的研究成果，不愿做艰苦细致的调查研究工作，也不考虑基本的理论和方法要求，对于课题也是以"圈"到钱为主旨，偏好于短期的见效快的课题，缺乏对中长期重大问题的深入研究。

三是背离学术发展方向，缺乏研究的专家和大家。有些学者没有自己的专门研究方向和专业学术领域，却经常对所有的问题都发表"专家"意见，"研究"跟着媒体跑，打一枪换一个地方。在这种情况下，发表的政策意见，往往离现实很远，不具有可操作性或参考性；而发表的学术意见，往往连学术的边也没沾上，仅仅是用学术语言重复了一些常识而已。这些都背离了科学研究出成果、出人才的方向，没能产生出一大批专家，更遑论大家了。

这次由中国社会科学院社会学研究所学术委员会组织的"当代中国社会变迁研究文库"，主要是由社会学研究所研究人员的成果构成，但其主旨是反映、揭示、解释我国快速而巨大的社会变迁，推动社会学研究的创新，特别是推进新一代社会学人的成长。

李培林
2011 年 10 月 20 日于北京

目　　录

第一章　人口转变下的人口福利 …………………………………… 1
　　第一节　人口转变与人口福利 ………………………………… 1
　　第二节　中国人口福利状况 …………………………………… 3
　　第三节　人口福利研究的重要性和切入点 …………………… 6

第二章　人口变动与人口福利变迁 …………………………………… 11
　　第一节　人口变动对不同层面和领域的影响与后果 ………… 12
　　第二节　出生队列规模变动对不同福利维度的影响 ………… 19
　　第三节　新视角和方法下人口福利研究的必要性 …………… 22

第三章　人口福利研究的理论构建与研究设计 ……………………… 24
　　第一节　出生队列规模变动对人口福利影响的理论依据 …… 24
　　第二节　出生队列规模变动对人口福利影响
　　　　　　路径的构建和测量 …………………………………… 29
　　第三节　出生队列规模变动与人口福利关系的假设 ………… 34
　　第四节　测量人口福利的数据与方法 ………………………… 36

第四章　健康福利：营养健康 ………………………………………… 44
　　第一节　出生队列规模变动与队列成员的健康状况 ………… 46
　　第二节　出生队列规模变动对队列成员健康
　　　　　　状况的影响 …………………………………………… 54

第三节　出生队列规模变动对队列成员健康
　　　　　　福利的净效应 ································ 68
　　小　结 ·· 75

第五章　教育福利：教育机会 ···························· 79
　　第一节　教育机会的可及性 ·························· 80
　　第二节　教育机会的公平性 ·························· 99
　　第三节　出生队列规模变动对入学机会的影响 ······ 106
　　第四节　出生队列规模变动对教育机会的净效应 ···· 119
　　小　结 ·· 125

第六章　教育福利：教育成就 ···························· 129
　　第一节　各出生队列成员教育成就的基本情况 ······ 131
　　第二节　出生队列规模变动对教育成就的影响 ······ 138
　　第三节　出生队列规模变动对教育成就的净效应 ···· 150
　　小　结 ·· 156

第七章　经济福利：职业与收入 ·························· 159
　　第一节　出生队列规模变动对队列成员职业状况的影响 ···· 160
　　第二节　出生队列规模变动对队列成员收入水平的影响 ···· 168
　　第三节　出生队列规模变动对队列成员职业状况和收入
　　　　　　水平的净效应 ································ 174
　　小　结 ·· 176

第八章　婚姻福利：婚否与婚龄 ·························· 179
　　第一节　不同规模出生队列成员的婚姻福利水平 ···· 180
　　第二节　出生队列规模变动对队列成员婚姻福利的影响 ···· 183
　　第三节　出生队列规模变动对婚姻福利的净效应 ···· 191
　　小　结 ·· 193

第九章　出生队列规模的效应：总结与应对 …………………… 196
　第一节　出生队列规模效应 …………………………………… 196
　第二节　应对出生队列规模效应的政策建议 ………………… 201
　第三节　人口福利研究的再评估与未来展望 ………………… 205

参考文献 ……………………………………………………………… 208

第一章
人口转变下的人口福利

人口转变在社会变迁过程中不断走向深入，而人口转变和其他因素共同引致的出生人口规模变动，反过来可能影响了社会变迁的推进以及在这个过程中的其他方面，比如人口福利。因此，在社会变迁过程中和人口转变情境下，人口福利的变迁过程是我们想要探寻的答案。

第一节 人口转变与人口福利

伴随着社会经济发展程度的不断提高、人口转变进程的不断深入以及人口惯性的作用，世界各国出生人口规模都经历了波动起伏的变化，造就了规模迥异的出生队列（birth cohort）。中国是世界第一人口大国，不仅仅具有独特、复杂的人口国情，更具有特色的社会经济文化背景。新中国成立70余年来，中国社会发生了巨大的变化，社会经济的快速发展，使人们的生活质量得到了显著提高，享有的社会福利与日俱增。随着我国人口转变进程的不断深入，我国已经进入低出生、低死亡、低增长的现代阶段。然而在中国人口转变的过程中，一个突出的特点就是人口年龄结构的不规则变动，具有"三凸三凹"的特点，即我国的出生人口规模变动经历了三次典型的出生高峰和三次相应的出生低谷。随着这些在人口周期波峰或波谷出生的人口依次进入升学、就业、婚姻甚至未来的老年阶段，他们所感受到的同辈竞争压力截然不同，"高考热""毕业生就业难"等不仅是社会热点问题，也与个人福利息息相关。那么出生队列规模的差异与队列成员个体的人口福利是否存在相关关系？

美国学者伊斯特林（Easterlin）根据对美国"婴儿潮"（Baby Boom）和"婴儿荒"（Baby Bust）时期出生队列规模差异的研究，发现出生队列的相对规模在很大程度上影响了队列成员的终身福利（Easterlin，1980）。该研究首次建立了出生队列规模与队列成员福利的相互联系。依据伊斯特林的研究结论，在我国人口转变进程中形成的规模迥异的出生队列，可能因队列规模的差异使队列成员的人口福利存在差异。然而，出生队列规模与其队列成员的人口福利之间是否确实存在着必然联系，甚至因果关系，则需要我们通过规范的实证研究来获得答案。

目前，学界对人口福利的研究主要聚焦于对某些特定人口群体单维度福利的探究，一是研究不同年龄群体，如老年群体（伍小兰，2009）、少年儿童（杨菊华，2007）的福利；二是聚焦特定状况的群体，如残疾人（马洪路，2002）和其他弱势群体的福利（江立华，2007）等。尚未有学者从纵向的角度，从队列的、动态的、生命历程的视角关注普通人群福利状况的变动趋势及其影响因素，因而迫切需要我们开展相关研究，对人口福利研究进行新角度、新方法和新维度的补充、丰富和完善。

进入21世纪，中国的人口发展进入了稳定低生育率的新阶段，虽然人口惯性的影响仍然存在，但是历年出生人口规模的波动范围已较为有限，因此在新的发展阶段里，探究出生队列规模变动的影响是否依然存在及其影响程度的变化情况至关重要。然而人口福利的实现与保障，需要国家和政府通过制定和执行相关的公共政策才能变为现实。因此，基于出生队列的视角，纵向研究人口福利的变化特征和趋势，将有利于政府制定和调整相应的政策，以回应出生队列规模的变动。

人口福利涉及个体生命历程的各个阶段，涵盖了健康、教育、经济、婚姻等诸多方面。这些福利沿着个体的生命历程依次出现并逐步出现叠加。其中，健康福利和教育福利是最基础的人口福利，因为它们是个体在生命历程中较早涉及并且可能影响个体整个生命历程的人口福利，可能直接影响到其他人口福利的实现。阿马蒂亚·森认为在教育、保健等方面所实行的社会安排，即社会机会，是影响个人享受更好生活的根本。而这种根本性条件的状况不仅对个人生活，而且对其更有效地参与经济和政治活动都是重要的（森，2002）。因此，我们对队列成员人口福利的关注不仅要立足于两项基础性福利，还要在此基础上拓展到其他同样重要的福利，力图较为全面地涵盖个体生命历程中涉及的主要人口福利维度，以期勾勒出个体生命历程中的人口福利全貌及其变动过程。

第二节　中国人口福利状况

一　社会经济发展带动人口总福利的变动

新中国成立70余年来，中国的社会经济发展发生了翻天覆地的变化，尤其是改革开放40多年来，我国的社会、经济、人口等诸多领域都经历了不同程度的转型，国家财富有了显著增加，人民生活水平有了显著提高，集中体现为人均GDP、平均预期寿命、平均受教育水平和人均可支配收入等社会经济各方面的整体提升。

1. 总体社会经济状况：人均GDP快速增长

1952~2018年，我国人均GDP水平不断提高（见图1-1），按当年价格计算，我国1952年人均GDP为119元，2018年达到64644元。按不变价格（1952年=100）计算，2018年我国人均GDP为7235.8元，是1952年的约72倍。人均GDP的快速增长充分表明我国人口的经济福利水平显著提升。

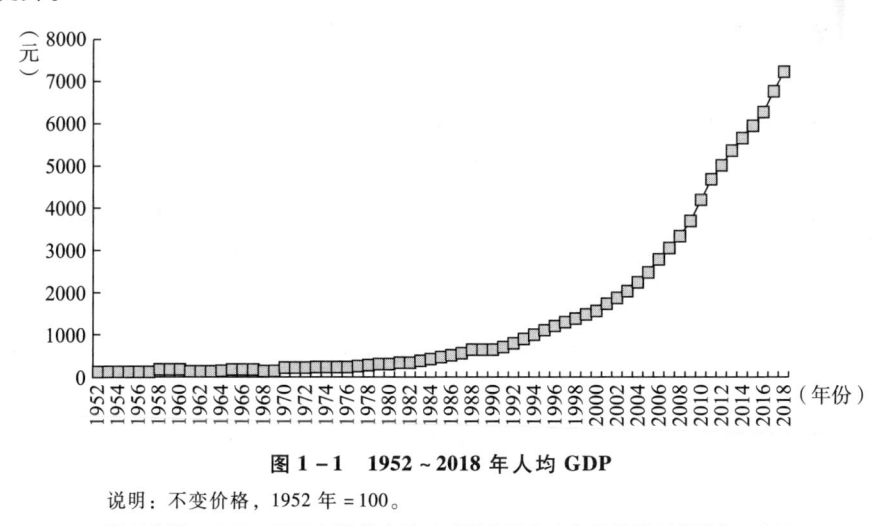

图1-1　1952~2018年人均GDP

说明：不变价格，1952年=100。

资料来源：1952~2008年数据来源于《新中国六十年统计资料汇编》；2009~2018年数据来源于《2019年中国统计年鉴》。

2. 健康福利水平：平均预期寿命逐步延长

1982年第三次全国人口普查数据显示，1981年我国人口的平均预期寿命为67.77岁，到2015年上升为76.34岁（见图1-2），超过了欧洲地区的平均水平74.2岁。[①] 1981~2015年，35年时间平均预期寿命增长了8.57岁。平均预期寿命的逐步延长表明我国人口总体的健康福利水平也逐步提高。

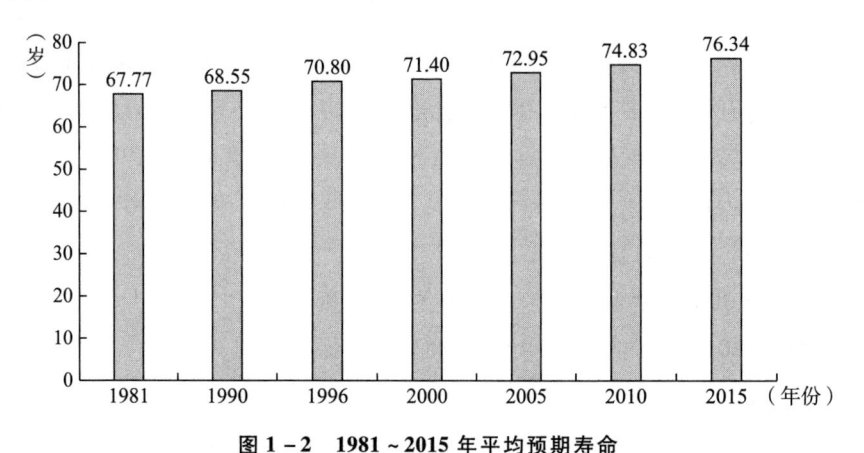

图1-2　1981~2015年平均预期寿命

资料来源：《2019年中国统计年鉴》，http://www.stats.gov.cn/tjsj/ndsj/2019/indexch.htm。

3. 教育福利水平：平均受教育年限显著增加

1990年，我国人口平均受教育年限为6.26年（见图1-3），相当于全体人口仅有小学受教育程度；2018年，我国人口平均受教育年限达到9.21年，比1990年增长了约47%，相当于全体人口完成了初中教育，人口总体的受教育程度有了较大提升，反映了我国人口教育福利水平的显著提高。

4. 经济福利水平：城镇居民人均可支配收入和农村居民人均纯收入稳步提升

从收入层面来看，1978~2018年，我国城乡居民的人均可支配收入都有了显著提升，按照不变价格计算（1978年＝100），城镇居民人均可支配收入增长了约16倍，农村居民人均纯收入增长了约19倍（见图1-4），两

---

① 数据来源：2018 World Health Statistics, https://apps.who.int/iris/bitstream/handle/10665/272596/9789241565585-eng.pdf?ua=1，最后访问日期：2020年3月5日。

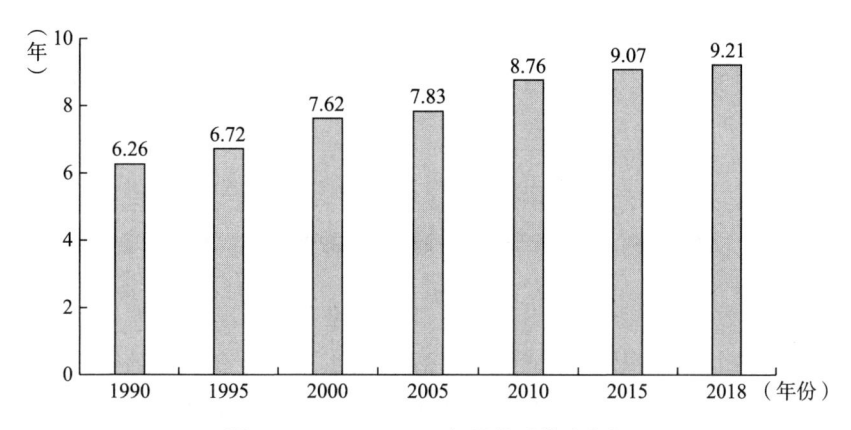

图 1-3　1990~2018 年平均受教育年限

资料来源：1990~2000 年数据参见段成荣（2006）；2005~2018 年数据根据 2006 年、2011 年、2016 年和 2019 年《中国统计年鉴》计算得出。

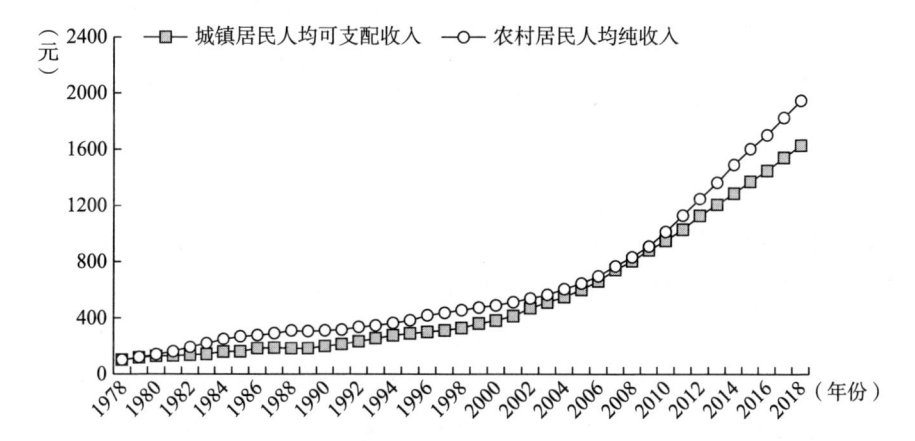

图 1-4　1978~2018 年城镇居民人均可支配收入和农村居民人均纯收入

说明：图中数据为不变价格，1978 年 =100。

资料来源：1978~2008 年数据来源于《新中国六十年统计资料汇编》；2009~2018 年数据来源于《2019 年中国统计年鉴》。

者均保持了稳步增长，也凸显了我国人口整体经济福利水平的稳步提升。

以上四个方面的变化都充分说明我国人口的总福利水平得到了显著提高。但是我们不能仅从全国宏观层面，从全体人口的角度出发，就认为我国所有人口的福利水平均处于不断上升的趋势，因各地所处地理位置等导致的区域发展差异决定了我国的社会发展在总量发展的基础上，往往存在着区域或城乡发展的不平衡，这种不平衡投射到本书的研究范畴中，可能导致不同出生队列之间的福利水平也存在不同程度的差异。因此，我们聚焦到更中观的层面，关注不同地区或代际，特别是出生队列规模波动起伏的各出生队列成员，关注这些中观层面的人口群体是否都经历了同样的人口福利水平变化。我们将在后文通过相应的实证研究进行分析和验证。

二　人口转变与生育政策的发展和完善对人口福利具有潜在影响

中国作为典型的发展中国家，人口转变进程落后于西方发达国家近百年。然而中国独有的社会经济发展进程调控了人口生育政策的形成、发展和完善的过程，并与独特的中华文化等因素共同造就了中国特色的人口转变进程，使中国在短短70多年的时间里，总和生育率就下降到更替水平以下，并逐步稳定在低生育水平。回顾我国的生育政策演变历程，我们经历了诸多反复和曲折：1949～1953年是放任人口增长时期；从1954年开始国家主张生育控制；然而1958～1960年的"大跃进"运动干扰了节制生育的进程，形成了第一次出生高峰；1960～1966年，计划生育思想复苏，相关计划生育工作开始开展；1967～1969年丧失了生育控制的社会环境；20世纪70年代开始全面推行计划生育政策；1980～1990年的生育政策微调和新婚姻法的实行，造成了新一轮的出生高峰；1991年以后随着生育政策的逐渐稳定，出生队列的规模开始呈现不断缩小的趋势。进入21世纪，分步骤的二孩生育政策调整也没有导致出生队列规模的迅速扩大。这种独有的生育政策演变进程，不仅造就了我国特有的人口转变进程，而且使我国出生队列的规模波动起伏，这种多起多落的人口结构变动过程投射到我国社会经济发展的方方面面，对于队列成员的人口福利水平也具有潜在影响。

第三节　人口福利研究的重要性和切入点

一　人口福利研究的重要性

本书关注新中国成立以来出生队列规模变动对其队列成员人口福利状况的影响，是在中国特色的人口转变进程中关注人口转变的后果，也是在我国社会经济的变革中考察我国人口福利的变动，在理论和实践两方面均具有十分重要的意义和价值。

（一）系统研究队列成员人口福利水平的学术价值

1. 弥补当前人口福利研究中尚未从生命历程的角度进行系统实证研究的不足

个体的人口福利水平随着生命历程不断变化，处于生命历程不同阶段的个体的福利状况具有不同的侧重，而且不同的福利维度之间存在相互影响的可能。所以从生命历程的角度关注队列成员的人口福利状况，有助于相对全面地把握个体人口福利状况及其演变过程，能够推进生命历程理论和人口福利研究。此外，在一个横截面上分析人口群体整体的福利状况，可能导致不同年龄人口的福利水平差异被整体的平均福利水平掩盖而无法体现出来。所以我们的研究以出生队列为分析单位，能够在一定程度上排除时期的影响，凸显不同出生队列的成员可能存在的人口福利差异，也能使不同出生队列成员的人口福利状况更具可比性。

2. 运用队列分析法，提供了研究人口福利的一种新视角和新方法

个体的人口福利水平处于动态变化的状态，以往对于人口福利的研究大多是从横向的角度，关注某时期内某人口群体的福利状况。然而个体的人口福利水平往往是瞬时的和不稳定的，仅依靠横向的时期数据，不能看到人口福利水平的变化过程，不能对人口的福利水平得出一个较为准确的估计。因此，本书将从纵向的角度，从队列的、动态的视角关注普通人群的福利水平及其变动趋势，通过对队列成员在生命历程中不同阶段不同人口福利水平的考察，近似反映其总体的人口福利水平。因此，本书为人口福利的研究提供了一种新的视角和方法。此外，本书虽然以出生队列为分析单位考察队列成员的人口福利状况，但是研究结果不仅能反映队列成员的福利水平，而且队列成员的人口福利状况可以在一定程度上评估他们是否相对均等地享有社会发展成果。因此，本研究也是对我国社会发展公平性和资源分配合理性的一种考量。

3. 检验伊斯特林效应在中国发展情境中的适用性

目前，与出生队列规模和人口福利相关的研究大多被纳入了"伊斯特林效应"（Easterlin Effect）的范畴。该效应主要关注出生率和出生队列规模变动导致的人口和社会行为的周期性变动，经济和社会机遇都倾向于与出生队列规模呈反向变动（Pampel and Peters, 1995）。本书也希望考察在中国的人口转变进程中，是否也存在伊斯特林效应。然而在不同的社会发展环境中，出生队列规模变动的影响可能呈现不同的形式。在美国无生育控制和社会资源相对丰富的情境下能够解释伊斯特林效应的变量未必能在中国的情境中有同样的解释力。因此，在中国特定的发展轨迹下，探究出生队列规模变动的社会效应，具有重大的理论意义。仅关注典型时期的特殊队列（如出生高峰的峰值年份队列）将可能影响研究结论的推及性，因此，应当在更普遍的情境下研究出生队列规模变动的影响及其可能受到的外部调节。

4. 探究人口转变的微观效应和社会影响，将人口转变研究引向深入

伴随着人口转变的出现，中西方对于人口转变的研究已有上百年的历史，其间从对人口转变阶段的划分，到对人口转变内在动因的探讨，再到对人口转变的影响及其后果的研究，可谓硕果累累，但是从微观层面探究人口转变的效应及其影响的研究并不多见。出生队列规模变动实质上是人口转变进程的直接体现。因此，本书聚焦出生队列规模变动对队列成员人口福利的影响，从本质上讲是在社会变革的背景下，考察人口转变这个宏观事件在微观层面对个人产生了怎样的影响和效应，人口转变是否因为造成了出生队列规模的差异，而导致了队列成员人口福利水平的差异？如果存在这种影响和效应，国家和社会应该做出怎样的回应和调整？从这个角度出发，笔者认为本书通过关注出生队列规模变动和队列成员人口福利的关系，能在一定程度上将以往的人口转变研究引向深入，具有重要的学术价值。

（二）关注出生队列规模变动与人口福利关系的政策含义

1. 从队列成员的人口福利这一侧面对中国社会发展进行考量

本书探讨出生队列规模变动对队列成员人口福利的影响，而人口福利水平的变化，除了受到人口因素的影响，也必然受到当期社会经济发展程度以及相关社会政策执行情况的影响。我们探究出生队列规模变动与队列成员人口福利的关系，一定程度上也是基于人口学视角，从人口福利这一侧面对中国社会发展进行考量，是对以往相关社会政策执行效果的一种评估。

2. 为实施"健康中国"发展战略提供技术支持

人民健康是民族昌盛和国家富强的重要标志，党的十九大报告指出，"实施健康中国战略，增进人民健康福祉，事关人的全面发展、社会全面进

步,事关'两个一百年'奋斗目标的实现,必须从国家层面统筹谋划推进"。本书关注出生队列规模变动对队列成员人口福利的影响,其中特别关注队列成员的健康福利,既是对队列成员既有健康福利状况的考察,也可为未来人口健康福利状况的改善提供重要参考和依据,为我国实施"健康中国"发展战略、完善国民健康政策提供相应的技术支持。

3. 为建设教育强国给予实证参考

中国是世界第一人口大国,也是世界上劳动力资源最丰富的国家之一。充分开发人力资源、普遍提高教育水平,符合当今全球各国通过人力资源开发增强综合国力的大趋势,也是基于我国基本国情全面建成小康社会的必然选择。建设教育强国的核心是大力发展教育,但迄今为止,我国教育事业仍存在着供给不足、结构失衡、体系不全、机制不活的问题,从而决定了这一战略目标的实现具有长期性。本书探讨出生队列规模变动对队列成员人口福利的影响,特别关注队列成员的教育福利,既是对以往队列成员教育福利状况的考察,也是对未来队列成员教育福利的展望,并且能够在此基础上,探索出有效提高教育福利的途径。因此,本书是从人口学角度,通过实证研究对于我国建设"教育强国"给予相应的实证参考。

4. 为政府在相关领域进行政策回应和调整提供重要参考和依据

我们关注出生队列规模变动对于队列成员人口福利的影响,不仅仅是为了考察队列成员的人口福利状况、考量我国社会发展的成果,更重要的是通过研究发现相关社会政策在其中的影响、作用及其产生影响的机制。本书试图通过讨论队列成员的人口福利与公共政策的关系,概括出相应的政策启示,使政府在出生队列规模不断变动的情境下,更有针对性地保障和实现队列成员的各项人口福利,也为政府在各社会领域进行相应的政策回应和调整提供重要参考和依据。因此,本书不仅具有重要的学术价值,也具有重大的现实意义。

二 人口福利研究的切入点

本书关注出生队列规模变动对队列成员人口福利的影响。人口福利是多维的,包括了健康、教育、就业、婚姻等诸多维度,几乎涵盖了个体生命历程的各个阶段。关于福利的含义,福利经济学研究中有着不同的界定和争议。根据1998年诺贝尔经济学奖得主阿马蒂亚·森的研究,福利是个人实质自由的实现，即人们能够选择过他们愿意过的生活的可行能力，而实质自由体现在政治自由、经济条件、社会机会、透明性担保和防护性保障五个方面（森，2002）。本书聚焦的队列成员的健康、教育、经济和婚姻福利，都涵盖在阿马蒂亚·森所提及的实质自由之内。在此基础上，本书将根据个体生命历程的不同阶段，将人口福利细分为队列成员的健康福利、教育福利、经济福利、婚姻福利四个维度，分别探究出生队列规模变动对这四个福利维度的影响，以及不同福利之间的相互联系。同时，为了尽可能离析出出生队列规模变动与队列成员人口福利之间的独立关系，需要控制其他相关的影响因素，并且关注相关因素可能存在的干扰或调节作用。根据研究目的和相关文献回顾，本书提出了开展研究的切入点和集中探讨的四个研究问题。

第一，在控制其他影响因素的前提下，探究出生队列规模变动与队列成员人口福利之间是否存在相关关系，甚至是因果关系，以及这种影响发生作用的机制。

第二，从生命历程视角，考察出生队列规模变动对队列成员的健康福利、教育福利、经济福利和婚姻福利四个维度是否都存在影响，以及这些影响在不同的福利维度是否存在差异。

第三，出生队列规模变动对队列成员人口福利的影响是否因队列成员的性别或分城乡居住地等因素而存在差异，出生队列规模的主效应是否受到其他因素的调节。

第四，出生队列规模变动对队列成员人口福利的影响是否独立于社会经济和其他因素之外，相关社会政策对于出生队列规模的影响力是否存在不同程度的干扰或调节。

第二章
人口变动与人口福利变迁

  对人口变动及其影响的探讨是社会人口学研究中一个较为经典的话题，积累了丰硕的研究成果。多年以来，不同的研究从不同的角度和层面出发，不断地推进着这一领域的研究。在人口变动的诸多影响中，本书更关注其对人口福利变迁的影响，特别是人口变动如何在人口福利的变迁中发挥自身的影响力。

  通过查阅和梳理国内外相关研究，可以发现，目前对人口变动与人口福利变迁关系的研究可以粗略划分为两个方面：（1）关注人口变动对不同层面和领域的影响和后果；（2）从出生队列的角度考察出生队列规模变动对队列成员不同福利层面的影响，以及特别关注特殊出生队列——"婴儿潮"和"婴儿荒"队列的福利状况。

  目前，学界对人口福利的研究主要聚焦于某些特定人口群体某些方面的福利状况。如研究不同年龄群体：伍小兰（2009）关注了老年人口群体的福利状况；杨菊华（2007）从营养和教育两个方面关注了少年儿童的福利状况，以及生育政策对少儿福利的影响。还有学者聚焦特殊群体的福利状况，马洪路（2002）考察了残疾人口的福利状况，江立华（2007）侧重于对弱势群体福利状况的考察等。因此，已有的研究偏向于对特定人口群体福利状况的研究，尚无研究系统地关注整个人口群体的福利状况。而对普通人口群体福利状况的探究涉及和覆盖了更广的范围，具有更为重大的理论和现实意义。

第一节 人口变动对不同层面和领域的影响与后果

就影响的层面而言,人口变动通过影响人口规模和人口结构,对国家、社区和家庭三个层面产生了不同的影响和后果;而就影响的维度而言,人口变动的影响也扩散到了经济、健康和贫困等福利维度。

一 人口变动对国家、社区和家庭层面的影响

在国家层面,人口变动几乎对国家各个方面的发展都有重要的影响(Selvaratnam,1993)。Selvaratnam 聚焦于教育、健康服务以及劳动力和就业三个领域来考察人口变动的影响。他认为人口增长和变动对教育发展、民众受教育程度以及教育规划决策都有各种直接和间接的影响。比如,人口增长有效地增加了学龄人口的数量及其对教育资源的需求,提高了教育在国家整体资源中所占的比重,但也增加了政府提高国民教育质量的难度和学龄儿童抚养的负担。同时,人口变动与健康发展交互影响,人口增长使人们对医疗和健康服务设施的需求增加,反过来健康水平的提高有助于人口转变的进一步进行。此外,人口增长在导致劳动力大幅增加的同时也加重了就业压力和提高了失业率(Selvaratnam,1993)。

在社区层面,Costello(1993)对孟加拉国几个村庄的研究表明,人口增长与教育、健康等领域的关系并不是简单的负相关关系。在人口密度较低的村庄,父母更具备在教育、健康和其他改善生活状况等方面投入的实力。人口密度高的村庄的识字率低于人口密度低的村庄,而人口密度介于高和低之间的村庄的识字率最低;平均受教育年限也显现相同的模式。婴儿死亡率与村庄的人口密度呈正相关。能量的消耗在人口密度低的村庄更高(Costello,1993)。

在家庭层面,人口变动最大的影响是使个体在生命历程的各阶段耗费的时间出现了很大改变(Wachter and Wascher,1984)。而家庭通过调整一系列潜在的人口或经济安排来回应人口变动的影响。在教育方面,社会发展增加了家庭对孩子的人力资源投资,父母只能选择缩小家庭规模来确保孩子获得期望的受教育水平。在就业方面,就业结构、家庭声望和文化偏好都通过与家庭目标的交互影响来决定家庭规模和就业之间的关系。因

此，家庭通过调整进入劳动力市场的人数和结构，以及孩子参与劳动的多少和家庭成员的迁移来回应人口变动。而在健康方面的影响主要表现为：生育率下降与健康水平的提高、营养状况的改善以及对老年人福利的影响。在家庭储蓄方面，人口变动对家庭储蓄的影响受生命历程的消费需求、确保维持生活水平的需求和改善生活状况的愿望的影响。家庭储蓄与家庭规模没有一致性的关系；迁移，尤其是短期和女性的迁移更可能通过移民汇款增加家庭储蓄；死亡率的下降有助于增加家庭储蓄和财富积累（Guest，1993）。

这些关于人口变动对国家、社区和家庭层面福利状况影响的研究，基本都侧重于关注人口增长时期人口变动产生的影响，而对于目前人口转变进程中后期出现人口规模下降以及低生育水平下人口变动相对趋稳的影响的研究相对不足，对于人口变动影响力的探究是阶段性的，需要通过新的研究拓展对于人口变动影响力时间范畴的探讨。

二 人口变动对不同福利维度的影响

人口变动不仅在国家、社区和家庭层面产生了不同的影响，其影响也投射到不同的福利维度。自西方人口转变开始，对人口变动尤其是人口增长及其影响的研究比比皆是。概括起来主要包括人口变动对经济、健康、贫困等福利层面的影响。

关于人口增长与经济发展的关系，Kelley 和 Schmidt（1996）认为人口增长对经济的短期影响是负向的，而长期影响可能是正向的。人口增长将有利于人均经济增长，特别是在那些贫穷的、人口密度高而且资源基础薄弱的农业国家。国内学者葛小寒、陈凌（2010）通过在 Lucas 模型基础上构建的人力资本、人口变动和经济增长模型发现，人力资本、贸易开放度对经济增长具有显著正效应，而人口增长率、外商直接投资（Foreign Direct Investment，FDI）与经济增长的关系则具有不确定性。此外，基于我国庞大的人口基数和快速的人口增长，刘楠（2006）指出，人口众多给我国的就业带来了巨大压力，要想在缓解就业压力的同时达到优化就业结构的目的，国家必须采取相应的积极措施，通过各种手段促进劳动力转移。同时，由于我国特殊的户籍制度，也有学者特别关注了户籍人口变动对经济发展的影响（黄飞，2010）。

Montgomery和Lloyd（1996）关注了人口增长与健康的关系。他们发现高生育率与女性和儿童的健康和存活率呈负相关，姊妹多且父母生育间隔短的孩子享受到的健康资源更少，在其人力资本的发展方面处于劣势。然而这种劣势可以通过经济、人口、文化和政策环境进行调节。推迟一胎生育、减少总生育子女数、拉长生育间隔将有助于提高很多发展中国家母亲和孩子的健康水平（Montgomery and Lloyd，1996）。

此外，Guest（1993）认为，人口变动会影响对人力资源发展投资的机会，以及这些资源被充分利用的可能性。人口变动对人力资源发展的影响，通过社会和家庭的人口结构变动来实现。在社会层面，这种影响一部分通过年龄结构来实现，一部分通过人口的空间分布来实现。在家庭层面，人口变动通过影响家庭规模和结构的变动来影响家庭对其成员人力资源的投资。

在人口增长与食物供给方面，Ruttan（1996）提出在耕地的数量和质量难以增加，以及农业研究和技术难以更新的前提下，农产品可持续增长难以充分满足人口增长导致的食物需求增长。因此，需要更多的物质和设施投入、提高农村人口的教育和健康水平，以及扩大对农业的研究和提升技术水平。人口增长减缓以及提高非农业部门的就业和收入将有利于解决人口问题。

Mason（1996）的研究表明人口增长对住房问题也存在影响：增加了对住房用地、住房和城市设施的需求；需求的增加导致了房价上涨、住房短缺和住房质量下降，这些都损害了人口福利。同时，调节住房需求和城市设施使资源无法集中于更高效的使用领域。国内也有学者注意到了人口变动对房地产市场的影响。随着流动人口规模的日益扩大，我国城市化进程不断加快，从而大大增加了我国城市房地产市场的有效需求总量，而且城市化发展的不同阶段在我国不同的地区和省份之间共存，使我国城市房地产市场出现需求结构多元的现象。同时，伴随着生育率持续下降和老龄化水平的日益上升，我国人口对老龄住宅的需求也将呈现不断上升的趋势（刘颖春，2006）。

Ahlburg（1996）通过实证研究没有发现人口增长率与贫困比例有显著关系，但这并不意味着人口增长对贫困完全没有影响。其间接影响表现为，人口增长可能会增加和传递代际贫困，生活在人口众多的贫穷国家会增加自身致贫的可能性。

关于人口增长与环境的关系，Panayotou（1996）指出，人口增长与环境恶化和资源枯竭之间不存在直接的、简单的关系。人口增长不是环境恶化的根源，但是确实加剧了环境问题。他认为，人口增长对环境的实际影响取决于个人和组织应对人口压力的灵活性，因此降低人口增长的政策将有利于缓解人口对环境的压力。

三 人口变动对人口教育的影响

人口变动在不同的层面对教育产生了不同的影响。在宏观层面，人口规模和结构的变动对国家的教育发展、规划、政策都会产生不同程度的影响；在微观层面，人口规模的变动也对个体的教育机会、选择、决策、成本收益和回报产生特定的影响。目前，国内的相关研究主要集中于前一层面，即人口变动在宏观层面对教育的影响；而国外的研究则更关注人口变动在微观层面对个体教育福利的影响。当然，宏观层面与微观层面的影响并不是截然分离的，微观层面个体的教育福利既受到人口规模变动的直接影响，也受到人口规模变动通过其对宏观教育状况的影响传递到微观层面的间接影响。

1. 宏观层面：人口变动对国家教育发展、规划和政策的影响

（1）人口变动对教育发展的影响

Kelley（1996）通过关注发展中国家人口增长对国家人力资源发展状况的影响，来考察人口变动对国家教育发展的影响。他研究发现，第三世界国家在面对人口压力的同时也成功地增加了教育机会，而且这一成果并没有建立在教育成本大幅增加的基础上。但是这一成果的取得是建立在以"质量"换"数量"的基础上，意味着在没有大幅增加教育投入的前提下，降低了教育的质量，只是这种置换的影响目前尚不明确。同时，也没有证据表明，对教育的投入影响了对其他更有生产力的物质资本领域的投入。

国内早期对人口变动和人口教育的研究，主要关注人口变动对人口教育一般性的影响，即人口变动对整个教育发展的影响。董辉（1990）着眼于在人口转变的不同阶段，人口变动对教育发展的影响。他研究发现，在人口转变的三个阶段，学龄人口比重及其社会负担是明显不同的。在人口转变的第二阶段，学龄人口比重及其社会负担将超过人口转变的第一阶段。

而随着生育率的下降，在人口转变逐步过渡到第三阶段时，学龄人口比重及其社会负担也呈下降和减少趋势。而在人口转变的第三阶段，由于受人口老龄化加剧和学龄人口比重下降的双重影响，社会负担不仅明显小于人口转变的第二阶段，而且可能低于第一阶段。因此，这将有助于缓解国家教育投资的压力，减轻学龄人口对劳动年龄人口造成的负担，十分有利于改善各级学校入学、升学状况及现有教学条件。

然而多年以来，学界对于人口变动和教育发展的关注始终十分有限。石人炳（2003）提到了研究人口变动与教育发展的必要性，他认为人口学关于人口变动对教育发展影响的研究还存在四个方面的不足：一是学界对这一问题的关注度不足；二是关于生育率降低对教育发展带来的影响的研究较少；三是在考察人口流动对教育的影响时，只关注了如何解决流动人口子女上学难的问题，而没有深入探讨其他相关的问题；四是没有考虑到人口结构变动可能导致不同年龄段人口对教育有不同的需求。因此，石人炳对人口变动对教育的影响进行了系统的研究，并得出了一些重要结论：人口变动是决定和影响教育发展的重要因素；生育率下降对教育发展的影响不是单向的，既有积极作用也有消极影响；我国义务教育适龄人口在2015年以前将不断减少，国家应当对中小学教育的布局调整进行科学规划（石人炳，2005）。

除全国层面人口变动对教育状况的影响受到关注外，地区性的人口变动对教育的影响也有研究涉及。孙磊（2008）研究了北京市人口变动对各级教育发展的影响；刘家强和罗蓉（2006）通过对四川2005～2020年学龄人口发展状况的典型分析，明确提出只有树立投资于人的理念、将教育资源的整合与学龄人口的发展有机对接，才能实现教育生态系统的相对稳定和持续优化，促进人力资本的全面提升；王承宽和刘蒙（2007）、杨艳琳（2001）则分别考察了江苏和湖北两省人口变动的状况及其对教育发展的影响。

（2）人口变动对不同教育阶段的影响

除了在总体上研究人口变动对教育发展的影响，也有学者聚焦于人口变动对不同教育阶段的影响。田宝宏（2008）研究了学龄人口变动对基础教育发展的影响，其研究表明这种影响：首先体现在城乡教育资源利用及配置方面；其次是城市大量流动学龄人口没有享受到同样的待遇，在入学方式、接受教育的过程和教育结果的获得方面表现出诸多的不公平现象；

最后是学龄人口性别结构的变动也对学校的相关教育教学活动带来了不同程度的影响。

同时，有大量研究更多地关注人口变动对我国高等教育发展的影响。陈伟和顾昕（2010）指出，出生率的下降和新生人口的持续减少必然导致我国高等教育适龄人口日益减少，虽然我国高等学校自1999年以来实行了扩招政策，但随着适龄人口的逐渐减少，可能会出现百分之百录取甚至高校生源严重不足的现象，可能引发普通高校的生存危机。张继明和吴智鹏（2009）除关注到了人口变动对高等教育发展的消极影响之外，也关注到了这种消极影响背后潜在的积极效应。他们认为，我国高等教育适龄人口的日益减少，为我国高等教育资源的合理配置和教育结构的调整优化带来了宝贵的机会，充分把握这个难得的契机将有助于我国高等教育转向内涵式发展。而对于人口变动对未来高等教育发展的影响估计，米红、文新兰、周仲高（2003）指出，伴随着我国高等教育从精英教育向大众教育转变，人口因素对高等教育招生规模的影响将越来越显著。如果高等教育招生规模的变化能够始终保持比较平稳的增长速度，那么适龄人口规模的下降将导致高等教育毛入学率的不断提高。预计到2020年前后，高等教育将逐步进入普及化的阶段。此外，也有部分研究注意到了人口老龄化对我国教育行业的影响。王军（2004）的研究表明，老年人口规模的扩大，将对我国的教育需求市场、教师队伍建设和教育形式的多样化等方面产生不同的影响。

(3) 人口变动对教育支出和成本的影响

Poterba（1997）的研究表明，人口变动影响政府公共支出的水平和结构。老年人口比重的提高与人均儿童教育支出的显著下降相关。学龄队列规模的变化没有伴随着相应的教育支出的变化，因此，规模较大学龄队列的学生得到的人均教育支出少于规模较小学龄队列的学生。所以在分析出生队列规模如何影响经济福利的时候，应当将出生队列规模对政府转移支付的影响纳入考虑。

Arriaga（1972）探讨了人口变动对国家教育成本方面的影响。他发现生育率下降会降低教育成本；死亡率上升反而会提高教育成本，但也降低了教育投入损失。在发达国家，由于人口转变的完成，生育率和死亡率在未来将对教育成本没有显著影响。而在发展中国家，未来生育率的下降会提高其国民的受教育程度。

（4）预测未来人口变动对教育发展的需求和影响

基于适龄人口规模是教育发展和规划的基础，对未来人口变动趋势的判断和预测是辅助国家合理制定教育政策的重要依据。段成荣等（2000）对21世纪上半叶我国各级学校适龄人口数量变动趋势进行了预测分析，结果表明，总体而言，在不同的人口预测方案下，21世纪前半期，我国各级教育的适龄人口规模将呈现较大差异。而适龄人口规模的大幅缩减为我国教育事业进一步发展提供了良好的契机。王金营和石玲（2007）在对北京市未来人口趋势做充分预测的基础上，采用教育生命表技术估计了北京市未来各级教育毛入学率等指标，并结合人口预测结果预测了未来北京市各级教育的需求，对北京市未来的教育规划提出了有建设性的建议。

2. 微观层面：人口变动对个体教育状况和教育行为的影响

与国内大部分研究从宏观层面探讨人口变动对各级教育发展的影响不同，国外的研究大多从更加微观的视角，探讨宏观层面人口变动对个体教育状况、教育行为的影响。

人口变动的结果折射到家庭层面就是家庭规模的变动，而具体到对个体教育产生影响的家庭规模变动的因素，则主要是个体的兄弟姐妹数量。关于兄弟姐妹数量对个体教育的影响的研究非常丰富，Kelley（1996）通过回顾36篇有代表性的相关研究发现，兄弟姐妹数量与个体受教育程度之间的关系没有统计显著性，家庭规模对个体入学决策和受教育年限的总影响是不确定的。

通过梳理人口变动对人口教育的影响的相关研究，笔者发现，目前这些研究大多单独研究人口变动对人口教育整个流程中某个层面的影响。如单独研究人口规模变动对教育决策、教育结果和教育回报的影响，而没有将整个人口教育流程系统地整合起来，关注人口变动对整个教育过程的影响。此外，与国外的相关研究相比，国内对人口变动与教育之间关系的研究，大多集中在人口变动对宏观层面上国民整体的教育状况和国家层面的教育发展的影响，而没有聚焦到微观的个体层面，关注人口变动对个体或是家庭教育福利的影响。

以上的文献回顾也让我们注意到人口变动的影响是多方面、多维度的，所以我们的研究不可能涵盖相关的所有领域，应当更加聚焦和有针对性。因此，我们选择健康、教育、经济和收入以及婚姻作为重点来关注人口变动对人口福利的影响，以期通过研究维度的聚焦来更好地探讨人口变动的社会效应。

第二节 出生队列规模变动对不同福利维度的影响

人口变动的影响不仅表现为时期人口规模变动产生的影响，国外也有相关研究尝试从纵向的角度，通过出生队列这一分析单位，关注出生队列规模变动对队列成员相关福利状况的影响，特别是聚焦了一些较有代表性的出生队列的特殊情况。

一 出生队列规模与人口福利的关系

1. 出生队列规模对总体人口福利的影响

伊斯特林（Easterlin，1980）是最早关注出生队列规模与人口福利的学者。他的研究表明，出生年份对个体终身的机会有很重要的影响。这是基于队列规模的显著差异和个体经历关键事件（在几乎同样的年龄竞争入学、进入劳动力市场）的倾向。在其他条件同等的前提下，规模较大出生队列成员会面对更激烈的社会资源竞争。与规模较小出生队列成员相比，在生命历程的相同阶段，规模较大出生队列成员在劳动力市场的竞争更激烈，且他们失业和工资降低的可能性也较大。作为一个规模较大出生队列的成员，其劣势不会随着找到第一份工作而结束，而会继续影响到未来的就业和升迁。他建议个体通过推迟结婚时间和减少生育孩子的数量来应对这种激烈的竞争，唯其如此，规模较大出生队列的成员才可能成为规模较小出生队列的成员，面临更少的竞争。同时，规模较大出生队列和规模较小出生队列成员机会的差异对国家的经济和社会发展也有重要的影响。当规模较小出生队列的成员是年轻人口的主体时，社会和经济资源都会相对宽裕；而当规模较大出生队列的成员是年轻人口的主体时，他们的生活似乎总是在与痛苦做斗争。同时，伊斯特林认为出生队列规模的影响可能在不同的环境中呈现不同的形式，因为各国的劳动力市场和其他制度是有差异的，甚至在一个国家内，不同的民族或不同人口群体可能也存在差异。因此，他建议在更广泛的空间内对出生队列规模与人口福利的关系进行实证研究。

2. 出生队列规模变动与个体教育的关系

人口变动通过影响出生队列的规模来影响个体的教育行为。Falaris 和 Peters（1992）通过检验个体所属队列在人口周期中所处的位置对其教育决策和完成教育时间的影响发现，处于人口周期上升阶段的个体比那些出生在人口周期下降阶段的个体，接受了更多的教育而且花了更长的时间来完成教育。Macunovich（1996）研究了 1996 年之前 45 年的出生队列规模对美国的高等教育入学情况的影响，发现前者对后者有显著影响，入学率受到因队列规模变动而产生的相对收入效应和大学学历工资增值（大学学历与高中学历的工资差异）效应的双重影响。Jeon 和 Berger（1996）运用韩国的数据也发现了人口周期对教育决策和个人收入的影响，并首次用亚洲的数据实证了这一影响。

Stapleton 和 Young（1988）发现，二战后的"婴儿潮"队列导致 1958~1988 年教育的经济回报和受教育程度发生了巨大的波动。如果青年劳动力和成年劳动力之间的替代性随着受教育程度的增加而下降，那么大规模出生队列成员的终身收益的净现值，对于受教育程度较高的人而言损失更多，因此减少了其继续接受教育的动力，而对于"婴儿潮"前后的出生队列而言结果是相反的。

3. 出生队列规模与个体经济状况的关系

出生队列规模变动对队列成员人口福利的影响主要集中在就业和劳动收入领域。Connelly（1986），提出了一个框架来讨论出生队列规模、教育和工资的关系。其研究表明，规模较大出生队列成员进入劳动力市场时，会改变劳动力市场的年龄结构，因此，几乎所有队列成员的相对工资都会受到影响。而规模较大出生队列成员对接受更多教育的相对收益的影响取决于所有分年龄和受教育程度的替代弹性在总生产函数中的投入量。Wachter 和 Wascher（1984）的研究表明，个体在决定其完成教育的时间时，会考虑选择当其进入劳动力市场时与其竞争的人数相对较少的时点。

4. 出生队列规模与个体婚姻家庭的关系

伊斯特林认为规模较大出生队列成员的经济压力较大，相对较低的收入使他们更难以扮演传统的性别角色，因此结婚率会降低，即使是已经结婚的队列成员的婚姻稳定性也会相对较差（Easterlin, 1987）。Bronson 和 Mazzocco（2013）的研究也发现，出生队列规模的变动可以解释美国结婚率变动中50%~70%的变化。此外，很多关于"伊斯特林效应"的研究聚焦于婚内生育率。Ahlburg（1983）发现，20年前的生育率可以预测现在的生育率。Butz和Ward（1979）发现，出生队列相对规模对美国的生育率有影响，但其影响力不及对女性收入的影响力。

5. 出生队列规模与社会解组

伊斯特林认为相对较低的经济地位会转化为精神压力，因此可能会产生药物和酒精的滥用、犯罪、自杀和制度性隔离等一系列社会解组现象（Easterlin，1980）。Ahlburg和Schapiro（1984）验证了出生队列规模与分年龄自杀率的相关关系。Menard和Elliot（1992）发现，出生队列规模对自我报告的药物和酒精使用有显著影响。伊斯特林发现，政治隔离在20世纪50年代下降，但在60~70年代又上升，这与出生队列相对规模的变动完全匹配（Easterlin，1987）。

二 典型队列——"婴儿潮"与"婴儿荒"队列的福利状况研究

二战后，美国出现的"婴儿潮"和"婴儿荒"现象，是催生学界关注出生队列规模变动对队列成员人口福利研究的推动力，因此，国外涌现了一批关于这两组典型出生队列成员的福利状况的比较研究。伊斯特林等（Easterlin et al.，1990）关注了"婴儿潮"队列与其前后队列相比的福利状况，结果发现，对于美国的"婴儿潮"队列而言，改变人口行为是转变其在劳动力市场和生活水平方面劣势地位的关键。平均而言，"婴儿潮"的经济福利好于之前的队列，因为他们大量保持单身、拥有更少的孩子、组成非婚伴侣以及让女性也参加工作等。随后，伊斯特林等（Easterlin et al.，1993）比较了"婴儿潮"队列与其父母一代的福利状况。实证结果表明，"婴儿潮"一代的经济状况并没有比其父母一代差，反而其现状要好于其父母在相同年龄时的状况，甚至能够延续到退休的年龄。预计"婴儿潮"队列成员在达到退休年龄时物质福利要好于其父母一代，但从总体福利的角度而言要差一些。

这些关于出生队列规模变动，尤其是"婴儿潮"和"婴儿荒"时期出生队列规模变动对出生队列成员福利状况影响的研究，启发我们立足于队列的和纵向的视角，考察出生队列规模变动对队列成员人口福利的影响。然而仅关注典型时期的特殊队列，将影响我们对各出生队列福利状况的把握。因此，本书将在已有研究的基础上，将研究的范围拓展到普通的出生队列，关注出生队列规模在一般情况下对其队列成员人口福利的影响。

此外，伊斯特林也以美国的实际情况为例提出了人口波动的库兹涅兹循环（Kuznets Circle）。美国20世纪30年代的出生队列因为其在经济和福利上的富足而大量生育孩子，造成了其子女一代的"婴儿潮"；而20世纪50年代出生的"婴儿潮"一代，因为其经济上的困难，选择减少生育孩子，造成了其子女一代的"婴儿荒"。但是"婴儿荒"一代随着自身福利状况较其父代的改善，可能又增加家庭子女数量而引致新的"婴儿潮"，形成一个以40年为周期的人口波动库兹涅兹循环（Easterlin，1980）。那么在中国的出生人口规模变动过程中是否也可能存在类似的周期性波动，以及这种波动是否在生命历程的不同阶段持续传递？这是我们希望通过本研究获得的答案。

第三节 新视角和方法下人口福利研究的必要性

在对相关研究进行文献回顾和梳理的基础上，我们总结出已有研究中存在的不足，以及本书在新的视角和方法下开展人口福利研究的必要性。

一 对人口变动结果的研究需要更全面

目前，学界对于人口变动结果的研究不全面，尤其是对发展中国家的研究主要聚焦于人口增长时期的影响，而对目前人口转变进程中期和后期出现人口规模下降，以及低生育水平下人口变动相对稳定的结果和影响的研究相对不足。因此，本书在分析人口变动对人口福利的影响时，不仅要关注人口转变过程中的状况，还要关注低生育水平下，在出生队列规模不断缩小的前提下，出生队列规模的影响是否依然存在，并尝试将人口变动的影响拓展到人口缩减和人口稳定时期。

二 人口变动不只是研究的背景因素，也是研究的影响因素

已有研究中关于人口变动对人口福利的影响虽然将人口变动视为人口福利变化的影响因素，但实际上人口变动在相关研究中只是作为背景因素被纳入研究，相关研究只是在人口变动这样一种情境下考察人口福利的发展变化，并没有将人口变动真正作为一个变量来考察人口变动与人口福利

之间的相关关系，甚至是因果关系。因此，本书尝试将人口变动，主要体现为出生队列规模的变动，作为自变量纳入定量模型来探究出生队列规模变动对人口福利是否存在显著影响，真正将人口变量由背景因素转化为影响因素进行研究。

三 应当整合整个生命历程中的变化

已有研究大多单独研究人口变动或是人口规模对人口福利某个维度的影响。如单独研究人口规模变动对教育状况或是经济收入的影响，并没有将队列成员的整个生命历程系统地整合起来，关注出生队列规模变动对生命历程不同阶段的影响，因而无法把握和了解出生队列规模的影响在生命历程中的变动情况。所以，本书尝试从生命历程的角度出发，同时关注出生队列规模变动对队列成员健康福利、教育福利、经济福利和婚姻福利四个维度的影响。以期从较为全面的视角，探究出生队列规模变动对队列成员人口福利的影响，以及在整个过程中是否存在一些调节因素影响了出生队列规模变动与队列成员人口福利之间的关系。

四 研究中应当重视出生队列的纵向视角

目前，国内从人口福利的视角来考察人口转变影响的研究比较匮乏，尤其是利用队列分析的方法从纵向的视角考察这种影响的动态变化更是空白。另外，也没有学者通过规范的实证研究来探究人口转变的社会效应，特别是微观效应。所以，希望通过本书的研究对人口转变的影响进行更深层次的探讨，并尝试建立一条新的路径来看待人口转变的影响和后果，将我国人口转变的研究引向深入。

五 微观个体层面是更值得聚焦的层面

国内对人口变动与人口福利之间关系的研究，大多集中在人口变动对宏观层面上国民整体福利状况和福利水平发展的影响，而没有聚焦到微观的个体层面，关注人口变动对个体或者是家庭人口福利的影响。因此，本书尝试运用微观数据和定量分析模型，从实证研究的角度考察宏观出生队列规模变动的影响是否投射到微观家庭和个人的福利层面，从而造成队列成员的人口福利状况存在一定程度的差异。

第三章
人口福利研究的理论构建与研究设计

本书关于出生队列规模变动与队列成员人口福利关系的分析框架建立在四个理论的基础上,包括伊斯特林效应、阿马蒂亚·森的发展分析框架、生命历程理论和资源稀释理论。本章将依托这四个理论构建本书的分析框架,并对其中的核心概念进行界定和测量。结合基础理论和分析框架,提出需要检验的假设,以及研究中使用的宏观、微观数据和主要运用的分析方法。

第一节 出生队列规模变动对人口福利影响的理论依据

一 伊斯特林效应

自20世纪70年代开始,伊斯特林提出了关于人口周期性波动的社会效应的理论,并在之后的研究中不断补充和完善了这一理论。伊斯特林效应强调二战后出生率和出生队列规模的波动导致了人口和社会行为之间的周期性变动。与规模较小出生队列成员相比,规模较大的出生队列成员受到其规模影响,减少了其队列成员的经济机会,进而降低了其相对收入,相对较低的经济地位反过来会降低生育率、提高女性劳动参与率、推迟进入婚姻时间、提高离婚率以及提高犯罪率等;而规模较小出生队列的成员则受其规模影响,能够享受到相对较高的收入、具有更传统的家庭结构和更低的社会解组概率(Easterlin, 1980)。个人的社会和经济机会倾向于与出生队列相对规模呈反向变动的关系，因为规模较大出生队列成员会在三个方面面临拥挤的问题：首先，家庭的拥挤导致父母减少了对其子女倾注的关注和精力，这就有可能延迟子女的发展和减少子女取得的成就；其次，教育机构的拥挤导致规模较大出生队列成员的学习机会减少、入学率降低；最后，劳动力市场无法在短期内吸纳大量的潜在劳动力而导致劳动参与率和相对收入降低（Easterlin，1987）。此外，规模较大出生队列成员在生命历程早期面临的问题可能向后累积，如家庭拥挤导致教育成就不佳，教育机构拥挤降低了毕业者可以带入劳动力市场的人力资本，而劳动力市场的拥挤又限制了工作机会。总而言之，在规模较大出生队列中成长起来的队列成员，因为面对有限的家庭、教育和劳动力市场资源，导致了其较高的就业竞争、较低的收入、较慢的升迁和较低的潜在收入（Easterlin et al.，1990）。

关于该理论的适用条件，Pampel 和 Peters（1995）强调出生队列规模的重要性可能随着社会变迁及其他力量的变化出现上升或下降，它受到五个因素的影响：一是当其他影响总需求的因素足够稳定时，出生队列规模才会成为影响队列成员经济福利的主要因素；二是外来移民对国内劳动力供给的影响必须足够稳定，出生队列规模效应才会出现；三是理论假定家庭和劳动力市场都有劳动力的性别隔离；四是假定男性年轻的劳动力和年老的劳动力互相没有替代性，而不同年龄的女性劳动力互相具有替代性；五是跨国比较暗示了理论具有地理局限性，在高收入工业化经济体中理论的适用性更好。

总体而言，伊斯特林效应具有较为明显的理论价值，该理论整合了经济学和社会学的观点，具有广泛的解释力和简洁的解释机制，并构建了一个关于年龄结构的动态理论来解释社会变迁。本研究建立在伊斯特林效应的基础上，在充分借鉴其研究视角的前提下，试图在中国的社会变迁情境中检验该理论的适用性和推及性，并在新的情境中对这一理论进行相应的补充和修正。

二 阿马蒂亚·森的发展分析框架

1998 年，诺贝尔经济学奖得主阿马蒂亚·森提出了一种新的发展观，这是当代福利经济学的重要发展，并成为许多国家和国际组织政策实践的主要依据。他通过对个人的可行能力，即实质自由的考察来评判个人的福利状况。传统方法评价个人福利，一是用收入或资源的占有量来衡量，二是用效用来衡量。而森用能力测度生活质量和福利水平，对非收入因素予以了关注，突破了传统福利经济学的框架，开辟了更为广阔的能力——福利空间（王艳萍，2006）。森的能力方法（capability approach）是指福利水平的高低不取决于"某个人是否满意"，也不取决于"某个人能够支配多少资源"，而取决于"某个人实际能够做什么，或处于什么状态"（Nussbaum，2000）。因此，该理论的核心是用"个人在生活中实现各种有价值功能的实际能力"（王艳萍，2006）来评价生活质量和福利状态。

在森的发展观中，把发展的目标——自由，看作判定社会上所有人福利状况的一种价值标准。而所谓自由，是指人们能够选择过自己愿意过的那种生活的可行能力。更具体地说，"实质自由"包括免受困苦的基本可行能力，以及能够识字算术、享受政治参与等的自由。对于发展和自由的关系，森认为，一方面，自由是发展的首要目的，发展被看作扩展人口享有真实自由的一个过程；另一方面，自由是促进发展不可缺少的重要手段，即自由的工具性作用。在森的发展框架中，自由通过五种方式——政治自由、经济条件、社会机会、透明性保证和防护性保障——成为促进发展的重要手段，在这五个领域实现发展，才是实质自由和福利的改进。其中，政治自由是指人们拥有的确定应该由什么人执政而且按照什么原则来执政的机会，也包括监督并批评当局、拥有政治表达与出版言论的自由，能够选择不同政党的自由等的可能性；经济条件是指个人分别享有的为了消费、生产、交换目的而运用其经济资源的机会；社会机会是指在教育、保健等方面的社会安排，它影响个人享受更好生活的实质自由；透明性保证是指满足人们对公开性的需要，在保证信息公开和明晰的条件下自由地交易；防护性保障是指提供社会安全网，以防止受到影响的人遭受深重痛苦，甚至在某些情况下挨饿以致死亡（森，2002）。森指出，"更好的教育和医疗保健不仅能直接改善生活质量，同时也能提高获取收入并摆脱收入贫困的能力。教育和医疗保健越普及，则越有可能使那些本来会是穷人的人得到更好的机会去克服贫困"（森，2002）。因此，本书认为社会机会在五种工具性自由中是一种基础性自由，对人口福利将产生重大影响。所以本书对人口福利的研究虽然不能完全覆盖森的分析框架所提及的五方面自由，但是我们将充分利用森的分析框架，运用实质自由，也就是个人的可行能力来考察我国各出生队列成员的福利水平。具体而言，在人口福利的诸多维度中，本书将首先关注健康福利和教育福利这两项基础性福利，然后再聚焦经济条件方面的福利以及婚姻福利，以期通过这四个维度反映我国人口福利和社会发展的状况。

此外，森也强调自由的过程层面和机会层面，这意味着实质自由不仅要关注个体是否享受到自由这一结果，也关注其在决策有理由珍视的生活时，是否有机会面对充足的选项进行选择，以及享受这种生活的过程是否是自由的。因此，本书在考察队列成员的人口福利时也必然要关注其享有福利的机会、过程和结果。

三 生命历程理论

生命历程理论兴起于20世纪20年代的芝加哥学派，经历了20世纪60年代的复兴、80年代的高速发展，到21世纪以 The Handbook of Life Course 一书的出版为标志发展成为独立的理论体系。生命历程是指在人的一生中随着时间的变化而出现的、受到文化和社会变迁影响的年龄级角色和生命事件序列。它关注的是具体内容、时间的选择以及构成个人发展路径的阶段或事件的先后顺序（李强等，1999）。基于生命历程的分析传统与核心概念，生命历程研究确立了五个层面的基本原则：一是毕生发展性原则，个体的发展并非只局限于未成年阶段，而是终其一生的长久过程；二是能动性原则，每个人都处于一定的社会历史情境中，并在相应的机会和制约下进行选择和行动，个体的行为并不是社会结构中的被动反应，而是具有能动性的选择；三是时空性原则，生命历程嵌入个体所经历的历史性时间与空间中，并受其形塑，无论是个体还是世代的生命历程，历史性的时间与空间都具有重要意义；四是时机性原则，生命变迁、重要事件和行为模式的多样化取决于个体生命历程中的时间点及其时序位置；五是生命相关性原则，人的生命具有社会性以及相互依赖性，社会与历史对个人生命的影响是以关系网络为载体的（曾迪洋，2014）。

基于生命历程理论的定义和研究范式，根据毕生发展性原则，我们对于队列成员人口福利的探究也应当从其生命历程的早期开始，持续追踪人口福利沿着生命历程演进的变化，尽可能实现对终身福利状况的追踪。同时，能动性原则启发我们，队列成员的人口福利可能受到其主动调节而出现福利状况的改善或是恶化，从而改变了其原有的福利轨迹。时空性原则说明人口福利受到特定历史条件的形塑和制约，出生队列规模是特定社会历史条件下的产物，必然对队列成员的人口福利产生相应的影响。时机性原则强调生命历程中的重要时点及其时序对于个体人口福利会产生影响，因此，对于人口福利的考察要关注生命历程中的这些重要时点。同时，生命相关性原则也表明，由于个体在生命历程中存在各种互动，因此，其自身的福利状况也可能存在互动关系，所以我们不仅要关注出生队列规模对某个福利维度的影响，也要关注不同福利维度之间的可能互动和相关性。

四 资源稀释理论

资源稀释理论最初被用于解释青少年的教育机会和成就。该分析模型将家庭描述成一个基本的社会单位，它也是社会将贵重资源分配给孩子的主要渠道。资源分配的过程和结果影响包括智力发展和教育机会在内的少儿福利（杨菊华，2007）。"资源稀释效应"是指，在家庭的资源总量相对固定和家庭在各种活动上时间与金钱分配也相对固定的前提下，家庭新增的孩子会使家庭现有孩子所分配到的资源数量减少（Blake，1989）。

从本质上讲，资源稀释理论是一个个人层次的理论，也可以说是一个家庭层次的理论（杨菊华，2007）。本书将其运用到出生队列层面是一种新的尝试。按照资源稀释理论的逻辑，如果我们将一个出生队列视为一个整体，而每个队列成员视为"家庭"内部的成员，那么某一特定时期，当社会资源总量相对固定时，出生队列规模越大，每个成员所占有的资源量越被稀释，即每个成员所占有的资源量越少。然而，在家庭内部的资源稀释问题，可以通过父母对资源及其分配的调整，一定程度上提高或者降低资源的稀释度。但是在一个出生队列中，并不存在一种可以立足于整体、从整个队列的角度出发来协调资源配置的力量，因此，队列成员可能更多地需要依靠自己的力量，通过对自身生命历程中重要人口事件的调整，来改变自己的福利劣势。与此同时，队列成员既可能受到出生队列规模带来的稀释效应的影响，也可能同时受到其所在家庭带来的稀释效应的影响，双重的稀释既可能是叠加效应，也可能是抵消效应，这也是在以往对资源稀释效应的研究中，因研究视角的不同而被忽略的方面。因此，本书对资源稀释理论的运用主要是借鉴其分析思路，并尝试从出生队列的角度来检验和拓展这一理论假说。

第二节 出生队列规模变动对人口福利影响路径的构建和测量

一 出生队列规模变动对人口福利影响路径的构建

本书根据伊斯特林效应、阿马蒂亚·森的发展分析框架、生命历程理论和资源稀释理论构建了本书的分析框架（见图3-1）。本书关注的人口变动对人口福利的影响被操作化为出生队列规模变动对队列成员人口福利的影响。

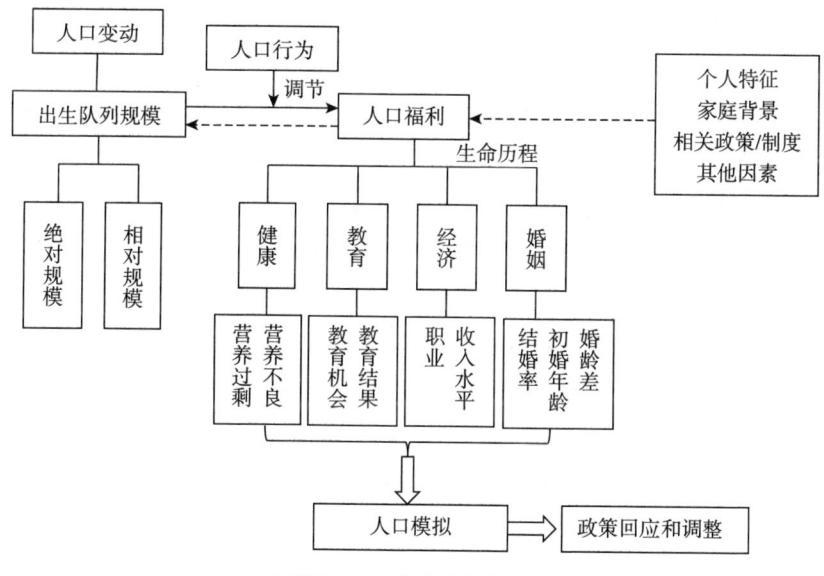

图3-1 本书分析框架

首先，人口转变主导下的人口规模变动主要受到人口自然变动和迁移变动的影响，其中，迁移变动的影响主要表现在对区域差异的影响，全国层面的人口规模变动主要还是受到人口自然变动的影响。人口自然变动包括出生、死亡和自然增长，而死亡作为一项结束性的人口事件，对于人口福利的影响较为有限，因此，本书对人口规模变动的考察聚焦到代表出生这一人口事件的出生队列规模变动。同时，本书所探讨的出生队列规模变动包括队列绝对规模的变动和队列相对规模的变动。其中，出生队列绝对规模的变动是指历年出生人口实际规模的变动；而出生队列相对规模的变动是指某出生队列的绝对规模与相邻出生队列绝对规模的比值，可以表示某出生队列在人口周期中的位置。此外，由于我国出生队列规模的波动起伏在某些特定时期较为剧烈，因此，在分析中既要关注普通出生队列规模的变动，也要特别关注一些典型出生队列，即聚焦三次出生高峰及三次出生低谷时期的出生队列，关注其出生队列规模的变动，是否对其人口福利存在一定的典型性或特殊性的影响。

其次，从阿马蒂亚·森的发展分析框架出发，明确了本书的立足点和切入点是队列成员不同维度的人口福利，既包括基础性人口福利也涵盖其他重要人口福利。同时，结合生命历程理论，笔者认为对队列成员人口福利的关注应当从生命历程的视角出发，关注沿着生命历程依次展开的各项重要人口事件及其所代表的人口福利状况，即不同出生队列成员是否因其出生队列规模的差异造成了他们在健康、教育、经济和婚姻四个福利维度的差异，以及这些差异是否沿着生命历程的推进不断的积累和传递下去。

再次，在研究出生队列规模变动对队列成员人口福利的影响时，需要控制其他一些因素的影响，如微观上队列成员的个人特征和家庭背景，以及宏观上社会政策的影响。此外，通过前文的文献回顾，可以发现，出生队列规模变动对队列成员人口福利的影响不一定是直接的，这种影响也可能受到一些特定人口行为（如就业和进入婚姻时间的提前或推迟等）的干扰或调节，从而出现增强或削弱，所以也关注这些干扰和调节机制的作用。

最后，在对队列成员人口福利状况的考察以及对其影响因素分析的基础上，本书将利用人口模拟来进一步考察出生队列规模变动对队列成员人口福利的净效应，以期更直观和准确地把握这种影响及其发生作用的机制，并据此为我国社会政策对人口形势的回应及调整提供相关的依据。

二 出生队列规模与人口福利的界定和测量

1. 出生队列和出生队列规模

队列（cohort）是指具有共同的起点并经历同一人口事件的一批人。而出生队列是指出生在同一年份或时期，并将在生命历程中几乎相同的时点经历相同人口事件的一批人。以往研究中对于出生队列规模的测量主要分为两种口径,一种是出生队列的绝对规模,另一种是出生队列的相对规模(Falaris and Peters, 1992)。出生队列绝对规模是指某一年或某时期内的出生人口数,我们可以从国家统计系统直接获得;而出生队列的相对规模则是通过计算某出生队列与前后相邻队列的规模比,通过刻画某出生队列在人口周期中的位置(峰值、谷底值、上升阶段、下降阶段等)来反映出生队列规模变动对队列成员人口福利的影响。在国外的相关研究中,Wachter 和 Wascher(1984)通过比较某出生队列与其前后相邻 10 年的出生队列规模,计算出出生队列的相对规模,其计算公式为:

$$RZ_p = \frac{\sum_{j=1}^{10} coh_{i-j}}{coh_i} \qquad RZ_f = \frac{\sum_{j=1}^{10} coh_{i+j}}{coh_i} \qquad (1)$$

公式(1)中 RZ_p 表示某出生队列(基准队列)与其前面出生队列(过去队列)相比的出生队列相对规模,RZ_f 表示某出生队列(基准队列)与其后面出生队列(未来队列)相比的出生队列相对规模,coh_i 表示某出生队列的规模,coh_{i-j} 和 coh_{i+j} 表示基准队列前后相邻出生队列的规模。RZ_p 等于某出生队列之前的 10 个出生队列的规模之和与该出生队列规模的比;而 RZ_f 等于某出生队列之后的 10 个出生队列的规模之和与该出生队列规模的比。

Falaris 和 Peters(1992)缩小了相邻队列比较的时间跨度,重点关注某出生队列与其前后相邻 5 个出生队列的规模差异,并且改进了计算方法:

$$past = \frac{1}{5} \times \sum_{j=1}^{5} \left(\frac{coh_i}{coh_{i-j}} \right) \qquad future = \frac{1}{5} \times \sum_{j=1}^{5} \left(\frac{coh_i}{coh_{i+j}} \right) \qquad (2)$$

公式(2)中 $past$ 代表某出生队列(基准队列)与其前面出生队列(过去队列)相比的出生队列相对规模,而 $future$ 代表某出生队列与其后面出生队列(未来队列)相比的出生队列相对规模,coh_i 即为该基准队列的规模,coh_{i-j} 和 coh_{i+j} 表示基准队列前后相邻出生队列的规模。因此,$past$ 变量的值为基准队列分别与其前面 5 个出生队列规模之比的均值,而 $future$ 变量的值为基准队列分别与其后面 5 个出生队列规模之比的均值。

比较两种计算方法,我们认为后一种计算出生队列相对规模的方法更为合理,因为离基准队列越近的出生队列,越可能影响基准队列成员的福利水平，10年的间隔过长，可能削弱了出生队列规模的潜在影响，因此以5年为跨度期更为恰当。而且，分别比较基准队列与邻近每一个出生队列的规模差异，更契合相对规模的定义，计算结果及其解释也更有意义。同时，这种计算方法运用了移动平均的逻辑，能在一定程度上平滑时期的影响，更能凸显出生队列规模的影响。

由于某个出生队列在人口周期中的位置是由过去（past）和未来（future）两个变量共同决定的，因此过去变量和未来变量的具体含义如下：当 $past>1$ 且 $0<future<1$ 时，意味着基准队列位于人口周期的上升阶段；当 $0<past<1$ 且 $future>1$ 时，意味着基准队列位于人口周期的下降阶段；当 $past>1$ 且 $future>1$ 时，表明基准队列位于人口周期的高峰值位置；而当 $0<past<1$ 且 $0<future<1$ 时，表明基准队列位于人口周期的低谷值位置。

图3-2显示了我国1949~2018年出生队列相对规模的变动情况，由于实际中出生队列规模的变动并不是平滑均匀的，所以过去和未来变量取值的4种组合是不等间隔交替出现的。其中，第一次出生低谷到第二次出生低谷之间（1959~1981年）的这一人口周期中，过去和未来变量的波动比较剧烈，与实际中该时期我国出生人口规模剧烈变动是完全吻合的；而从第二次出生低谷以后的第二个人口周期中（1982年以来），随着出生队列规模波动趋缓，过去和未来变量的变动也平缓了很多。因此，从我国的实际情况出发，本书认为以过去和未来变量代表我国出生队列的相对规模是比较合理的。

2. 人口福利

福利哲学起源于19世纪的功利主义，福利是社会科学中富有争议性的概念（吕文慧，2008）。对于福利的界定和测量，集中体现为主观主义和客观主义两个流派，其中主观主义的福利理论强调用"效用"来衡量福利水平，而客观主义的福利理论强调从收入、消费、基本物品和资源等方面来测量福利水平。然而这两种角度都存在各自的缺陷，阿马蒂亚·森认为主观主义的福利理论以"效用"作为福利的测量标准，没有可操作性，因为"效用"本身作为一种心理状态很难测度也无法进行比较，而客观主义的福利理论虽然比主观效用理论有所改进，但对于个人福利的考察仅局限于"物"，"物"虽然与人的福利直接相关，但却不是我们追求的终极目标，只

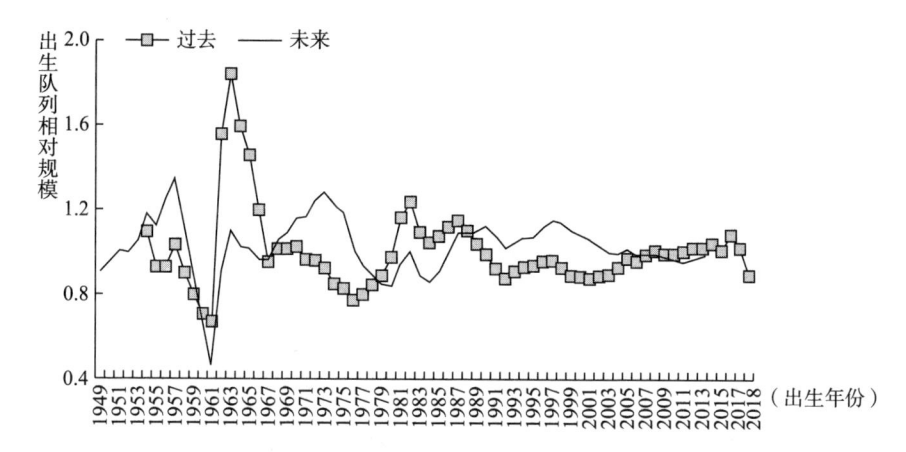

图 3-2　1949~2018 年出生队列相对规模变动情况

说明：由于计算方法的限制，1949~1953 年无法计算过去变量值，2014~2018 年无法计算未来变量值。

资料来源：数据根据总人口和出生率计算得出，1949~2008 年和 2009~2018 年数据分别来源于《新中国六十年统计资料汇编》和《2019 年中国统计年鉴》。

是一种手段（森，2002）。在传统福利研究的基础上，阿马蒂亚·森通过可行能力来考察个人的福利水平，所谓的可行能力是指个人有可能实现的、各种可能的功能性活动组合（森，2002）。我国学者王艳萍（2006）将能力方法理论解读为：能力方法是评价个人福利水平的框架，其核心概念是功能和能力，其中功能测量已经实现的福利水平，而能力测量潜在的或可行的福利水平。因此，本书将人口福利界定为人口各种功能性活动的组合。因为福利是多种功能性活动的组合，所以福利是多维的。队列成员的人口福利就是他们因获得营养、接受教育、参与就业、进入婚姻而获得的能力或实现的功能，因此，本书将从这四个维度探究队列成员的人口福利状况。

（1）健康福利

健康福利是一种基础性的人口福利。本书将队列成员的健康福利界定为：队列成员因获取营养和维持促进健康储备而获得的能够享有更好生活的一种实质自由，主要涉及对队列成员生理健康方面的发展状态评估。

（2）教育福利

教育福利作为一种功能性人口福利，也是人口福利中最为重要的一个维度。本书将队列成员的教育福利界定为：队列成员因接受教育而即将获得或已经获得的能力或实现的功能，包括受教育的机会、直接结果和长期结果，概括起来就是队列成员的教育机会和教育成就。

（3）经济福利

经济福利是一种保障性的人口福利，对于实现和维持其他福利具有十分重要的支持作用。本书将经济福利界定为：队列成员运用经济资源改善自身经济条件和提升社会经济地位的机会和能力，具体而言，包括对队列成员职业社会经济地位和收入水平的考察。

（4）婚姻福利

婚姻福利是一种稳定性的人口福利，充分反映个体在家庭和社会生活中的相对稳定性，可能对个体在单身状态下的福利水平有稳定、提升或者削弱的效应。本书将婚姻福利界定为：队列成员能够改变自身婚姻状况的机会以及因为改变婚姻状态而获得的机会和能力。概括而言，我们对婚姻福利的关注主要聚焦于队列成员进入婚姻状态的概率和年龄以及夫妻间的婚姻匹配度。

第三节 出生队列规模变动与人口福利关系的假设

基于前文对研究背景的介绍、文献述评和分析框架的阐释，在此提出本书将重点考察的关于出生队列规模变动与人口福利关系的四个研究假设，并将在后文的研究中逐一进行检验。

一 出生人口规模变动和资源变动节律的非一致性和资源稀释假说

本书探究的出生队列规模变动对队列成员人口福利可能存在的影响，本质上是出生队列规模变动与我国各种资源的变动节律不同步造成的。一方面，我国出生人口规模变动经历了三次出生高峰和出生低谷，三次出生高峰分别是在1949~1958年、1962~1973年和1982~1998年，两次出生高峰之间的年份就是相应的出生低谷（陈友华，2008）。另一方面，我国各种资源量的变化总体上遵循了一个单向增长的趋势。这种单向增长的趋势与我国出生人口"三凸三凹"的变动趋势极不同步，资源的发展规划没有回应出生人口规模的变化趋势，两者变动节律的不协调可能导致处在不同规模出生队列的成员享受的资源量不均等。此外，根据资源稀释假说，如果我们将一个出生队列视为一个"家庭"，而将每个队列成员视为"家庭"内部的成员，那么在某一特定时期，当社会资源总量相对固定时，出生队列规模越大，每个成员所占有的资源量越被稀释。由此我们提出：

> 假设1：在资源总量不取决于出生队列规模变动规律的前提下，出生队列规模变动会影响队列成员的人口福利，表现为对队列成员健康福利、教育福利、经济福利和婚姻福利不同程度的影响，而且规模较大出生队列的成员的人口福利水平低于规模较小出生队列的成员。但随着我国进入低生育率稳定阶段，这种影响将可能逐渐减弱甚至消失。

二 传统文化影响下的性别差异的调节效应

福利的性别差异在全球范围内普遍存在，尤其是在广大发展中国家。基于已有的研究成果，健康的性别不平等早已是学界的共识（郑莉、曾旭晖，2016）。在教育福利方面，教育的性别差异存在于人口总体中（郑真真、连鹏灵，2004），存在于基础教育（宋月萍、谭琳，2004）、高等教育（杨昱，2009）等各教育阶段，也存在于教育机会（刘精明，2003）、教育过程（宋月萍、谭琳，2004）和教育成就（李春玲，2009）中。在职业和收入方面，职业内部和职业间直接因性别歧视和职业隔离导致的性别工资差异逐渐降低，因男女禀赋导致的性别工资差异逐渐上升（何泱泱等，2016）。在婚姻方面，陈友华和虞沈冠（1993）通过分析20世纪80年代我国人口的平均初婚年龄，归纳出男女两性人口在初婚年龄方面的主要差异。因此，我们认为性别因素不仅直接影响个体的福利水平，而且由于其影响权重较大，有可能会调节出生队列规模变动对队列成员人口福利的影响，使男性和女性队列成员的福利水平受到其所在出生队列规模不同程度的影响，由此我们提出：

> 假设2：性别因素调节出生队列规模变动对队列成员人口福利的影响，使出生队列规模变动对男性和女性队列成员的人口福利存在不同程度的影响。

三 制度因素影响下的城乡二元差异的调节效应

在我国户籍制度作用下形成的城乡二元结构几乎影响了我国社会发展的各个领域，这种影响也不可避免地投射到人口福利的各个维度。以教育福利为例，受到城乡发展程度和教育投入差异的影响，教育领域的城乡差异在义务教育阶段就存在（沈百福，2004）；这种差异在义务教育之后的教育阶段由于资源更稀缺而表现得更为突出。此外，城乡健康投入的差异也导致了健康状况的城乡二元差异。因此，我们认为城乡差异因素是另一个可能对出生队列规模效应存在调节作用的因素，由此我们提出：

假设3：城乡因素调节出生队列规模变动对队列成员人口福利的影响，使出生队列规模变动对城市和农村队列成员的人口福利存在不同程度的影响。

四 生命历程的累积效应

生命历程分析中的一个隐含主题是累积优势（或劣势），即在生命早期阶段获得优势的个人从其社会位置中体验着后续利益（周雪光，2015），而且生命历程中不同的重要事件可能存在互动和相互影响。因此，出生队列规模变动对队列成员人口福利的影响，可能沿着生命历程的推进存在累积效应和传递效应，共同影响了队列成员的总人口福利。由此我们提出：

假设4：出生队列规模变动对队列成员人口福利的影响在健康、教育、经济和婚姻四个维度存在差异，而且出生队列规模变动的影响可能沿着生命历程的推进呈现传递和累积。

第四节 测量人口福利的数据与方法

一 主要数据来源

本书使用的数据分为宏观数据和微观数据两个层面。宏观的数据主要来源于国家层面的教育、人口和社会经济发展的各种统计年鉴,如《中国统计年鉴》、《中国教育统计年鉴》、《中国教育经费统计年鉴》和《新中国六十年统计资料汇编》等;而微观的分析数据,则根据不同章节的具体研究问题和不同数据的特点,分别使用中国健康与营养调查(China Health and Nutrition Survey, CHNS)数据、中国综合社会调查(China General Social Survey, CGSS)数据进行相关的统计分析。

在宏观上,我们所需要的数据主要是出生人口数据和教育统计数据。首先,本书所使用的出生人口数据主要来自《新中国六十年统计资料汇编》,而2008年以来的数据则来自国家统计局官方网站公布的《2019年中国统计年鉴》。众所周知,我国的出生人口数据一直受出生漏报和瞒报的困扰。2007年,翟振武和陈卫充分利用我国的教育数据,重新构建了2000年全国人口普查0~9岁人口的性别年龄结构,结果发现"估计的结果在总体上与国家统计局公布的人口变动抽样调查结果基本一致"(翟振武、陈卫,2007)。因此,我们认为虽然我国的出生人口数据存在漏报和瞒报的现象,但这种漏报和瞒报可能是系统性的。这意味着漏报和瞒报不是只出现在某些特定年份,而是几乎存在于每一年的人口统计中,因此,我们认为这种系统性的漏报对数据的结构不会产生颠覆性影响,使用该数据进行相关的统计分析不会使结论产生较大偏差。所以在无法获得更精确数据的前提下,本书使用的历年出生人口数据都是没有经过笔者再次调整的官方公布数据,系统性的漏报对研究结论的影响较为有限。此外,虽然本书使用的出生人口数均是时期统计的数据,但是按时间序列使用出生人口数可以认为是出生队列视角下的纵向数据。此外,目前在我国的教育体系中,将教育类型区分为普通教育和职业教育,虽然相关研究和实践结果均表明,职业教育正日益成为我国教育体系中不可或缺的一环,为我国国民素质的提高发挥了积极作用。但是基于本研究时间跨度较长,职业教育数据的局限性将影响本书的教育数据覆盖面,因此,本书使用的宏观教育数据主要是指除职业教育以外的普通教育数据,包括普通小学、普通初中、普通高中和普通高等学校。此外,学前教育的重要性和竞争激烈程度也日益凸显,"入园难"的现象与日俱增,学前教育也逐渐成为人口教育福利中不可缺少的一个环节,然而同样由于数据可及性的影响,本研究无法对队列成员的学前教育状况进行量化分析和讨论,所以对于队列成员教育福利的关注将从小学阶段开始。其他几个福利维度由于宏观统计数据不如教育福利维度丰富，因此相关的描述统计部分更多地借助于微观调查数据。

在微观上，针对队列成员人口福利所涉及的健康、教育、经济和婚姻四个维度，我们将采用两套不同的数据来满足不同的分析需要。虽然绝大多数调查数据都会涉及被调查者的受教育程度信息，但是我们分析所需的数据除了具备对教育状况的调查外，还需要满足其他一些特殊的条件，所以根据本书不同章节的分析需求和各数据集的特点，分别选用两套数据开展分析。之所以选择两套不同来源的数据，是因为目前难以获得真正的纵向追踪调查数据以考察队列成员的人口福利状况，而且综合性调查的调查对象通常都是18岁及以上成年人口，但是在本书的健康福利和教育福利部分，因为需要考察18岁以下群体的福利状况，所以我们需要使用中国健康与营养调查数据来满足我们的需要，而其他只涉及成年队列成员的福利维度则使用代表性更佳的中国综合社会调查数据。所以针对不同研究部分的需要和两项调查数据的特点，我们拟采用两套数据来验证本书的研究假设。虽然不同来源的数据在一定程度上可能会影响整体结论的可比性，但是这并不影响本书研究结论的总体趋势，本书的研究结论依然是稳健和相对可比的。

对于队列成员在幼儿期和儿童少年期的健康状况以及教育机会的考察将涉及各年龄段和各级教育，所以我们的分析数据需要包括幼儿和学龄人口，同时，需要相对丰富的个人特征信息，因此我们选择中国健康与营养调查数据作为分析队列成员健康状况和教育机会的微观数据，该数据不仅涉及对成人的调查，也包括了专门对家庭户中儿童状况的调查。中国健康与营养调查数据是由美国北卡罗来纳大学和中国疾病预防控制中心营养与健康所联合采集，旨在考察中国的社会和经济转变如何影响人口的健康和营养状况。中国健康与营养调查是一项纵向调查，目前已公布10期的调查数据（1989年、1991年、1993年、1997年、2000年、2004年、2006年、2009年、2011年、2015年）。该调查在中国的9个省份（广西、贵州、黑龙江、河南、湖北、江苏、辽宁和山东）开展。其中，前3期调查没有在黑龙江进行，1997年黑龙江取代辽宁成为调查省份，而2000年以后辽宁重新回到了样本省份。虽然该数据并没有涵盖我国所有的省份，但从区域的分布来看，9个省份基本覆盖了我国东部、中部、西部地区，对于各区域的发展状况基本具有代表性。该调查涉及被调查家庭的人口学背景、职业、家庭收入和开支、卫生和医疗状况、营养和饮食状况等。虽然该调查侧重被调查者的营养和健康状况，但实质上该调查涵盖了对我国居民社会生活和国家社会经济发展等诸多方面较为全面的内容。在 2004 年以前，该调查仅包括以家庭户为单位的调查，自 2004 年开始，该调查设置了专门的儿童和成人调查问卷，使除户主以外的其他家庭成员的信息也更加丰富。而且调查的承担者将 10 期调查数据合并为纵向的多个模块，研究者可以根据自己的需求选择相应的模块，这种数据形式正好契合了本书的需求。虽然中国健康与营养调查数据不是等间隔的追踪调查，使我们不可能实现真正意义上的追踪，但是基于其调查的相对连续性，以及我们的分析单位是出生队列，即使样本中的被调查对象在纵向上存在一定程度的流失，对我们的研究结果也不会产生根本性的影响。同时，虽然中国健康与营养调查以家庭户为单位开展，但是数据却以个人为单位呈现，因此，我们也对数据进行了相应的亲子配对，从而使分析对象具有相关的家庭信息。

对于队列成员的教育成就、经济福利和婚姻福利的考察，我们选择 2015 年中国综合社会调查（CGSS）数据。该调查由中国人民大学中国调查与数据中心负责执行，是我国最早的全国性、综合性、连续性的大型社会调查项目。从 2003 年开始，每隔 1~2 年进行一次，对全国 28 个省、自治区、直辖市，125 个县（区），500 个街道（乡、镇），1000 个居（村）民委员会、10000 户家庭中的个人进行调查。2015 年中国综合社会调查覆盖了全国 28 个省区市的 478 个村/居，样本量为 10968 人。共有核心模块、十年回顾、东亚社会调查（EASS）的工作模块、国际调查合作计划（ISSP）的工作模块、能源模块、法制模块等模块。本书中对于队列成员教育成就的考察主要针对已经完成最高教育的成员，从理论上讲，我们假设年满 25 周岁及以上的人口已经完成了其终身受教育程度，但满足这种条件的调查对象有较大的可能已和父母同住，尤其是年龄较大的成年人口，因而损失了相关的家庭背景特征。而 2015 年中国综合社会调查数据的一个特点是无论被调查者的年龄多大，都有专门针对其父母状况的调查，而且无须通过亲子配对，我们就能获得其家庭背景信息。此外，中国综合社会调查数据对于被调查者教育状况的调查不仅包括以年数为单位的受教育程度，还包括完成最高受教育程度的年份，前者便于我们将教育视为连续变量进行分析，比一般情况下只能将教育视为分类变量进行分析的信息量更大。而被调查者完成最高受教育程度的年份，可以更好地拓展我们对队列成员教育成就的分析。因此，中国综合社会调查数据非常适合我们进行队列成员的教育成就分析。此外，该调查中涵盖了对被访者具体职业和年收入的调查。数据中的职业变量依据国际劳工组织（International Labour Organization）提出的国际标准职业分类（International Standard Classification of Occupation，ISCO）进行了编码，这种国际标准化的处理方法，可以让我们根据 ISCO 的分类将被访者的职业类型转换为国际标准职业社会经济地位指数（International Socio-economic Index，ISEI），从而为进行相关的计算和分析提供了极大的便利性。在婚姻维度，该数据也包含了相对充足的变量，可以供我们进行相关的检验和分析。总之，中国综合社会调查数据对全国情况具有更好的代表性，因此，我们在研究 18 岁及以上队列成员的福利状况时，运用这项调查的数据比中国健康与营养调查数据更为理想。

二　多方法结合测量人口福利

（一）队列分析法

本书采用的分析方法主要是队列分析法，即以出生队列为分析单位，比较规模不同的出生队列成员的人口福利是否因其出生队列规模的差异而存在差异。首先，本书以描述统计为基础，通过比较出生队列规模与反映队列成员人口福利状况的相关变量的变动情况，考察两者是否有共同变动的趋势。近 70 年来，我国的出生人口规模变动经历了三次出生高峰和三次出生低谷，但是目前学界在三次出生高峰起止时间的认识上并没有达成一致（陈友华，2008）。陈友华（2008）从数量的视角考察，提出我国已经出现的三次出生高峰分别是：1949~1958 年、1962~1973 年、1982~1998 年（见图 3-3），而两次出生高峰之间的年份就是相应的出生低谷期。

（二）回归分析

在描述统计的基础上，本书通过定量分析模型在控制其他因素的前提下，考察出生队列规模变动（绝对规模和相对规模）对队列成员人口福利的影响，在健康福利和教育机会部分，由于因变量是二分类变量，且需要考察因变量发生的概率，因此，使用 Logistic 回归进行分析。在教育成就、职业和收入以及婚姻状况部分，由于因变量是连续变量，为了充分利用数

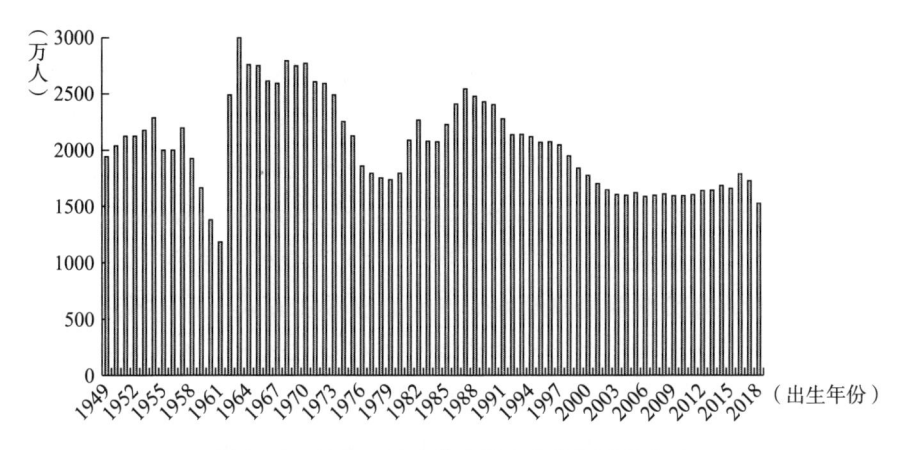

图 3-3　1949～2018 年中国出生队列规模变动

资料来源：根据总人口和出生率计算得出，1949～2008 年和 2009～2018 年数据分别来源于《新中国六十年统计资料汇编》和《2019 年中国统计年鉴》。

据中的缺失值，运用了 Stata 软件中拟合结构方程的方法进行主效应回归，使回归结果能够有更好的代表性，同时，在此基础上运用多组回归（Wellek，2003）。在对控制变量的参数进行相应限制的基础上，分析性别因素和城乡因素的调节效应，并运用不同组别的系数检验来考察对控制变量参数的控制是否合理，再做出相应的调整。

（三）人口模拟——没有出生队列规模影响的状态

采用人口模拟（population simulation）的方法，从相对理想的状态，更直观地考察出生队列规模变动对队列成员各维度人口福利的影响，可以进一步明确和离析出出生队列规模的净效应（net impact）。

微观模拟（micro-simulation）是人口预测的一种方法，为了区别于我们通常所讲的人口预测，我们将用人口总体预测未来人口变动的预测方法称为宏观模拟（macro-simulation），而将运用微观样本数据预测某人口过程的预测方法称为微观模拟。微观模拟与宏观模拟的区别在于：第一，微观模拟使用一个样本数据而非全体人口进行模拟；第二，微观模拟建立在个人数据而非群组数据的基础上；第三，微观模拟依赖于重复随机试验（repeated random experiments）而非群体的平均概率。此外，微观模拟的优势在于：（1）可以模拟人口的多种取值的多种特征，而不像宏观模拟通常只能涉及人口的性别和年龄；（2）能够处理个体之间的互动；（3）在处理个体之间的互动时更灵活；（4）可以处理连续性的共变；（5）可以提供更丰富的结果。而微观模拟最大的缺陷在于它会受到随机变动的影响（Imhoff and Post，1998）。进行模拟的目的是希望通过控制其他因素的影响，模拟出没有出生队列规模这一因素影响的理想状态，并将这一状态与存在出生队列规模影响的状态进行比较，两者的差异即为出生队列规模的净效应。因此，在比较微观模拟和宏观模拟差异的基础上，结合分析目的和数据性质，笔者认为本书更适合运用微观模拟的方法来考察出生队列规模的净效应。

本书的微观模拟分为整体模拟和典型位置模拟两类。两类模拟均建立在影响队列成员人口福利的各影响因素分析模型基础上，将运用后文中回归分析获得的相应回归方程，分别将模型中的自变量取值带入方程计算队列成员的各项人口福利水平。同时，为了控制家庭背景对模拟结果的影响，本书假定各队列成员的家庭背景特征保持不变，即计算代表各队列成员家庭背景的各个变量的均值，并以之取代原来的具体值带入各方程参与计算。

1. 整体模拟

整体模拟的具体步骤如下。第一，计算"实际值"，运用对应的回归方程，在对家庭背景变量都取均值而其他变量维持原有取值的基础上，计算队列成员的各项人口福利变量的取值；然后再依据计算结果，计算各出生队列的人口福利变量均值。第二，计算"模拟值"，同样运用对应的回归方程进行计算，家庭背景变量保持均值，其他变量仍维持原有取值。与计算"实际值"的区别在于，计算"模拟值"时，代表出生队列相对规模的两个变量——"过去"和"未来"变量的取值均为1，表示各出生队列的规模始终保持不变。同样，在得到每个个体相关人口福利变量的模拟值后，也根据其所在出生队列计算出以出生队列为单位的均值。第三，完成相关计算后，通过比较各出生队列人口福利变量的"实际值"和"模拟值"的差异，就能够直观地看到出生队列规模变动对队列成员人口福利的净效应。

2. 典型位置模拟

典型位置模拟将在比整体模拟更理想的状态下考察出生队列规模变动对队列成员人口福利的净效应。我们将构造一个理想队列，然后将其放入人口周期，根据人口周期可能的变化方式，将这个理想队列放入人口周期的各个典型位置，一共产生了9种可能的位置：人口周期的高峰值、人口周期的低谷值、上升阶段的终点、下降阶段的终点、人口开始增长的起点、人口开始下降的起点、人口增长结束的终点、人口下降结束的终点以及人口规模始终保持不变的零增长状态。然后分别计算和比较这9种状态下该理想队列相应的人口福利状况，以期进一步把握位于人口周期不同位置的队列成员的人口福利差异。为了简化分析，我们假定各出生队列规模的变化（无论是增长还是下降）均遵循匀速变化的模式。而且在运用回归方程计算队列成员相应的人口福利时，除了代表出生队列相对规模的"过去"和"未来"两个变量外，其余控制变量均取均值。关于理想队列的具体构建，我们将在后文结合具体的分析内容进行阐述。

第四章
健康福利：营养健康

　　健康是个体生命历程中最早涉及的一项基础性福利，个体从出生之时就直面健康问题，因此，健康这项人口福利是其他后续福利的重要基础，也是我们探讨出生队列规模变动与队列成员人口福利的一个起点。从营养健康的维度出发，本章将分别考察不同规模出生队列中幼儿、学龄儿童少年和成人三个群体的生长迟缓、营养不良和营养过剩三个方面的状况，以期探究出生队列规模变动对队列成员健康福利的影响。

　　健康的概念经历了较长时间的发展。最早，人们对健康的关注只是身体或者生理方面的；WHO 在 1948 年成立之初就将健康界定为"健康不仅是没有疾病和不虚弱，而且是身体、心理、社会功能三方面的完满状态"；1990 年，WHO 再次对健康的内涵进行补充，"健康是在躯体健康、心理健康、社会适应良好和道德健康四个方面皆健全"，由此健康的内涵由三个维度拓展到四个维度。但是在实际研究中，由于调查数据的限制，我们无法严格按照健康的四维定义开展研究，除了生理健康维度和心理健康维度，社会适应和道德健康两个方面尚未有客观的测量标准，而本书所使用的中国健康与营养调查数据中主要涉及了生理健康维度，这一健康维度是健康各维度中完全可以通过客观指标量化和测量的，因此，本书主要聚焦生理健康维度来考察出生队列规模变动对队列成员健康状况是否存在影响。同时，由于本书并非专业的医学健康研究，因此，本书所关注的生理健康并不涉及疾病方面的讨论，而主要关注队列成员生长发育和营养健康两个方面的情况，以此近似反映队列成员的健康状况。此外，由于在生命历程的不同阶段，对队列成员生长发育和营养健康的评价标准有较大差异，因此，本章根据国家标准将队列成员划分为 0~5 岁幼儿、6~18 岁学龄儿童少年和 19 岁及以上成人三个阶段，并分别考察出生队列规模变动对不同年龄段队列成员营养健康状况的影响。

国家卫生健康委员会根据我国国情和世界卫生组织制定的全球标准，制定了符合我国国情的各年龄段人口的生长发育和营养健康标准，包括"5 岁以下儿童生长状况判定"[①]、"儿童青少年发育水平评价"[②]、"学龄儿童青少年营养不良筛查"[③]、"学龄儿童青少年超重与肥胖筛查"[④] 以及"成人体重判定"[⑤]。根据这些标准，我们可以对调查数据中各年龄段队列成员的生长发育和营养健康状况进行相关统计和分析。这些标准的制定充分考虑了中国儿童青少年的体质遗传特征和社会经济差异等影响因素，以营养健康对婴幼儿和儿童青少年的体质健康危害为依据确定筛查界值范围，可用于对中国所有群体营养健康状况的筛查，是目前中国公共卫生领域的统一标准。在此之前，我国一直未制定统一的营养不良筛查标准。相关研究曾经使用 1977 年美国国家卫生统计中心与世界卫生组织以美国儿童的样本数据绘制的一套儿童生长图表（National Center for Health Statistics/World Health Organization Growth Reference 1977，以下简称 NCHS/WHO Growth Reference 1977），世界卫生组织在此基础上于 2007 年发布了新的标准——WHO Growth Reference 2007，该标准作为国际标准一直沿用至今（王玉英等，2007；俞丹、陈玉柱，2017）。与世界卫生组织 2007 年的标准相比，在我国新发布的标准中，年龄别的临界值非常接近但小幅偏高，虽然我国新发布的标准对于评估此前出生的婴幼儿和学龄儿童少年的营养不良状况存在一定程度的偏差，但考虑到世界卫生组织的标准是基于全球情况制定的，涵盖了所有发达国家和发展中国家，以此评估我国婴幼儿和学龄儿童少年的生长发育情况可

[①] 《5 岁以下儿童生长状况判定》，http://www.nhc.gov.cn/wjw/yingyang/201308/5d64ff7a2a044f34b4564963a20857c9.shtml，最后访问日期：2020 年 4 月 21 日。

[②] 《儿童青少年发育水平评价》，http://www.nhc.gov.cn/wjw/pqt/201504/3661756c241b46329dbc6ad73eba0bd1.shtml，最后访问日期：2020 年 4 月 21 日。

[③] 《学龄儿童青少年营养不良筛查》，http://www.nhc.gov.cn/wjw/pqt/201407/38b15c0a1ed444e8908e12752decaffa.shtml，最后访问日期：2020 年 4 月 21 日。

[④] 《学龄儿童青少年超重与肥胖筛查》，http://www.nhc.gov.cn/wjw/pqt/201803/a7962d1ac01647b9837110bfd2d69b26.shtml，最后访问日期：2020 年 4 月 21 日。

[⑤] 《成人体重判定》，http://www.nhc.gov.cn/wjw/yingyang/201308/a233d450fdbc47c5ad4f08b7e394d1e8.shtml，最后访问日期：2020 年 4 月 21 日。

能存在更大程度的偏差，因此，我们选择使用中国自己的标准进行相关评估和筛选，可以最大限度地缩小潜在的偏差。对于成人健康状况筛查标准的选择也是类似的处理。

本章使用的数据是中国健康与营养调查数据的营养健康模块数据，虽然中国健康与营养调查已经开放了1989~2015年的调查数据，但是由于在其数据库中营养健康模块的数据截止时间为2011年，因此，本章对于队列成员营养健康状况的研究只涉及1989~2011年的纵向混合数据。该调查中涉及被访者的身高和体重，但是对于幼儿和学龄儿童少年的其他基础健康数据没有涉及，对于成年被访者健康状况的调查内容较幼儿和儿童少年丰富。

第一节 出生队列规模变动与队列成员的健康状况

一 出生队列规模变动与幼儿健康

根据"5岁以下儿童生长状况判定"（见表4-1），如果幼儿的年龄别身高小于该年龄别身高均值两个标准差，则定义为生长迟缓；如果年龄别体重指数（Body Mass Index，BMI）[①] 小于该年龄别BMI均值两个标准差，则定义为消瘦，生长迟缓和消瘦用于测量营养不良。如果BMI大于该年龄别BMI均值两个标准差，则定义为超重，超重用于测量营养过剩。每个年龄别的身高和BMI都有不同的取值。但是由于样本中达到消瘦标准的幼儿数量很少，不利于我们进行模型分析，因此，我们对0~5岁幼儿健康状况的考察主要从生长迟缓和营养过剩两个方面进行。

表4-1 0~5岁幼儿分性别年龄别身高和BMI的临界值

年龄	身高（厘米）		超重（BMI）	
	男	女	男	女
0岁	46.1	45.4	16.3	16.1

---

① BMI = 体重/身高^2，其中体重的单位为千克，身高的单位为米。

续表

年龄	身高（厘米）		超重（BMI）	
	男	女	男	女
1岁	71.0	68.9	19.8	19.6
2岁	81.0	79.3	18.5	18.7
3岁	88.7	87.4	18.4	18.4
4岁	94.9	94.1	18.2	18.5
5岁	100.7	99.9	18.3	18.8

资料来源：《5岁以下儿童生长状况判定》，http://www.nhc.gov.cn/wjw/yingyang/201308/5d64ff7a2a044f34b4564963a20857c9.shtml，最后访问日期：2020年4月12日。

1. 出生队列规模变动与幼儿生长迟缓

出生队列规模与幼儿生长迟缓比例的变动关系如图4-1所示，由于本章使用的是调查数据，所以仅包含了1984~2010年的出生队列，这些队列是第三次出生高峰以来出生的队列，在这之前的出生队列我们无法在数据中观测到。总体上，幼儿出生队列的生长迟缓比例呈现波动下降的趋势，出生队列规模也在1987年达到第三次出生高峰峰值后持续下降，两者的关系近似表现为同向变动，即出生队列规模越大，幼儿队列成员生长迟缓的比例越高，幼儿生长迟缓比例随着出生队列规模的缩减呈现下降趋势。

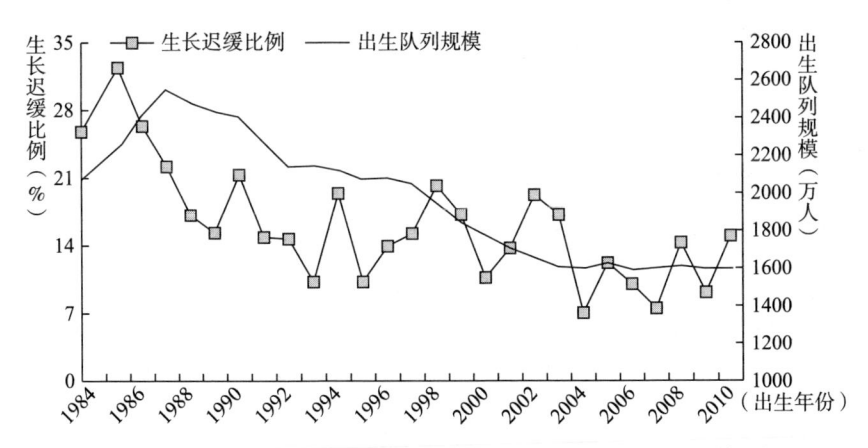

图4-1 1984~2010年出生队列规模变动与队列幼儿生长迟缓比例

资料来源：生长迟缓比例来源于1989~2011年中国健康与营养调查混合数据；出生队列规模根据总人口和出生率计算得出，1984~2008年和2009~2010年数据分别来源于《新中国六十年统计资料汇编》和《2019年中国统计年鉴》。

2. 出生队列规模变动与幼儿营养过剩

出生队列规模变动与幼儿营养过剩的关系与生长迟缓正好相反，由于我们按照出生队列计算营养过剩比例，因此，数据细分使结果波动较为厉害，但整体上，幼儿营养过剩的比例呈波动上升的态势（见图4-2），随着出生队列规模在第三次出生高峰的峰值（1987年）以后持续下降，队列幼儿的营养过剩比例波动上升，出生队列规模与队列幼儿营养过剩比例近似呈反向变动关系，规模较小队列幼儿占有的营养资源量更充裕。

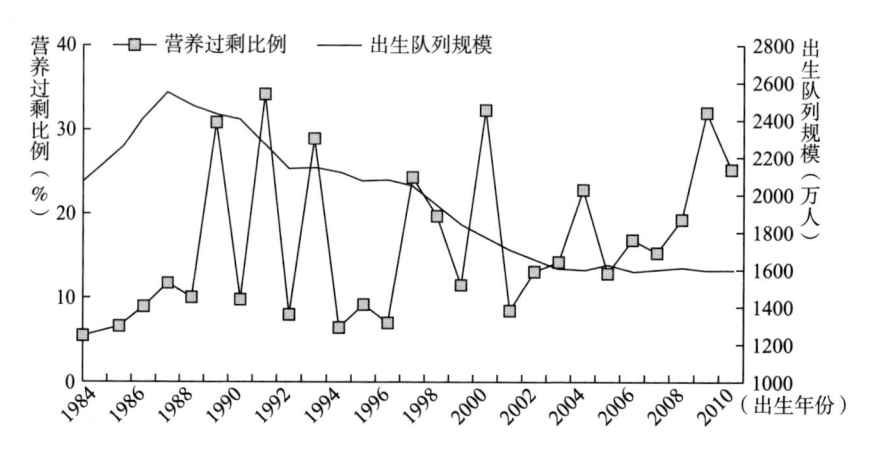

图4-2 1984~2010年出生队列规模变动与队列幼儿营养过剩比例

资料来源：营养过剩比例来源于1989~2011年中国健康与营养调查混合数据；出生队列规模根据总人口和出生率计算得出，1984~2008年和2009~2010年数据分别来源于《新中国六十年统计资料汇编》和《2019年中国统计年鉴》。

二 出生队列规模变动与学龄儿童少年健康

根据"儿童青少年发育水平评价"、"学龄儿童青少年营养不良筛查"和"学龄儿童青少年超重与肥胖筛查"三个标准，我们可以获得6~18岁学龄儿童少年生长迟缓、营养不良和营养过剩的相应标准。其中，分性别年龄别身高小于表4-2中相应取值界的定为生长迟缓；分性别年龄别BMI小于表4-2中相应取值的界定为消瘦。生长迟缓和消瘦统称为营养不良，其中，生长迟缓属于长期营养不良，而消瘦属于短期营养不良。分性别年龄别BMI大于表4-2中相应取值的界定为超重，超重属于营养过剩。由于所有的临界值均是分年龄的标准，在制定指标的同时已经排除年龄的影响，因此，在判断不同年龄学龄儿童少年的营养不良状况时不存在年龄效应问题。

表4-2 6~18岁学龄儿童少年性别年龄别身高和BMI的临界值

年龄	身高（厘米）		消瘦（BMI）		超重（BMI）	
	男生	女生	男生	女生	男生	女生
6岁	106.3	105.7	13.4	13.1	16.4	16.2
7岁	111.3	110.2	13.9	13.4	17.0	16.8
8岁	115.4	114.5	14.0	13.6	17.8	17.6
9岁	120.6	119.5	14.1	13.8	18.5	18.5
10岁	125.2	123.9	14.4	14.0	19.2	19.5
11岁	129.1	128.6	14.9	14.3	19.9	20.5
12岁	133.1	133.6	15.4	14.7	20.7	21.5
13岁	136.9	138.8	15.9	15.3	21.4	22.2
14岁	141.9	142.9	16.4	16.0	22.3	22.8
15岁	149.6	145.4	16.9	16.6	22.9	23.2
16岁	155.1	146.8	17.3	17.0	23.3	23.6
17岁	156.8	147.3	17.7	17.2	23.7	23.8
18岁	157.1	147.5	17.9	17.3	24.0	24.0

资料来源：《学龄儿童青少年营养不良筛查》，http：//www.nhc.gov.ch/wjw/pqt/201407/38b15c0a1ed444e8908e12752decaffa.shtml，最后访问日期：2020年4月12日；《学龄儿童青少年超重与肥胖筛查》，http：//www.nhc.gov.cn/wjw/pqt/201803/a7962d1ac01647b9837110bfd2d69b26.shtml，最后访问日期：2020年4月12日。

1. 出生队列规模变动与学龄儿童少年生长迟缓

图4-3反映了学龄儿童少年生长迟缓比例与出生队列规模变动的关系，数据中涵盖了1973~2005年[①]出生队列。这些出生队列涉及第二次出生低谷、第三次出生高峰和高峰后的低生育率时期，因此，出生队列规模经历了先急速下降、再波动上升、之后持续下降的过程。学龄队列成员的生长迟缓比例也经历了先下降、再上升、之后波动下降的历程。因此，整体上看，两者呈现几乎同向变动的关系。其中，1974~1977年出生队列成员的生长迟缓比例随着出生队列规模的缩小而波动下降；1978~1986年出生队列成员的生长迟缓比例随着出生队列规模的扩大而持续上升；1987年以后出生队列成员的生长迟缓比例随着出生队列规模的不断缩小在8%左右徘徊

---

① 数据中没有筛选出1971年和1972年存在生长迟缓问题的学龄儿童少年。

多年，除了个别出生队列外，没有再出现大幅上升。

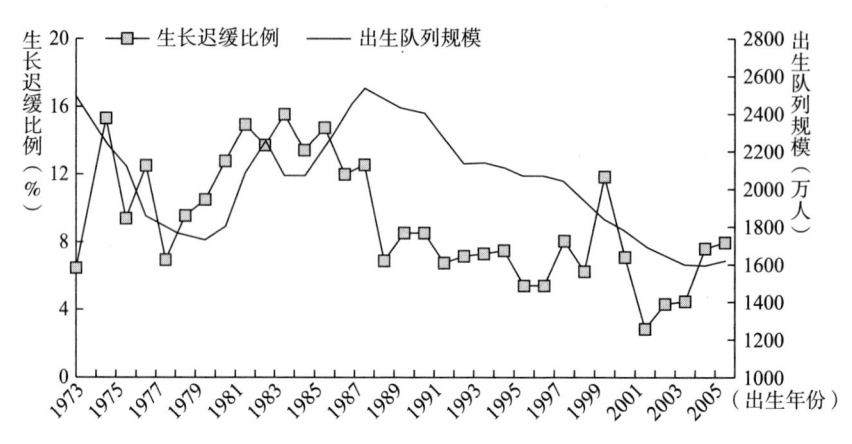

图 4－3　1973～2005 年出生队列规模变动与学龄儿童少年生长迟缓比例
资料来源：生长迟缓比例来源于 1989～2011 年中国健康与营养调查混合数据；出生队列规模根据总人口和出生率计算得出，1973～2005 年数据来源于《新中国六十年统计资料汇编》。

2. 出生队列规模变动与学龄儿童少年消瘦

学龄儿童少年的消瘦比例与出生队列规模的关系如图 4－4 所示。总体上，出生队列规模与学龄儿童少年消瘦比例的变动关系呈现阶段性的特征，1973～1978 年出生队列成员的消瘦比例随着出生队列规模的缩小持续上升。1979～2005 年出生队列成员的消瘦比例随着出生队列规模的变动呈现同向变动的趋势，在出生队列规模增长的阶段有小幅波动上升，在队列规模缩小的阶段随之波动下降；特别是 1999 年以后出生队列成员的消瘦比例从更高的水平上下降。因此，在消瘦方面，出生队列规模与学龄儿童少年消瘦比例没有相对一致性的变动规律。

3. 出生队列规模变动与学龄儿童少年营养过剩

出生队列规模与学龄儿童少年营养过剩比例的变动关系如图 4－5 所示。无论出生队列规模如何变动，整体上，学龄儿童少年的营养过剩比例随着出生队列规模的持续波动呈上升趋势。1973～1979 年出生队列成员的营养过剩比例在 5% 左右波动，并没有因为出生队列规模的缩小而出现相应的变动；1980～1990 年出生队列成员的营养过剩比例随着出生队列规模的扩大缓慢上升；1991～2005 年出生队列成员的营养过剩比例随着出生队列规模的缩小大幅上升。虽然学龄儿童少年的营养过剩比例并未与出生队列规模

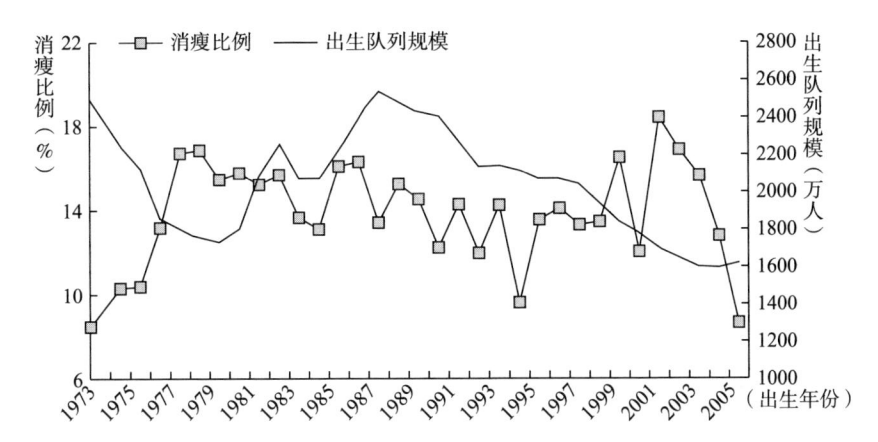

图 4-4　1973～2005 年出生队列规模变动与学龄儿童少年消瘦比例

资料来源：消瘦比例来源于 1989～2011 年中国健康与营养调查混合数据；出生队列规模根据总人口和出生率计算得出，1973～2005 年数据来源于《新中国六十年统计资料汇编》。

的变动呈现始终一致的趋势，但在出生队列规模缩小阶段营养过剩比例增长幅度较大，这一方面得益于全社会营养健康资源的日益丰富，另一方面得益于出生队列规模的缩小降低了其对队列成员营养健康资源的稀释，将更多的资源浓缩到队列成员身上，造成了营养资源占有量相对过多的结果。

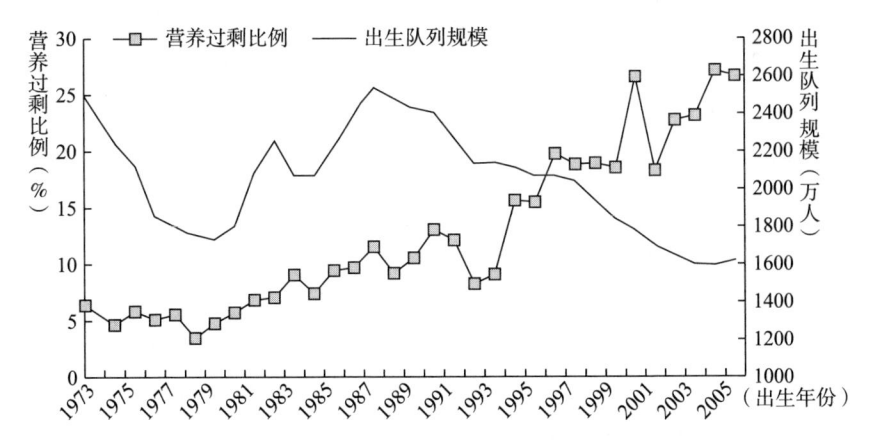

图 4-5　1973～2005 年出生队列规模变动与学龄儿童少年营养过剩比例

资料来源：营养过剩比例来源于 1989～2011 年中国健康与营养调查混合数据；出生队列规模根据总人口和出生率计算得出，1973～2005 年数据来源于《新中国六十年统计资料汇编》。

三 出生队列规模变动与成人健康

成年队列成员主要指19岁及以上的队列成员,根据"成人体重判定"标准,对成人健康状况的考察主要从体重偏轻和体重超重两个方面进行。体重超重是对成人健康存在影响的一个重要因素,也是健康恶化的潜在因素,将BMI大于等于24界定为体重超重;体重偏轻虽然尚未被视为健康问题,但其也可能是潜在亚健康的一种反映,将BMI小于18.5界定为体重偏轻。

1. 出生队列规模变动与成人体重偏轻

我们所使用的数据包含了1949~1992年出生的19岁及以上成人出生队列,涉及前三次出生高峰和前两次出生低谷。如图4-6所示,出生队列规模与成年队列成员体重偏轻比例的变动关系显示,1949~1961年出生队列成员的体重偏轻比例并未随着出生队列规模的扩大和骤减出现大幅波动;1962~1977年出生队列成员的体重偏轻比例随出生队列规模的扩大也出现小幅增长;1978~1982年出生队列成员的体重偏轻比例随着出生队列规模的缩小没有继续保持上升势头,而是在10%左右徘徊;1983~1991年出生队列成员的体重偏轻比例随着出生队列规模的再次扩大出现幅度相对较大的明显增长。因此,整体上,出生队列成员的体重偏轻比例在队列规模扩大阶段有明显增长,而在队列规模缩小阶段出现增长暂时停滞现象。出生队列规模较大的队列成员更可能出现体重偏轻问题,其健康状况略差于规模较小队列的成员,出生队列规模的差异造成了成年队列成员健康状况和健康福利水平的差异。

2. 出生队列规模变动与成人体重超重

成年队列成员体重超重比例的变化过程正好与体重偏轻相反(见图4-7)。整体上,队列成员体重超重的比例随着出生队列的年轻化呈现波动下降的趋势。1949~1961年出生队列成员的体重超重比例在30%~40%波动,没有随出生队列规模的变动而变动;1962~1973年出生队列成员的体重超重比例从36.3%下降到25.7%,这一下降过程伴随着第二次出生高峰期间出生队列规模的快速增长;1974~1981年出生队列成员的体重超重比例没有继续下降,而是在20%~30%波动;1982~1996年出生队列成员的体重超重比例再次出现波动下降的趋势。这一组出生队列是第三次出生高峰期

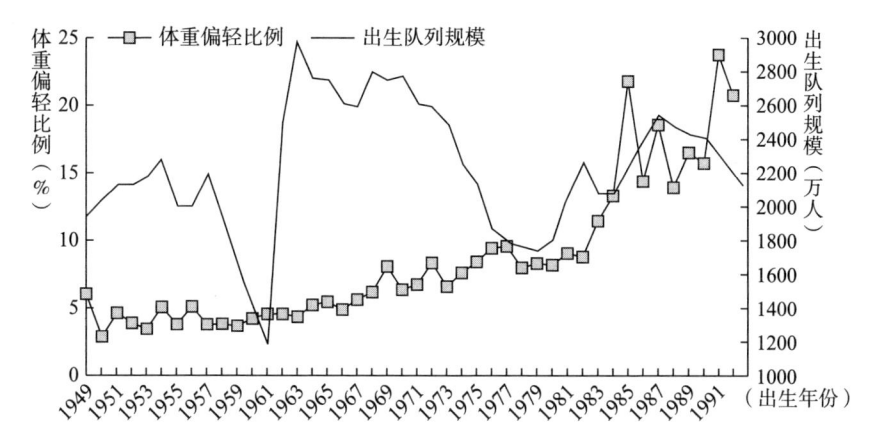

图 4 – 6　1949～1992 年出生队列规模变动与成年队列成员体重偏轻比例

资料来源：体重偏轻比例来源于 1989～2011 年中国健康与营养调查混合数据；出生队列规模根据总人口和出生率计算得出，1949～1992 年数据来源于《新中国六十年统计资料汇编》。

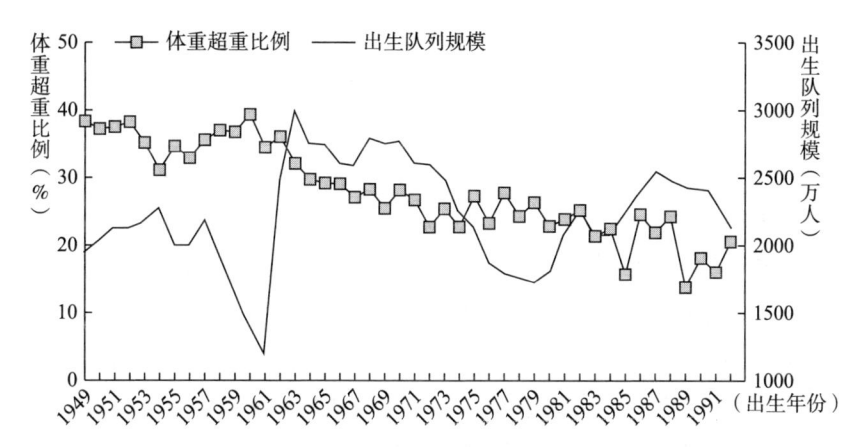

图 4 – 7　1949～1992 年出生队列规模与成年队列成员超重比例

资料来源：体重超重比例来源于 1989～2011 年中国健康与营养调查混合数据；出生队列规模根据总人口和出生率计算得出，1949～1992 年数据来源于《新中国六十年统计资料汇编》。

间的队列，随着出生队列规模变动趋势呈先波动上升再持续下降，队列成员的超重比例也波动下降。概括而言，成年队列成员的体重超重比例在出生队列规模的扩大阶段下降趋势比较明显，而在出生队列规模的缩小阶段则停止下降而徘徊不前，因此，规模较小队列成员的体重超重比例相对较高，这既反映出队列成员健康状况相对不理想，也反映出规模较小队列成员的营养健康资源相对充裕,出生队列规模变动对队列成员的健康状况存在影响,也造成了不同出生队列健康福利水平的差异。

第二节 出生队列规模变动对队列成员健康状况的影响

人口总量变动对人口健康状况存在影响,Montgomery 和 Lloyd 关注了人口增长与健康的关系。他们发现高生育率与女性和儿童的健康与存活率呈负相关,在兄弟姐妹多且生育间隔短的家庭中,孩子享受到的健康资源更少,在其人力资本的发展方面处于劣势(Montgomery and Lloyd,1996)。聚焦到总人口中的学龄儿童少年,除了家庭资源因子女数量的稀释影响儿童健康外,已有研究表明还有其他诸多因素可能对学龄儿童少年的健康状况存在不同程度的影响。因此,对学龄儿童少年健康状况的关注是健康研究领域的一个传统热点,既有的研究主要从以下三个方面对这一主题进行了探讨。

一是对学龄儿童少年健康状况的考察。首先,已有研究从两个方面考察学龄儿童少年的健康状况,一方面是对学龄儿童少年营养不良状况的考察,研究发现农村贫困地区是学龄儿童少年营养不良的多发地区(于冬梅等,2011),另一方面是对学龄儿童少年营养过剩状况的考察,研究发现营养过剩存在一定的普遍性,并非独生子女的特有现象(杨菊华,2007)。两方面研究共同表明,我国学龄儿童少年的健康状况面临营养不良和营养过剩的双重影响。其次,从地域上看,相关研究既包括对全国性儿童营养状况的统计和变动趋势分析,发现我国 7~18 岁儿童青少年的营养不良状况持续改善,但总检出率仍然较高(董彦会等,2017),也包括对地区性儿童少年营养状况的考察(陈玉柱等,2015;鲍冬红等,2017;陈曦等,2018),这些研究表明,男生和农村学生的营养不良状况需重点关注,性别和城乡因素的分层可能造成学龄儿童少年的健康不平等。

二是对影响学龄儿童少年健康状况主要因素的探究。关于影响儿童少年营养不良的因素,不同的学者有不同的分类标准。Mosley 和 Chen 在 1984 年提出了发展中国家儿童生存研究的分析框架,该框架认为儿童期营养不良除受到生物学因素(膳食摄入不足和儿童期疾病)的直接影响外,还受到根本原因（家庭经济状况、受教育程度、社会经济发展、政治环境等）的深层影响（Mosley and Chen，1984）。也有研究将影响因素划分为非经济因素和社会决定因素。满塞丽麦、郭岩认为影响幼儿营养不良的因素包括非经济因素和社会决定因素两个方面，非经济因素中母亲身高低、儿童蛋白质摄入不足是营养不良的危险因素；社会决定因素中居住在西部和中部、居住地城市化水平低、家庭收入低、母亲受教育程度低等是儿童营养不良的危险因素（满塞丽麦、郭岩，2016）。还有研究将影响儿童健康状况的因素划分为先赋因素和后致因素。一方面，先赋因素是重要的基础，年龄、性别不同的儿童的超重情况有差异，不同年龄的儿童的超重情况不同，而在性别方面，男孩超重情况较女孩严重（邓士琳等，2017）。出生体重、早期BMI、父亲和母亲的BMI是儿童BMI的重要影响因素。儿童青少年自身的影响是其早期BMI较低会增加其自身营养不良的风险，父母的影响则表现为身高低的父亲和母亲会导致其子女更容易出现生长迟缓，而低体重父母的子女更容易出现消瘦（武俊青等，2012；陈玉柱等，2017；黄思哲等，2019）。另一方面，后致因素也极大地影响了幼儿的营养健康状况，如膳食营养、饮食习惯和家庭因素与超重和肥胖的发生密切相关，膳食能量和脂肪摄入多、进食速度快、出生体重重、父母一方或双方超重或肥胖是子女超重或肥胖发生的危险因素（董媛等，2013）。此外，唐雯等提及家庭收入和父母受教育程度是儿童超重和低体重的影响因素且影响的方向截然不同。家庭收入高是儿童超重的促进因素，父母受教育程度高是儿童超重的阻碍因素；而对于儿童低体重，家庭收入和父母受教育程度高均可预防其发生（唐雯等，2014）。

三是对于学龄儿童少年的健康不良状况的干预。一是直接的营养干预，包括进行膳食指导（汪玲等，1994）、加强对常见病的防治和提倡文明营养（季成叶，2002）；二是间接的途径，包括家庭食品保障、改善卫生服务（王为农，2002）以及提高妇女地位（Mehrotra，2006）。

而对于成人健康问题，国内外的相关文献表明，人的健康状况除先天遗传因素外，还在较大程度上受制于社会因素，包括宏观的社会和经济基础、财富的分配方式、医疗条件、健康资源的分配、工作环境等（杨菊华，2007）。在成人阶段，年龄、体力活动、城乡户籍、居住地、文化程度、职业、家庭人均年收入等与成年体重超重高度相关。

一 出生队列规模变动对幼儿队列成员健康的影响

0~5岁幼儿的健康状况集中反映为生长迟缓和营养过剩问题，因此，本章也重点关注出生队列规模变动对幼儿的生长迟缓和营养过剩问题的发生概率是否存在显著影响。根据已有研究，在本章的分析模型中，除了自变量出生队列规模以外，还控制了其他一些个人和家庭背景变量，包括性别（以女孩为参照类）、城乡居住地（以农村为参照类）、区域（东部、中部、西部，以东部为参照类）、家庭收入、母亲受教育程度（小学及以下、初中、高中、高中以上，以小学及以下为参照类）、父亲职业（专业技术人员/管理者、其他职业，以其他职业为参照类）以及父亲和母亲的身高。

1. 出生队列规模变动对幼儿队列成员生长迟缓的影响

在控制其他变量的前提下，出生队列规模变动对幼儿队列成员生长迟缓有显著影响（见表4-3），其中"过去"变量具有显著的正向影响，表明当某出生队列与过去队列相比规模较大时，出生队列中幼儿出现生长迟缓的概率更高；而"未来"变量具有显著的负向影响，表明当某出生队列与未来队列相比规模较大时，队列中幼儿出现生长迟缓的概率更低。结合两个变量的发生比，可以看到，在出生队列规模扩大阶段，出生队列规模较大使幼儿队列成员出现生长迟缓的可能性随着队列规模的扩大大幅提高，规模较大出生队列成员的生长迟缓概率大约是规模较小队列的12倍；但是在出生队列规模缩小阶段，因出生队列规模差异而造成的幼儿队列成员生长迟缓程度的差异并不大，规模较大队列出现生长迟缓的概率约比规模较小队列低80%。因此，出生队列规模变动对幼儿队列成员生长迟缓概率的影响在队列规模的扩大阶段更显著，出生队列规模对幼儿队列成员健康福利的稀释程度在队列规模扩大的阶段也更明显，出生队列规模的缩小有助于减少不同队列之间因规模差异而产生的健康福利差异。

此外，其他控制变量也对幼儿队列成员出现生长迟缓的概率存在不同程度的显著影响。从个人特征来看，性别对幼儿队列成员的生长迟缓概率没有显著影响。生活在城市的幼儿比生活在乡村的幼儿更不容易出现生长迟缓，城市的发生概率仅为乡村的72%；居住在中部和西部地区的幼儿有更高的生长迟缓概率，两者的发生概率分别比东部高1.7倍和1.8倍。从家庭背景来看，家庭收入和父亲职业对幼儿的生长迟缓概率没有显著影响，而母亲的受教育程度可以显著降低幼儿生长迟缓的概率，与小学及以下受教育程度的母亲相比，拥有高中受教育程度的母亲，其幼儿生长迟缓的概率下降约42%，但母亲受教育程度为高中以上在本模型中不显著。最后，父亲和母亲的身高对幼儿的生长迟缓概率也有显著影响，父亲和母亲的身高越高，其幼儿出现生长迟缓的概率越低。概括而言，在各自变量中，幼儿所属出生队列规模对其生长迟缓的概率影响最大，出生在队列规模相对较小、发达地区、经济条件和社会阶层地位相对较高家庭的幼儿更不可能出现生长迟缓的问题。

表4-3 出生队列规模变动对幼儿队列成员生长迟缓的影响

	系数	标准误	发生比
过去	2.480***	0.689	11.946
未来	-1.580**	0.719	0.206
性别	-0.155	0.103	0.857
城乡居住地	-0.331**	0.135	0.718
中部	0.516***	0.141	1.675
西部	0.573***	0.158	1.773
家庭收入	-0.059	0.053	0.942
母亲受教育程度（初中）	-0.110	0.115	0.896
母亲受教育程度（高中）	-0.535**	0.186	0.586
母亲受教育程度（高中以上）	-0.565	0.631	0.568
父亲职业（专业技术人员/管理者）	-0.270	0.211	0.763
父亲身高	-0.053***	0.010	0.948
母亲身高	-0.067***	0.011	0.935
常数项	17.274***	2.377	—

*** $p<0.001$, ** $p<0.05$, * $p<0.10$。

资料来源：1989~2011年中国健康与营养调查混合数据。

2. 出生队列规模变动对幼儿队列成员营养过剩的影响

表4-4是出生队列规模变动对幼儿队列成员营养过剩的影响。回归结果显示，出生队列规模变动对幼儿队列成员营养过剩的概率有显著影响，其中"过去"变量有显著的负向影响，即当某出生队列与过去队列相比规模较大时，其幼儿队列成员出现营养过剩的概率更低；而"未来"变量有

显著的正向影响，即当某出生队列与未来队列相比规模较大时，其幼儿队列成员出现营养过剩的概率更高。比较两者的发生比，在出生队列规模扩大阶段，因出生队列规模差异而产生的幼儿队列成员营养过剩的概率差异不大，规模较大队列成员出现营养过剩的概率约是规模较小队列的16.3%；在出生队列规模缩小阶段，因出生队列规模差异而产生的幼儿队列成员营养过剩的概率差距较大，规模较大出生队列中幼儿队列成员出现营养过剩的概率约是规模较小队列的17倍。因此，出生队列规模变动对队列成员营养过剩的影响在出生队列规模缩小阶段更大。

其他控制变量也对幼儿队列成员出现营养过剩的概率有不同的影响，其中，性别、家庭收入和父亲职业没有影响。其他变量中，居住在城市的幼儿更可能出现营养过剩的问题，城市幼儿营养过剩发生概率约是乡村的1.3倍；西部地区的幼儿更不可能出现营养过剩，其发生概率约是东部的41%；母亲的受教育程度显著提高了幼儿出现营养过剩的概率，母亲受教育程度越高，幼儿出现营养过剩的可能性越大。总而言之，出生在队列规模较大、居住在城市、发达地区和母亲受教育程度较高的幼儿更可能出现营养过剩的问题。

表4-4　出生队列规模变动对幼儿队列成员营养过剩的影响

	系数	标准误	发生比
过去	-1.812**	0.663	0.163
未来	2.859***	0.794	17.442
性别	0.135	0.102	1.145
城乡居住地	0.243*	0.125	1.275
中部	-0.134	0.116	0.875
西部	-0.894***	0.154	0.409
家庭收入	-0.008	0.052	0.992
母亲受教育程度（初中）	0.110	0.118	1.116
母亲受教育程度（高中）	0.352**	0.154	1.421
母亲受教育程度（高中以上）	0.663**	0.316	1.940
父亲职业（专业技术人员/管理者）	-0.132	0.162	0.877
常数项	-2.809**	1.326	0.060

*** $p<0.001$，** $p<0.05$，* $p<0.10$。

资料来源：1989~2011年中国健康与营养调查混合数据。

上述两个幼儿健康模型共同表明，出生队列规模对0~5岁幼儿队列成员的健康状况存在显著影响，规模较大的出生队列成员更可能出现生长迟缓问题，却不太可能出现营养过剩问题。由于出生队列规模稀释了队列成员的营养资源，因此，规模较大队列的幼儿成员的营养状况差于规模较小队列。同时，出生队列规模对幼儿健康的影响在出生队列规模扩大的阶段更为凸显。随着出生队列规模的不断缩小，规模较大队列与规模较小队列之间的健康状况差距有缩小趋势，出生队列规模的缩小有效地弱化了规模较大队列幼儿的营养健康劣势，有助于提升幼儿队列成员的健康福利水平。

二 出生队列规模变动对学龄儿童少年健康的影响

对于学龄儿童少年的健康状况，本章主要从生长迟缓、营养不良和营养过剩三个方面来考察出生队列规模变动的影响。参考已有研究，分析模型主要控制以下个人和家庭特征变量，其中个人变量包括性别（以女生为参照类）、城乡居住地（以农村为参照类）、所在区域（东部、中部、西部，以东部为参照类）；家庭特征变量包括家庭收入（取自然对数）、母亲受教育程度（小学及以下、初中、高中、高中以上，以小学及以下为参照类）、父亲职业（专业技术人员/管理者、其他职业，以其他职业为参照类）、父亲和母亲的身高（营养不良模型）或父亲和母亲的BMI（消瘦模型和营养过剩模型）。

1. 出生队列规模变动对学龄儿童少年生长迟缓概率的影响

回归结果显示，在控制其他变量的前提下，出生队列规模变动对学龄儿童少年生长迟缓的概率存在显著影响，代表出生队列规模的"过去"和"未来"两个变量都存在显著影响（见表4-5）。其中"过去"变量影响为正向，表明当某出生队列与过去队列相比规模较大时，队列中学龄儿童少年出现生长迟缓的概率较高；"未来"变量的影响为负向，表明当某出生队列与未来队列相比规模较大时，队列中学龄儿童少年出现生长迟缓的概率较低，但这个变量的显著程度较低，影响不如"过去"变量显著。两个变量的回归结果共同说明，在出生队列规模变动的不同阶段，出生队列规模变动对学龄儿童少年生长迟缓的概率具有不同程度的影响。在出生队列规模扩大阶段，规模较大出生队列成员生长迟缓的发生概率比规模较小出生队列高约7倍；而在出生队列规模缩小阶段，规模较大出生队列成员生长迟缓的发生概率比规模较小出生队列低约40%。出生队列规模在队列规模扩大阶段对学龄儿童少年的生长迟缓影响较为突出,这是因为出生队列规模在队列规模扩大阶段对队列中学龄儿童少年享有的健康资源的稀释效应较队列规模缩小阶段显著,所以在队列规模扩大阶段,出生队列规模变动对学龄儿童少年出现生长迟缓的概率影响更大。

表4-5 出生队列规模变动对学龄儿童少年生长迟缓概率的影响

	系数	标准误	发生比
过去	1.962***	0.268	7.110
未来	-0.522*	0.317	0.593
性别	0.191**	0.069	1.210
城乡居住地	-0.161*	0.087	0.851
中部	-0.069	0.097	0.933
西部	0.399***	0.103	1.491
家庭收入	-0.351***	0.035	0.704
母亲受教育程度(初中)	-0.207**	0.085	0.813
母亲受教育程度(高中)	-0.379***	0.140	0.685
母亲受教育程度(高中以上)	-1.093	0.726	0.335
父亲职业(专业技术人员/管理者)	-0.412**	0.144	0.662
父亲身高	-0.062***	0.006	0.940
母亲身高	-0.063***	0.007	0.939
常数项	19.791***	1.375	-

*** $p < 0.001$,** $p < 0.05$,* $p < 0.10$。
资料来源:1989~2011年中国健康与营养调查混合数据。

此外,其他控制变量中除了城乡居住地以外,都对学龄儿童少年的生长迟缓概率有显著影响。其中男生出现生长迟缓的概率比女生高21%;城市学龄儿童少年出现生长迟缓的概率比农村低15%;居住在中部的学龄儿童少年出现生长迟缓的概率与东部地区没有明显区别,而西部地区比东部地区高49%。从家庭背景来看,学龄儿童少年家庭收入的提高也显著地降低了他们出现生长迟缓的概率,家庭收入每增加1%,学龄儿童少年出现生长迟缓的发生概率就下降29.6%。母亲受教育程度的提高有助于降低其子女出现生长迟缓的概率,随着母亲受教育程度的提高,其子女出现生长迟缓的概率呈下降趋势。其中，初中和高中受教育程度的母亲与小学及以下受教育程度的母亲相比，子女出现生长迟缓的概率分别下降18.7%和31.5%。同时，父亲职业层级越高，其子女出现生长迟缓的概率越低，从事专业技术/管理类职业的父亲与从事其他职业的相比，前者子女出现生长迟缓的概率约为后者的33.8%。最后，从遗传因素考察，父亲和母亲的身高都显著影响了其子女出现生长迟缓的概率，父亲和母亲的身高越高，其子女出现生长迟缓的概率越低。因此，居住在发达地区、家庭条件相对优越、父母的社会经济地位越高、父母自身身高越高的学龄儿童少年出现生长迟缓的概率越低。

综合考察模型中各变量的影响力（比较回归系数的绝对值），我们发现，出生队列规模、母亲的受教育程度和父亲的职业是对学龄儿童少年生长迟缓发生概率影响相对较大的三组变量。特别是出生队列规模，它不仅对学龄儿童少年的生长迟缓概率存在影响，而且这一影响在各变量中最大，所以出生队列规模是以往研究中遗漏的一个重要变量。

2. 出生队列规模变动对学龄儿童少年消瘦概率的影响

出生队列规模变动对学龄儿童少年消瘦概率的影响如表4-6所示。代表出生队列规模的两个变量中仅有"未来"变量对学龄儿童少年的消瘦概率有显著影响，而"过去"变量的影响并不显著。"未来"变量有显著的负向影响，表明当某出生队列与未来队列相比规模较大时，该队列中学龄儿童少年的消瘦发生概率相对较低，队列中学龄儿童少年的消瘦发生概率没有随着出生队列规模的缩小而出现明显下降，规模较大出生队列成员消瘦的发生概率是规模较小出生队列的57.5%。因此，出生队列规模变动对队列学龄儿童少年消瘦发生概率的影响主要集中在出生队列规模的缩小阶段。但是在超重和肥胖现象日益增多的情境下，消瘦，特别是轻度消瘦可能并未被家庭视为一种营养不良，反而可能默许甚至认可子女的轻度消瘦状态而并未通过家庭资源进行调节或干预，所以出生队列规模变动对于消瘦发生概率的影响并没有显现明显的队列差异，而且出生队列规模的影响主要出现在队列规模缩小的阶段，从而进一步弱化了出生队列规模变动对队列中学龄儿童少年消瘦发生概率的潜在影响。

其他控制变量中学龄儿童少年的性别、城乡居住地和所在区域对其消瘦发生概率具有显著影响。其中，男生的消瘦发生概率比女生高51.4%，城市学龄儿童少年的消瘦发生概率比农村低23.8%，中部和西部地区学龄儿童少年的消瘦发生概率分别为东部地区的1.5倍和1.8倍。在家庭背景方面，家庭收入对子女的消瘦发生概率没有显著影响。对比各种各受教育程度的母亲，初中受教育程度的母亲与小学及以下受教育程度的母亲相比，其子女出现消瘦的概率提高了16.8%，而高中以上受教育程度的母亲与小学及以下受教育程度的母亲相比，其子女出现消瘦的概率下降了55.9%。父亲的职业对子女出现消瘦的概率没有显著影响。从遗传角度出发，也发现父亲和母亲的BMI均对其学龄子女出现消瘦的概率存在显著影响，父亲和母亲的BMI越高，其子女出现消瘦的概率越低。

综合而言，母亲的受教育程度、学龄儿童少年所生活区域及其出生队列规模是对学龄儿童少年消瘦概率影响相对较大的三组变量。其中，出生队列规模对学龄儿童少年消瘦发生概率的影响虽然并非最大，但也是以往研究中被忽视的一个变量。

表4-6 出生队列规模变动对学龄儿童少年消瘦概率的影响

	系数	标准误	发生比
过去	0.237	0.246	1.267
未来	-0.554**	0.289	0.575
性别	0.415***	0.062	1.514
城乡居住地	-0.272***	0.076	0.762
中部	0.421***	0.082	1.523
西部	0.586***	0.087	1.797
家庭收入	0.114	0.031	1.120
母亲受教育程度（初中）	0.156**	0.071	1.168
母亲受教育程度（高中）	-0.045	0.103	0.956
母亲受教育程度（高中以上）	-0.820**	0.299	0.441
父亲职业（专业技术人员/管理者）	0.119	0.096	1.127
父亲BMI	-0.146***	0.013	0.864
母亲BMI	-0.141***	0.012	0.869
常数项	3.238	0.552	—

*** $p<0.001$，** $p<0.05$，* $p<0.10$。

资料来源：1989~2011年中国健康与营养调查混合数据。

3. 出生队列规模变动对学龄儿童少年营养过剩概率的影响

出生队列规模变动对学龄儿童少年营养过剩概率的影响如表 4-7 所示。结果显示，代表出生队列规模的两个变量中，"过去"和"未来"变量均对学龄队列成员的营养过剩问题存在显著的正向影响。这表明当某出生队列与过去队列和未来队列相比规模较大时，队列中学龄儿童少年更可能出现营养过剩问题。在队列规模扩大阶段，规模较大出生队列学龄儿童少年营养过剩的发生概率约是规模较小出生队列的 1.9 倍，在队列规模缩小阶段，规模较大出生队列学龄儿童少年营养过剩的发生概率约是规模较小出生队列的 6.2 倍。因此，出生队列规模变动显著影响了学龄儿童少年的健康状况，特别是在出生队列规模缩小的阶段。

其余控制变量均对学龄儿童少年出现营养过剩的概率存在显著影响，其中男生比女生更可能出现营养过剩的问题，男生营养过剩的发生概率是女生的 1.4 倍；居住在城市的学龄儿童少年比农村学龄儿童少年更可能出现营养过剩，前者是后者的 1.3 倍；生活在中部和西部地区的学龄儿童少年出现营养过剩的可能性更小，发生概率分别是东部地区的 58% 和 31%。而家庭背景中，家庭收入对学龄儿童少年出现营养过剩的概率没有显著影响；母亲的受教育程度和父亲的职业层次显著提高了学龄儿童少年出现营养过剩的概率，母亲的受教育程度越高、父亲的职业层次越高，其子女出现营养过剩的概率越高。最后，从遗传角度来看，父亲和母亲的 BMI 对其子女出现营养过剩的概率也存在显著影响，父亲和母亲的 BMI 越大，其子女出现营养过剩的概率越高。总体而言，在各自变量中，出生队列规模对学龄儿童少年出现营养过剩问题的影响最大。在出生队列规模相对较大以及家庭条件较优越和社会经济地位相对较高的家庭中，学龄儿童少年更可能出现营养过剩问题。

表 4-7 出生队列规模变动对学龄儿童少年营养过剩概率的影响

	系数	标准误	发生比
过去	0.645**	0.304	1.907
未来	1.822***	0.360	6.186
性别	0.335***	0.073	1.398
城乡居住地	0.247**	0.081	1.281

续表

	系数	标准误	发生比
中部	-0.545***	0.078	0.580
西部	-1.157***	0.114	0.314
家庭收入	0.013	0.037	1.013
母亲受教育程度（初中）	0.151*	0.088	1.163
母亲受教育程度（高中）	0.393***	0.109	1.481
母亲受教育程度（高中以上）	0.753***	0.193	2.123
父亲职业（专业技术人员/管理者）	0.174*	0.094	1.191
父亲 BMI	0.106***	0.012	1.112
母亲 BMI	0.111***	0.012	1.118
常数项	-9.803***	0.665	0.000

*** $p<0.001$, ** $p<0.05$, * $p<0.10$。
资料来源：1989~2011年中国健康与营养调查混合数据。

综合三组学龄模型，我们发现出生队列规模变动对学龄儿童少年的健康状况存在显著影响，规模较大出生队列可能两极化地面临两方面的健康问题。一方面，由于出生队列规模较大稀释了队列成员的营养资源，使队列成员出现生长迟缓和消瘦的营养不良问题；另一方面，由于营养过剩问题呈普遍化，出生队列规模较大在客观上也增加了队列成员出现营养过剩的概率。整体而言，出生队列规模变动对学龄队列成员健康状况的影响在队列规模扩大阶段较为明显。在队列规模缩小阶段因出生队列规模导致的学龄队列成员健康状况差异逐渐缩小，甚至规模较大出生队列的健康劣势逐渐向健康优势转化。因此，我们认为出生队列规模的缩小有助于改善学龄儿童少年的营养健康状况，提升各出生队列学龄儿童少年的健康福利水平。

三 出生队列规模变动对成年队列成员健康的影响

在考察出生队列规模变动对于19岁及以上成年队列成员健康状况的影响时，本书主要关注出生队列规模变动对队列成员体重超重和体重偏轻情况的影响，根据已有文献，纳入分析模型的变量包括出生队列规模、队列成员的性别（以女性为参照类）、城乡居住地（以农村为参照类）、区域（东部、中部、西部，以东部为参照类）、受教育程度、婚姻状况（以未婚为参照类）、职业类型（专业技术人员/管理者、其他职业，以其他职业为参照类）以及家庭收入。此外，在体重偏轻模型中我们还纳入了一个与生活方式有关的变量——是否吸烟。

1. 出生队列规模变动对成年队列成员体重超重的影响

出生队列规模变动对成年队列成员体重超重的影响结果如表4-8所示。在代表出生队列规模的两个变量中，"过去"变量的影响不显著，"未来"变量具有显著的负向影响。这表明当某出生队列与未来队列相比规模较小时，其队列成员出现体重超重的概率较高。虽然体重超重也是影响个体健康的不利因素，但是规模较小出生队列的成员更可能出现体重超重从另一个侧面反映了该队列营养资源是相对富足和充裕的，也是出生队列规模差异造成的队列成员营养健康状况差异的一种体现，而且，出生队列规模的这种效应在出生队列规模缩小的阶段较为明显。

其他控制变量中除了城乡居住地以外，均对队列成员体重超重的概率有显著影响。其中男性比女性队列成员更可能出现体重超重问题，男性的发生概率约是女性的1.2倍；生活在中部和西部地区的队列成员更不可能出现体重超重的问题，与东部地区队列成员相比，中部和西部地区队列成员的体重超重发生概率分别低21.9%和54.5%；队列成员的受教育程度显著降低了其体重超重的概率，受教育年限每增加一年，队列成员体重超重的发生概率下降1.6%；已婚队列成员比未婚队列成员更可能出现体重超重，前者发生概率是后者的2.8倍；而队列成员的职业层次和家庭收入越高，越可能出现体重超重，从事专业技术/管理类职业的队列成员出现体重超重的可能性比其他职业高24%，家庭收入每提高1%，队列成员体重超重的概率相应提高40%。综合比较各变量的影响力，队列成员的婚姻状况是对其体重超重影响最大的变量，出生队列规模变量虽然有显著影响，但影响力较为有限。居住在发达地区、家庭条件较为稳定优越、职业层次较高的队列成员更可能出现体重超重问题。

表4-8 出生队列规模对成年队列成员体重超重的影响

	系数	标准误	发生比
过去	-0.032	0.040	0.968
未来	-0.192**	0.068	0.825
性别	0.210***	0.025	1.233

续表

	系数	标准误	发生比
城乡居住地	0.006	0.028	1.006
中部	-0.247***	0.027	0.781
西部	-0.787***	0.034	0.455
受教育程度	-0.016***	0.002	0.984
婚姻状况	1.024***	0.046	2.785
职业类型（专业技术人员/管理者）	0.212***	0.035	1.236
家庭收入	0.340***	0.011	1.404
常数项	-4.341***	0.141	0.013

*** $p<0.001$，** $p<0.05$，* $p<0.10$。

资料来源：1989~2011年中国健康与营养调查混合数据。

2. 出生队列规模变动对成年队列成员体重偏轻的影响

表4-9的回归结果显示，出生队列规模变动对成年队列成员的体重偏轻存在显著影响。"过去"变量对成年队列成员的体重偏轻概率有显著的负向影响，表明当某出生队列与过去队列相比规模较大时，其队列成员出现体重偏轻的概率更低；而"未来"变量对队列成员的体重偏轻概率没有显著影响。控制变量中除了"是否吸烟"没有显著影响外，其他变量均对成年队列成员的体重偏轻概率有显著影响。其中，男性队列成员比女性队列成员更不可能出现体重偏轻，发生概率仅为女性的73%；居住在城市的队列成员更可能出现体重偏轻，发生概率比乡村队列成员高11%；居住在中部和西部地区的队列成员更可能出现体重偏轻，发生概率分别比东部地区高16%和1.1倍；队列成员受教育程度的提高可能增加其出现体重偏轻的概率，受教育年限每增加一年，队列成员体重偏轻的发生概率上升2.2%；已婚队列成员出现体重偏轻的概率比未婚队列成员低58%；家庭收入越高的队列成员越不可能出现体重偏轻，收入每提高1%，体重偏轻的发生概率下降8.5%；队列成员的职业层次越高，其出现体重偏轻的概率越低，比其他职业队列成员低17%。

综合考察各变量，出生队列规模变动对队列成员体重偏轻概率的影响力相对较小，队列成员婚姻状况的影响力相对较大。由于体重偏轻并未被视为一种不健康状态，因此，体重偏轻可能出现在两类不同阶层的成员中，一类是居住在不发达地区、职业层次和收入水平相对较低的队列成员，因为生活水平的相对偏低而可能导致出现体重偏轻；另一类是城市未婚、受教育程度较高的女性追求"消瘦"状态而刻意维持体重偏轻，所以体重偏轻在当代社会不完全是营养健康状况不理想的反映，也有可能是资源相对充裕前提下的人为调节。因此，出生队列规模也与队列成员出现体重偏轻的概率呈现反向变动关系，规模较小出生队列的成员更可能出现体重偏轻，这在本质上可能是规模较小出生队列成员因营养资源充裕、家庭条件优越而主观选择的"健康状态"的结果，是出生队列规模差异导致队列成员健康福利状况不平等的一种反向印证。

表4-9 出生队列规模对成年队列成员体重偏轻的影响

	系数	标准误	发生比
过去	-0.197**	0.087	0.821
未来	-0.088	0.138	0.916
性别	-0.315***	0.066	0.730
城乡居住地	0.104*	0.054	1.109
中部	0.149**	0.062	1.160
西部	0.734***	0.062	2.083
受教育程度	0.021***	0.004	1.022
婚姻状况	-0.868***	0.057	0.420
家庭收入	-0.088***	0.022	0.915
职业类型（专业技术人员/管理者）	-0.182**	0.075	0.834
是否吸烟	-0.004	0.071	0.996
常数项	-1.549***	0.275	0.213

*** $p<0.001$，** $p<0.05$，* $p<0.10$。
资料来源：1989~2011年中国健康与营养调查混合数据。

综合上述两个成人模型，我们验证了出生队列规模变动对成年队列成员的健康状况存在一定程度的显著影响，规模较大出生队列的成员出现体重偏重和体重偏轻的概率都小于规模较小出生队列成员，然而这并不意味着规模较大出生队列成员的健康状况优于规模较小出生队列成员，反而从某种程度上反映出规模较小队列成员占有的营养健康资源更充裕。出生队列规模变动确实造成了队列成员健康福利的差异，只是这种差异没有表现为健康和不健康的区别，而是表现为相对健康和过度健康的差异。所以在成年阶段，出生队列规模变动对队列成员健康福利存在影响，但影响较为有限，规模较大出生队列成员的健康福利水平相对低于规模较小出生队列成员，出生队列规模的缩小有利于减少规模不同出生队列之间的健康福利差异。

第三节 出生队列规模变动对队列成员健康福利的净效应

在运用回归分析探究出生队列规模变动对队列成员健康状况影响的基础上，本节将进一步运用模拟分析的方法考察出生队列规模变动对各年龄段队列成员健康状况的净效应。本章运用前文七个回归模型的系数和相应变量的实际取值计算"实际值"，再计算没有出生队列规模影响情境下的"模拟值"，比较两者的差异可以观测到出生队列规模的净效应。具体方法是运用拟合的回归方程，除了出生队列相对规模、性别和城乡居住地维持原值外，对家庭背景变量都取均值，计算每个队列成员发生营养健康问题的概率，并计算每个出生队列的均值以获得"实际值"；然后将代表出生队列相对规模的两个变量赋值为1（表示各出生队列的规模始终保持不变），其他变量的取值与计算"实际值"保持一致，再次运用回归方程计算每个队列成员发生营养健康问题的概率，并计算各出生队列的均值以获得"模拟值"。

一 对0~5岁幼儿健康状况的模拟分析

本章从幼儿队列成员的生长迟缓和营养过剩两个方面模拟0~5岁幼儿的健康状况，图4-8是对幼儿队列成员生长迟缓情况的模拟，结果显示，如果没有出生队列规模变动的影响，幼儿队列成员的生长迟缓概率维持在15.5%左右，但实际数据涵盖的1984~2011年出生队列中，幼儿的生长迟缓概率在10%~21%波动。1984~1988年出生队列中，幼儿生长迟缓概率的实际值高于模拟值，这一组队列出生在第三次出生高峰峰值期间，出生队列规模相对较大而拉高了幼儿队列成员的生长迟缓概率，实际值与模拟值的差异在5%以内；之后的1989~2007年出生队列中，幼儿生长迟缓概率的实际值低于模拟值，两者差异也在5%以内，这是第三次出生高峰以后出生队列规模逐渐缩小并稳定在低位的一组出生队列，其出生队列规模的缩小，有效地拉低了幼儿队列成员的生长迟缓概率；在2008~2011年出生队列中，幼儿生长迟缓概率的实际值略微高于模拟值，两者差异在2%以内，预示着出生队列规模的影响力不断减弱。模拟分析的结果再次验证了出生队列规模变动对幼儿队列成员生长迟缓概率存在影响，规模较大出生队列幼儿的生长迟缓概率被其出生队列规模拉高，而规模较小出生队列幼儿的生长迟缓概率因其出生队列规模较小而被拉低，出生队列规模的缩小对于提高幼儿队列成员的健康福利水平有重要作用。

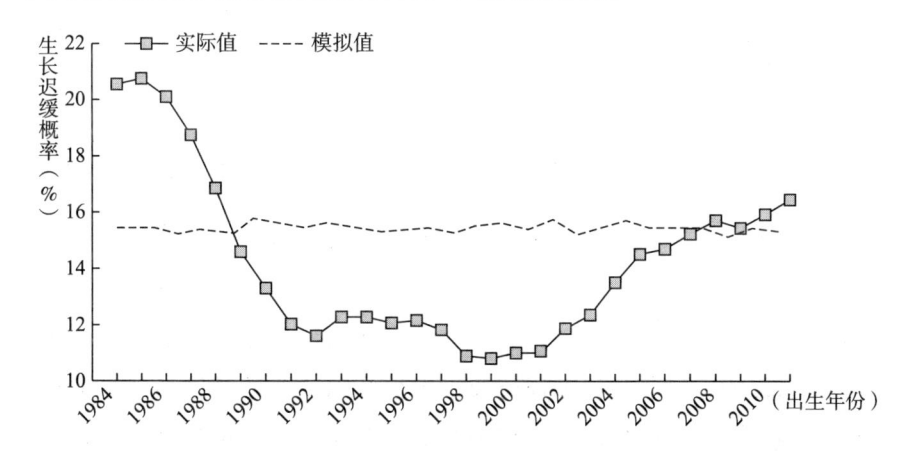

图4-8 1984~2011年幼儿队列成员生长迟缓概率的实际值与模拟值
资料来源：1989~2011年中国健康与营养调查混合数据。

图4-9是对幼儿队列成员营养过剩情况的模拟。如图4-9所示，如果没有出生队列规模的影响，0~5岁幼儿的营养过剩概率将维持在13%左右，但实际上各出生队列幼儿的营养过剩概率在8%~20%波动。其中，1984~1987年第三次出生高峰峰值队列组幼儿的营养过剩概率的实际值低于模拟值，两者最大差距为4.7%，出生队列规模较大拉低了幼儿队列成员出现营养过剩的概率；随后1988~2006年出生队列中，幼儿队列成员营养过剩概率的实际值高于模拟值，两者的最大差值在1998年出生队列达到7.2%，出生队列规模偏小拉高了幼儿队列成员的营养过剩概率；2007~2011年出生队列中，幼儿队列成员营养过剩概率的实际值再次低于模拟值，但两者最大差距仅为1.5%，幅度非常小。总体而言，出生队列规模的差异造成了

幼儿队列成员营养过剩概率的差异，规模较小出生队列幼儿的营养过剩概率因其出生队列规模较小而被拉高，规模较大出生队列幼儿的营养过剩概率因其出生队列规模较大而被拉低，但出生队列规模的影响呈日益减弱的态势。

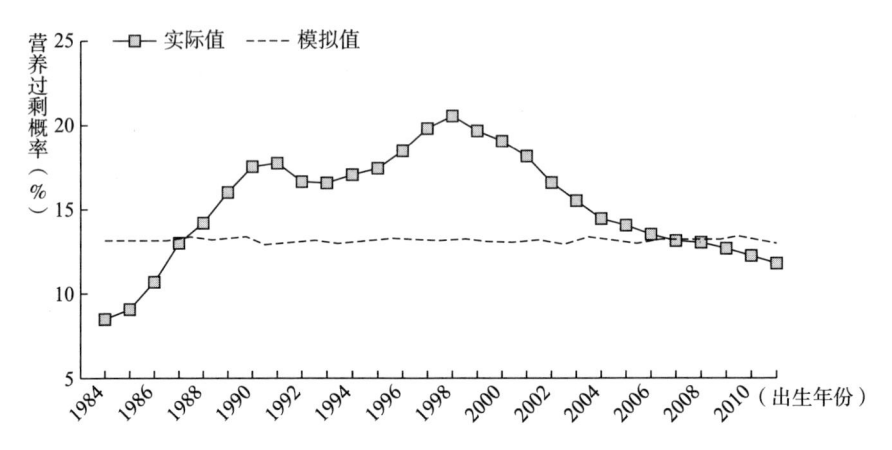

图4-9 1984~2011年幼儿队列成员营养过剩概率的实际值与模拟值
资料来源：1989~2011年中国健康与营养调查混合数据。

对幼儿健康状况的两组模拟表明，出生队列规模变动造成了幼儿队列成员健康状况的差异，整体上规模较小出生队列幼儿的健康福利水平高于规模较大出生队列，出生队列规模稀释了幼儿队列成员的健康福利，导致了其健康福利的相对劣势，但这种劣势随着出生队列规模的缩小有弱化和消失的趋势。

二 对学龄儿童少年健康状况的模拟分析

对学龄儿童少年健康状况的模拟涉及生长迟缓、营养不良和营养过剩三个方面。首先是对各出生队列学龄儿童少年生长迟缓概率的模拟。如图4-10所示，如果没有出生队列规模的影响，各出生队列中学龄儿童少年的生长迟缓概率大约为8%，但是实际上这一概率在5%~13%波动。数据中包含了1971~2005年的出生队列，其中1971~1979年出生队列中，学龄儿童少年生长迟缓概率的实际值低于模拟值，两者最大差距为2.8%。这一组队列出生于第二次出生高峰的末期和第二次出生低谷期间，整体上，是出生队列规模不断下降的阶段，出生队列规模相对较小而拉低了队列中学龄儿童少年出现生长迟缓的概率；1980~1989年出生队列中，学龄儿童少年生长迟缓概率的实际值高于模拟值，两者最大差距为4.3%，这一组出生队列属于第三次出生高峰，处在出生队列规模波动上升的阶段，出生队列规模相对较大而拉高了队列中学龄儿童少年生长迟缓的概率；1990~2005年出生队列中，学龄儿童少年生长迟缓概率的实际值再次低于模拟值，但两者差距在1.8%以内，差距呈现收窄趋势，这一组队列出生在第三次出生高峰之后的稳定低生育率时期，出生队列规模持续下降并实现了低位稳定，因其出生队列规模相对较小而拉低了其学龄儿童少年生长迟缓的概率，同时，出生队列规模的影响相对减弱。总体而言，模拟结果进一步验证了前文的回归结果，出生队列规模与学龄儿童少年生长迟缓概率呈反向变动，出生队列规模较大可能造成队列中学龄儿童少年的生长迟缓概率偏高，因此，导致了不同规模出生队列之间的健康状况不平等。

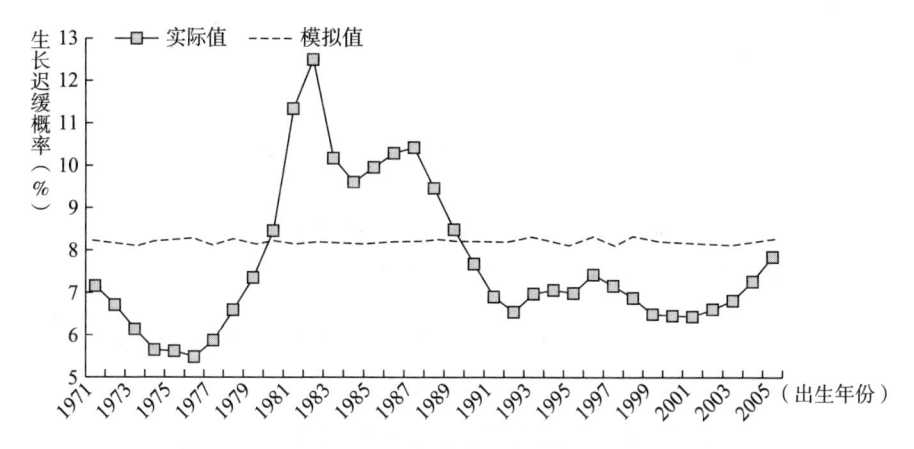

图4-10　1971~2005年学龄儿童少年生长迟缓概率的实际值与模拟值

资料来源：1989~2011年中国健康与营养调查混合数据。

其次是对各出生队列学龄儿童少年消瘦概率的模拟（见图4-11）。模拟结果显示，如果没有出生队列规模的影响，各出生队列学龄儿童少年的消瘦概率维持在13%左右，但实际上这一概率在11%~14%波动。1971~1977年出生队列中，学龄儿童少年消瘦概率的实际值低于模拟值，两者最大差距为1.8%，这一组出生队列由于队列规模相对较小而拉低了其学龄儿童少年的消瘦概率；1978~1986年出生队列中，学龄儿童少年消瘦概率的实际值高于模拟值，因其出生队列规模相对较大，这一组出生队列的消瘦概率被出生队列规模拉高，但两者差距在1%以内；1987~2005年出生队列中，学龄儿童少年消瘦概率的实际值再次低于模拟值，两者差距也在1%以内，这一组出生队列因其队列规模持续下降而拉低了学龄儿童少年的消瘦概率。概括而言，与生长迟缓的模拟结果类似，出生队列规模变动对学龄儿童少年的消瘦概率存在负向影响，两者呈反向变动趋势，规模较大出生队列的学龄儿童少年的消瘦状况与规模较小出生队列相比相对严重，影响了队列中学龄儿童少年的健康状况，降低了其健康福利水平。

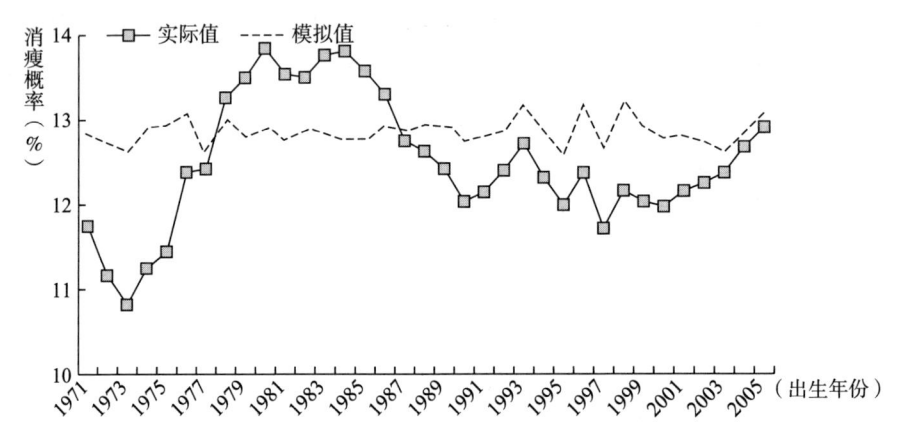

图4-11 1971~2005年学龄儿童少年消瘦概率的实际值与模拟值

资料来源：1989~2011年中国健康与营养调查混合数据。

最后是对各出生队列学龄儿童少年的营养过剩概率进行的模拟。图4-12显示，在没有出生队列规模影响的前提下，学龄儿童少年的营养过剩概率为7%左右，而实际上这一概率在5%~11%波动。与生长迟缓和消瘦的变动趋势相反，1971~1975年出生队列中，学龄儿童少年营养过剩概率的实际值高于模拟值，两者最大差距为3.7%，出生队列规模相对较大拉高了其学龄儿童少年营养过剩的概率；1976~1985年（除个别年份外）出生队列中，学龄儿童少年营养过剩概率的实际值低于模拟值，在第二次出生低谷和第三次出生高峰前期，由于出生队列规模相对较小，其对学龄儿童少年营养过剩的概率有拉低效应；1986~2001年出生队列中，学龄儿童少年营养过剩概率的实际值再次高于模拟值，但两者差距收窄到2%以内，在第三次出生高峰的峰值和后续的相对高位期间，出生队列规模相对较大拉高了学龄儿童少年营养过剩的概率；之后的2002~2005年出生队列中，学龄儿童少年营养过剩概率的实际值与模拟值的差距收窄至0.4%以内，这一差距已十分微小，表明出生队列规模的效应持续减弱。综合而言，出生队列规模变动对学龄儿童少年营养过剩的概率存在反向效应，出生队列规模越大，学龄儿童少年营养过剩概率越高，规模较大出生队列学龄儿童少年的营养过剩概率被出生队列规模显著拉高。

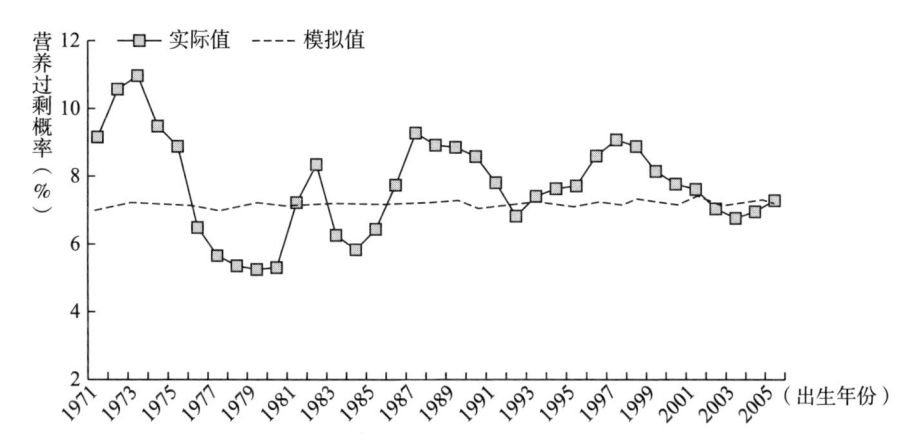

图4-12 1971~2005年学龄儿童少年营养过剩概率的实际值与模拟值

资料来源：1989~2011年中国健康与营养调查混合数据。

综合三组对学龄儿童少年健康状况的模拟，我们用人口模拟再次验证了出生队列规模变动对学龄儿童少年的健康状况存在影响。整体上，规模较小出生队列学龄儿童少年的健康状况优于规模较大出生队列。规模较大出生队列的生长迟缓和消瘦概率偏高，虽然其营养过剩概率偏低，但实质上仍然暗示了其学龄儿童少年的营养劣势，但这些相对劣势随着出生队列规模的持续缩小也呈现消失甚至扭转的态势。

三 对成年队列成员健康状况的模拟分析

对成年队列成员健康状况的模拟分析主要从体重超重和体重偏轻两个角度进行。首先，成年队列成员体重超重的模拟结果如图4-13所示。在没有出生队列规模影响的前提下，成年队列成员的体重超重概率为28%左右，但实际上这一概率的波动范围是26%~30%。其中，1954~1958年出生队列中，成年队列成员体重超重概率的实际值低于模拟值，出生队列规模较大拉低了成年队列成员的体重超重概率；1959~1961年出生队列因队列规模较小，其成年队列成员体重超重概率的实际值高于模拟值；1962~1975年出生队列中，成年队列成员体重超重概率的实际值再次低于模拟值且差距收窄，出生队列规模较大拉低了成年队列成员体重超重概率；1976~1985年出生队列中，成年队列成员体重超重概率实际值小幅高于模拟值。这组出生队列因队列规模相对较小，拉高了成年队列成员体重超重的概率。1986~1996年出生队列中，成年队列成员体重超重的实际值又一次低于模拟值，出生队列规模偏大再次拉低了成年队列成员体重超重的概率。总体而言，规模较大出生队列的成年队列成员更不可能出现体重超重问题，出生队列规模较大拉低了其体重超重的概率。

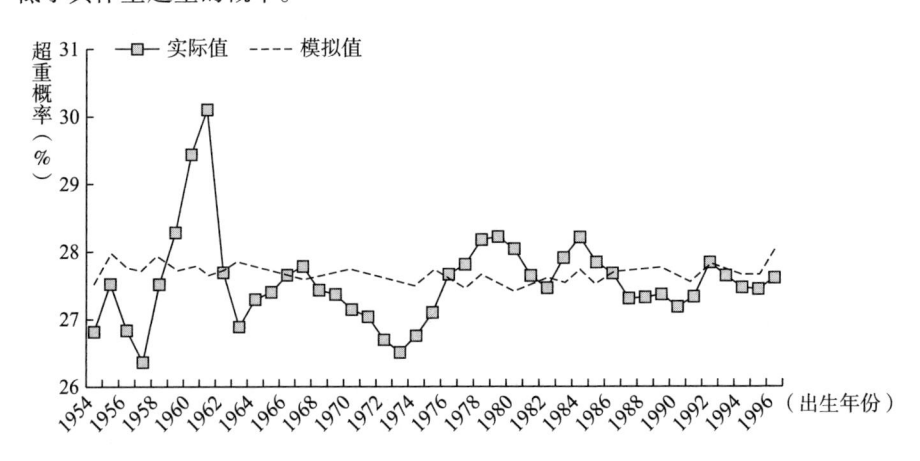

图4-13　1954~1996年成年队列成员体重超重概率的实际值与模拟值

资料来源：1989~2011年中国健康与营养调查混合数据。

其次，图4-14展示了对成年队列成员体重偏轻（消瘦）概率的模拟情况。总体上，如果没有出生队列规模的影响，成年队列成员体重偏轻的概率维持在5%左右。实际数据涉及1954~1996年的出生队列。其中，1954~1958年出生队列中，成年队列成员体重偏轻概率的实际值与模拟值几乎没有差异。1959~1961年出生队列中，成年队列成员体重偏轻概率的实际值高于模拟值，两者最大差距为0.6%。这一组出生在第一次出生低谷期间的出生队列，因其出生队列规模偏小，其成年队列成员的体重偏轻概率被拉高。1962~1975年出生队列中，成年队列成员体重偏轻的实际值低于模拟值（仅1967年队列例外），前期两者差距较大达到0.8%，后期两者差距缩小，为不足 0.1%。这一组在第二次出生高峰期间出生的队列，其成年队列成员体重偏轻的概率因其出生队列规模偏大而被拉低。随后，1976~1980 年出生队列中，成年队列成员体重偏轻概率的实际值再次小幅高于模拟值，这组队列出生在第二次出生低谷期间，出生队列规模较小拉高了其成年队列成员体重偏轻的概率。1981~1990 年第三次出生高峰期间出生的队列，其成年队列成员体重偏轻概率的实际值再次低于模拟值，出生队列规模偏大拉低了成年队列成员体重偏轻概率。1991~1996 年出生队列中，其成年队列成员体重偏轻概率的实际值和模拟值的差异收缩为所有出生队列中最小。总体而言，出生队列规模基本上与成年队列成员体重偏轻的概率呈反向变动趋势，但是出生队列规模的效应也同时呈现逐渐减弱和消失的态势。

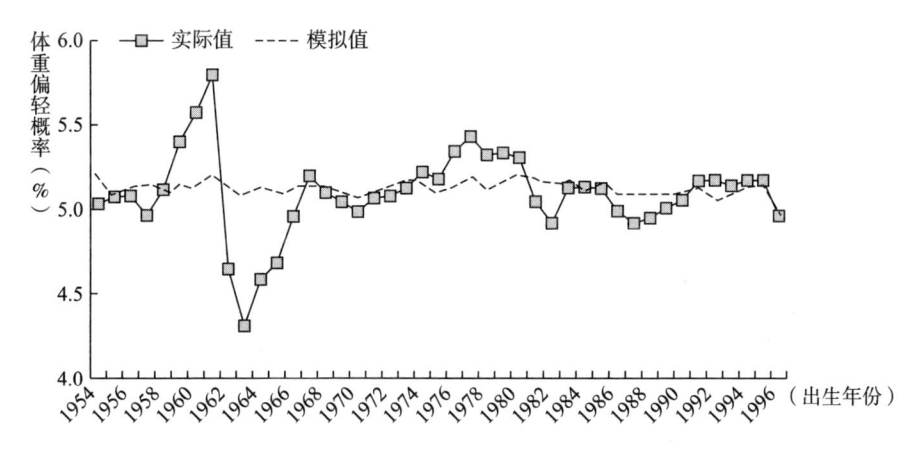

图 4-14　1954~1996 年成年队列成员体重偏轻概率的实际值与模拟值
资料来源：1989~2011 年中国健康与营养调查混合数据。

综合对成年队列成员健康状况的两组模拟，我们进一步明确出生队列规模变动对成年队列成员的健康状况存在影响，但整体上，出生队列规模变动对成年队列成员的影响没有其对队列中幼儿时期和学龄时期成员的影响大。因出生队列规模较大而导致的健康福利劣势在成人阶段有所减少。

小结

本章运用 1989~2011 年中国健康与营养调查数据，考察了 0~5 岁幼儿、6~18岁学龄儿童少年和19岁及以上成年队列成员的健康状况。由于数据所限，本章将对队列成员健康状况的探究聚焦于以身高和体重指数（BMI）为代表的生长发育和营养健康两个方面，而且在三个年龄段的队列成员中有不同的侧重。

首先是0~5岁幼儿的健康状况。描述统计的结果显示，幼儿队列成员的营养健康状况随出生队列规模的波动呈现一定的规律性变化。在生长迟缓方面，出生队列规模越大，幼儿队列成员生长迟缓的比例越高，生长迟缓比例随着出生队列规模的缩小呈现下降趋势；在营养过剩方面，出生队列规模与幼儿队列成员营养过剩比例近似呈反向变动关系，规模较小出生队列中幼儿占有的营养资源量更多。因此，出生队列规模越大，幼儿队列成员的营养健康状况越处于劣势。回归分析的结果支持了描述统计呈现的变动关系，出生队列规模变动对幼儿队列成员的生长迟缓有显著影响，且规模较大出生队列的幼儿生长迟缓概率高于规模较小出生队列，这一效应在出生队列规模扩大的阶段较为明显；而营养过剩的情况与生长迟缓相反，规模较大出生队列的幼儿营养过剩概率低于规模较小出生队列。模拟分析的结果进一步验证出，出生队列规模较大拉高了幼儿队列成员生长迟缓的概率且拉低了其营养过剩的概率。三个角度的分析均表明，出生队列规模变动对幼儿队列成员的营养健康状况存在显著影响，规模较大出生队列中的幼儿成员的整体营养健康状况处于相对劣势，由于出生队列规模的稀释，幼儿队列成员占有更少的营养资源，其健康福利水平相对较低，但出生队列规模的缩小对这种劣势有所缓解和扭转。

其次是6~18岁学龄儿童少年的健康状况。通过观察出生队列规模变动与学龄队列成员健康状况的关系，我们发现出生队列规模与学龄儿童少年的生长迟缓比例呈现几乎同向变动的关系；而在消瘦和营养过剩两个方面，出生队列规模与二者的变动呈现阶段性关系，在不同的阶段有不同的关系。但总体而言，规模较大出生队列学龄儿童少年的健康状况仍然略差于规模较小出生队列。回归模型也支持了描述统计显示的关系，在生长迟缓和消瘦方面，在出生队列规模变动的不同阶段，出生队列规模具有不同的影响。在队列规模扩大阶段，规模较大出生队列学龄儿童少年的生长迟缓概率和消瘦概率比规模较小出生队列高；在出生队列规模的缩小阶段，规模较大出生队列学龄儿童少年的生长迟缓和消瘦的发生概率比规模较小出生队列低，但出生队列规模的影响主要集中在队列规模的增长阶段。此外，基于生长迟缓属于长期营养不良，而消瘦属于短期营养不良，出生队列规模变动对学龄儿童少年营养不良的影响集中于一个相对长期的状态，而对短期状态的影响较为有限，这也表明出生队列规模的效应是不容忽视的。在营养过剩方面，规模较大出生队列中学龄成员的营养过剩概率也相对较高。模拟分析的结果也进一步支持了以上结论，即出生队列规模较大拉高了学龄儿童少年生长迟缓和消瘦的概率，同时，也拉高了学龄儿童少年的营养过剩概率。与幼儿阶段类似，出生队列规模变动对学龄儿童少年的健康状况也存在显著影响，规模较大出生队列在营养不良和营养过剩两个方面都处于相对劣势，因此，其学龄儿童少年的健康福利水平也处于相对劣势。

最后是19岁及以上成年队列成员的健康状况。描述统计的结果显示，整体上，成年队列成员体重偏轻的比例在出生队列规模的扩大阶段有明显增长，而在出生队列规模的缩小阶段增长则暂时停滞。规模较大出生队列的成年成员更可能出现体重偏轻的问题，其健康状况略差于规模较小出生队列的成年成员。而成年队列成员的体重超重比例在出生队列规模的扩大阶段下降趋势比较明显，在出生队列规模的缩小阶段停止下降且徘徊不前。因此，在规模较小出生队列中，成年队列成员的体重超重比例相对较高，这既反映出成年队列成员健康状况相对不理想，也反映出规模较小出生队列中成年成员的营养健康资源相对充裕。出生队列规模变动对成年队列成员的健康状况存在影响，也造成了不同出生队列成员健康福利水平的差异。回归分析的结果表明，出生队列规模变动对成年队列成员的健康状况存在一定程度的显著影响，规模较大出生队列中成年成员出现体重偏轻和体重偏重的概率都小于规模较小出生队列的成年成员，然而这并不意味着规模较大出生队列成年成员的健康状况优于规模较小出生队列，反而从某种程度上反映出规模较小出生队列成年成员占有的营养健康资源更充裕。出生队列规模变动确实造成了成年队列成员健康福利的差异，只是这种差异没有表现为健康和不健康的区别，而是表现为相对健康和过度健康的差异。所以在成年阶段，出生队列规模变动对队列成员健康福利存在影响，但影响较为有限，规模较大出生队列成年成员的健康福利水平相对低于规模较小出生队列。出生队列规模的缩小有利于消除成年队列成员的健康福利差异。模拟分析的结果也表明出生队列规模偏大可能拉低成年队列成员的体重偏轻和体重超重的概率。

通过对三个年龄段的单独分析，我们都验证了出生队列规模变动对队列成员的健康状况存在显著影响，这种影响是社会营养健康资源与人口再生产变动规律不匹配的结果。由于营养健康资源的相对有限，出生队列规模越大，队列成员的营养健康资源越可能出现稀释；反之，出生队列规模越小，队列成员的营养健康资源越可能浓缩，因此，造成了不同规模出生队列成员的健康福利差异。此外，出生队列规模的影响也存在变化，在不同的年龄段和不同的方面可能呈现阶段性的差异。然而，即使出生队列规模变动的影响存在阶段性的不稳定性，但整体上规模较大出生队列成员的健康福利劣势是较为明显的。不过这种劣势随着出生队列规模的缩小出现了减弱、改善和扭转，随着出生队列的年轻化，队列规模的效应也逐渐弱化和消失。

由于我们使用的调查数据只是多期横截面数据的组合，并非真正的纵向追踪数据，而且数据调查仅持续了25年，因此数据中的追踪信息较为有限，所以我们无法将单个成员从幼儿到学龄期再到成年的健康状况进行追踪比较以关注健康福利在生命历程中的传递情况。

第五章
教育福利：教育机会

　　教育福利作为一种功能性人口福利，是人口福利中最为重要的一个维度，在个体生命历程的各项人口福利中发挥着承上启下的作用。个体的教育福利包括机会和结果两个层面。本章我们以教育机会为教育福利研究的起点，探究出生队列规模变动对教育机会可及性和公平性的影响。教育机会是个体获得或者增加其教育福利的基础和起点，个体只有获得了享有教育资源的机会，才能通过接受教育提升自身的教育福利水平并且增进其他方面的福利，所以我们选择队列成员的教育机会状况作为对其教育福利状况研究的起点。

　　教育机会作为一项社会权利意味着人们，特别是青少年儿童接受某级教育的可能性（石中英，2007），同时，教育机会在人口中的分配很大程度上决定了社会分层的基本特征和社会不平等的程度（李春玲，2010）。关于教育机会的界定学界尚无公认的定义，其中，比较有代表性的是乔·萨托利。他认为教育机会是每个儿童进入教育机构和参与教育活动的各种条件的总和，他把机会平等划分为平等进入和平等起点两个层面。平等进入是指为平等的能力提供平等进入的机会，平等起点则是如何平等地发展个人的潜力（刘淑华、王立波，2007）。因此，拥有公平的教育机会不仅是基本人权之一，也是衡量个体教育福利状况的重要基准，是我们考察出生队列规模变动对队列成员教育福利影响的切入点。

　　目前，学界对于教育机会的研究主要集中于对教育机会均等或是教育机会公平的研究。沈有禄介绍了国外著名学者胡森对于教育机会均等的研究，胡森认为教育机会均等有四种含义：第一，提供给每个人同量的教育；

第二，学校教育的供给量足以使每个受教育者达到既定的标准；第三，教育机会的供给量能够使每个受教育者充分发挥其潜能；第四，提供继续教育的机会直到受教育者的教育成就符合某种常模者（沈有禄，2010）。而国内的学者更多地将教育机会平等细化为起点平等、过程平等和结果平等（顾明远，2002）。我们不难发现西方对教育机会平等的界定侧重于教育数量和质量及其对未来潜能的影响；国内研究对教育机会的界定更侧重于在教育过程中强调每个阶段的公平和平等。此外，教育机会的"平等"和"公平"虽然在以往研究中经常混用，但是我们认为"平等"侧重于从权利的角度强调均等性，而"公平"侧重于从机会的角度强调可及性。因此，在充分结合国内外相关研究的基础上，我们将着重从公平的角度探究教育机会的可及性，同时在探究教育机会可及性的前提下考察教育机会的公平性，因为可及性是一种广义的公平，在可及的前提下谈公平才能真正实现公平。

第一节 教育机会的可及性

对于以往某一时期人口受教育机会可及性最直接的测量，是各级教育历年的招生规模和入学率。招生规模是对入学机会绝对量的反映，而入学率则是对入学机会相对量的反映。现行教育统计系统中将入学率分为"毛入学率"和"净入学率"，毛入学率是指某一级教育在校生数与法定学龄总人口之比，而净入学率是指某一级教育在校的法定学龄人数与法定学龄总人口之比，两者的区别在于计算公式的分子中是否包括非学龄在校生数（乔锦忠，2009）。通过分析入学率的计算公式，我们不难发现该指标并不能真实地反映某出生队列成员进入某一级教育时的教育机会状况，因为其分子的口径是在校学生总数而非入学学生总数。因此，入学率反映的是时期的教育发展情况，而非出生队列成员的教育机会状况，所以我们将用升学率替代入学率来考察出生队列成员教育机会的可及性。升学率是某级教育的招生人数与该级教育前一阶段受教育程度的毕业人数之比（以高中升学率为例，其为某年高中招生人数与当年初中毕业人数之比）。使用这一指标衡量教育机会的可及性契合了我们的队列分析视角，因为从理论上讲该指标的分子和分母是同一出生队列的成员，而且只有从前一级教育毕业的人口才真正具有进入下一级教育的可能性，才是真正的事件历险（exposed to risk）人口。所以本节将从各级教育的招生规模和升学率来考察出生队列成员教育机会的可及性。

此外，教育是一种具有正外部性的准公共物品（郑秉文，2002），政府是教育资源的主要供给者。因此，个体受教育机会的可及性，在宏观上主要受到当期教育资源供给数量以及当期国家对各级教育经费投入的影响；而在微观上个体的受教育机会则受到家庭特征和个人特征的影响（杨菊华，2007）。因此，就宏观层面而言，本章对队列成员教育机会可及性的考察，将立足于各出生队列成员在各级教育入学时的招生规模和升学率，以及在特定教育阶段所享有的教育资源状况，包括物质资源和经济资源（Sherman and Poirier，2007）。同时，本章也将在微观层面分析，在控制其他因素的情况下，出生队列规模变动是否影响队列成员的入学机会。

一 各级教育的招生规模与出生队列规模变动

我国义务教育法明确规定："凡年满六周岁的儿童，其父母或者其他法定监护人应当送其入学接受并完成义务教育；条件不具备的地区的儿童，可以推迟到七周岁。"该法律以制度的形式强制保障了基础教育机会的可及性和公平性。依据我国现行教育制度，在九年义务教育阶段招生规模没有特别的限制，只要是适龄人口均能获得相应的教育机会，因此，理论上在不考虑死亡率和国际迁移影响的前提下，义务教育阶段历年的招生规模应该与其相应的出生队列规模呈现较为近似的同向变化趋势，这样才能确保适龄人口都均等地接受义务教育；而高中和高等教育作为非义务教育阶段，受到教育资源量的限制，需要通过竞争和选拔才能获得相应的教育机会，如果在一定时期内总体教育资源量变化不大，那么根据资源稀释理论推断，对于出生队列规模相对较大的队列成员而言，其在非义务教育阶段的教育机会可及性应当小于出生队列规模相对较小的队列成员，实际的情况是否与我们的理论推导一致，需要我们通过数据分析来验证。

比较1955年以来小学历年招生人数与相应出生队列规模的变动关系（见图5-1），可以发现，出生队列规模与相应年份的小学招生规模呈现较为近似的同向变动关系。除了新中国成立初期我国教育制度尚不完善之时，小学阶段招生规模呈现无序波动外，从20世纪60年代开始，小学招生规模与对应的出生队列规模的变动呈现较为一致的变动趋势，即两者同增同减，

出生与机会

尤其是 80 年代后期以来，两者变动趋势的一致性更加明显，且两者之间的差距几乎消失，这与义务教育制度的实施和不断普及是息息相关的。义务教育制度的普及有力地保障了小学教育机会可及性的提升和可及性的均等化。因此，我们认为在小学阶段，出生队列成员的教育机会没有因其出生队列规模的差异而出现显著差异。

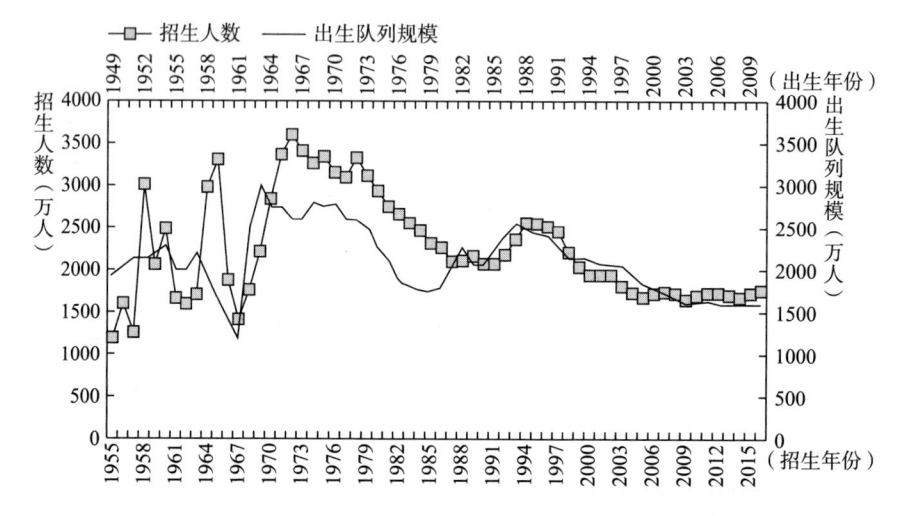

图 5-1　1955～2016 年小学招生人数及相应出生队列规模变动

资料来源：1955～2008 年和 2009～2016 年招生人数数据分别来源于《新中国六十年统计资料汇编》和《2019 年中国统计年鉴》；出生队列规模根据总人口和出生率计算得出，1949～2008 年和 2009～2010 年数据分别来源于《新中国六十年统计资料汇编》和《2019 年中国统计年鉴》。

初中阶段历年招生规模与对应出生队列规模的变化趋势也具有较为明显的一致性（见图 5-2），同时，两者的差异也从 1986 年义务教育制度开始推行并稳步开展以来不断缩小。这充分表明义务教育制度有效地保障了适龄人口的初中入学机会，促进了其公平享有教育福利可能性的增加。此外，值得特别关注的是 1981～1993 年，每年的初中招生人数始终在 1300 万～1500 万人徘徊，而这一时期恰好是出生队列从第二次出生高峰逐步过渡到第二次出生低谷的时期（1969～1981 年），出生队列规模出现了剧烈的波动，而入学机会却较为稳定，所以对于这一时期出生的队列成员，规模较大出生队列的成员（如 1969 年）与规模较小出生队列的成员（如 1979 年）相比，面对着截然不同的入学机会，前者的入学竞争显然高于后者，因而前者教育福利的实现难度也大于后者。因此，在这一时期，不同出生队列成员进入初中的机会受其出生队列规模的影响，入学机会的可及性与出生队列规模成反比。然而，1986年以后，义务教育制度的实施逐步有效地缩小甚至是消除了这种因入学机会的可及性差异而导致的教育福利差异。结合前文小学阶段的分析结果，我们可以看到，在义务教育阶段，由于义务教育政策的实施，有力地保障了适龄人口的入学机会，队列成员的入学机会基本没有受到出生队列规模的影响，仅在政策实施和普及以前对初中教育存在阶段性的影响。

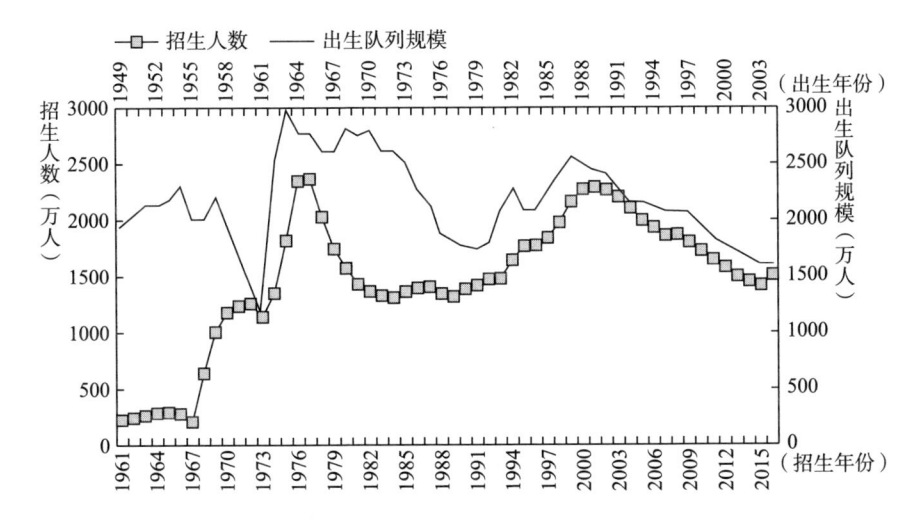

图5-2 1961~2016年初中招生人数及相应出生队列规模变动

资料来源：1961~2008年和2009~2016年招生人数数据分别来源于《新中国六十年统计资料汇编》和《2019年中国统计年鉴》；出生队列规模根据总人口和出生率计算得出，1949~2004年数据来源于《新中国六十年统计资料汇编》。

高中阶段出生队列规模变动与招生规模之间的变化如图5-3所示，两者的变动趋势呈现阶段性。首先，1964~1976年高中阶段的招生人数与对应年份的出生队列规模呈反向变动，在出生队列规模波动下降的情况下，高中招生规模逐年上升，特别是1961年出生的队列成员，其出生队列规模是新中国成立以来的最小值，但其成员进入高中时的招生规模却几乎达到了顶点。其次，1977~1994年，高中招生规模从高位下降后持续维持在每年220万~280万人的历史低位，与之对应的出生队列出生于1962~1979年，经历了第二次出生高峰的出生人口规模快速增长和第二次出生低谷的出生人口规模迅速下降。这一阶段招生规模与出生队列规模呈不相关变动趋势。再次，1995~2016

年高中阶段招生规模在短暂的增长以后每年在800万~900万人波动，这期间进入高中阶段的出生队列出生于1980~2001年，包括了第三次出生高峰和高峰之后的低谷时期，出生队列规模在增长之后持续下降。因此，在招生规模变动幅度有限的前提下，出生队列规模越小，队列成员的高中入学机会越多。概括而言，高中阶段招生规模与其相应的出生队列规模的变化趋势表明，绝大部分出生队列在高中阶段的入学机会因其出生队列规模的差异存在一定差异，规模越小的出生队列的成员，其高中入学机会的可及性越好。

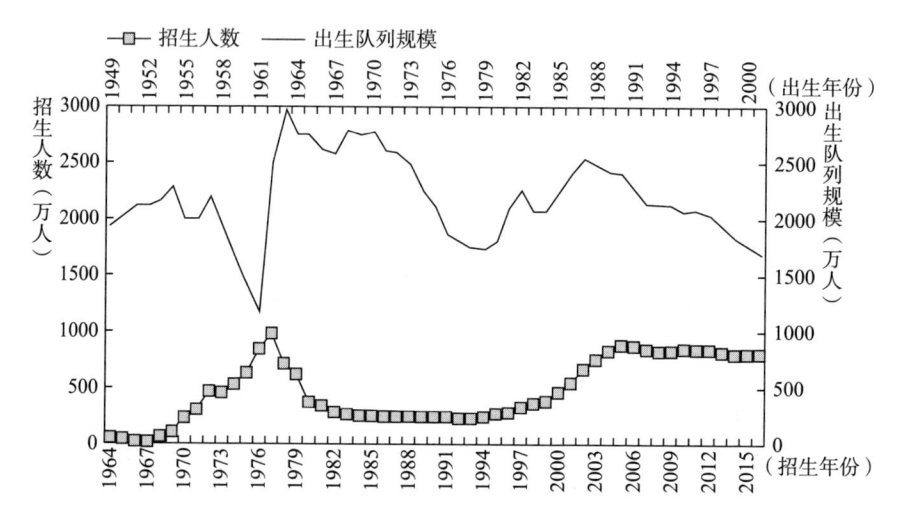

图5-3　1964~2016年高中招生人数及相应出生队列规模变动

资料来源：1964~2008年和2009~2016年招生人数数据分别来源于《新中国六十年统计资料汇编》和《2019年中国统计年鉴》；出生队列规模根据总人口和出生率计算得出，1949~2001年数据来源于《新中国六十年统计资料汇编》。

高等教育的入学机会在我国一直是一种稀缺资源，但是伴随着普通高校扩招政策的推行，这种精英化教育正逐步转变为大众化教育。鉴于1999年开始实施的普通高校扩招政策对高校的招生规模产生了巨大影响，本书在分析出生队列规模与普通高校招生规模之间的关系时，以1999年为分界线，将1970年以来普通高校招生规模的变动划分为两个阶段。1970~1998年普通高校的招生人数缓慢上升，招生规模没有超过100万人，而与之对应的出生队列规模波动幅度较大，两者没有呈现同一方向的变动趋势（见图5-4）。关注一些典型出生队列的情况，可以发现1960年出生的队列成员在进入高等教育阶段时恰逢1978年改革开放恢复高等教育统一招生考试制度，因而扩大了普通高校的招生规模，出生队列规模相对较小又恰逢教育事业改革，所以这一出生队列的成员获得了较多的教育机会；而从1970年计划生育政策推行以后，出生队列规模开始大幅下降，对应年份的高校招生规模从维持在60万人增长到超过100万人，使出生队列规模较小的队列成员能够获得较高的教育机会可及性。因此，在扩招政策实施以前，队列成员教育机会可及性的差异在出生低谷时期较为为明显。而1999年高等教育扩招政策实施以来，恰逢1980年以后出生在第三次出生高峰和低谷的队列成员陆续达到进入高等教育阶段的年龄，扩招政策带来了高等教育招生规模的急速扩大，也极大地增加了这一时期各出生队列成员的入学机会。由于招生规模的单向增加，即使是1987年出生在第三次出生高峰峰值点的出生队列，其成员的入学机会也多于1981年出生的队列成员（见图5-4）。因此，这一时期因出生队列规模差异而产生的教育机会可及性的差异被扩招政策完全抵消，扩招政策在客观上促进了队列成员教育福利状况的改善。

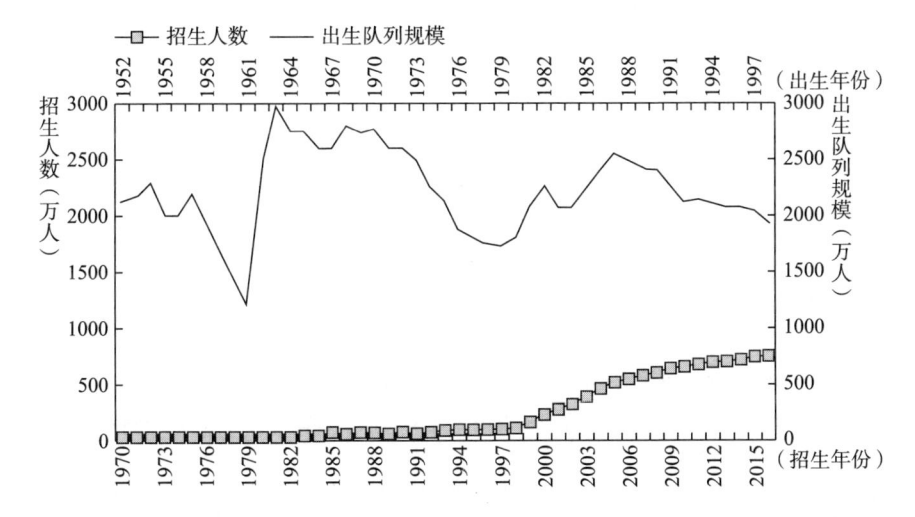

图5-4　1970~2016年普通高等学校招生人数及其相应出生队列规模变动

资料来源：1970~2008年和2009~2016年招生人数数据分别来源于《新中国六十年统计资料汇编》和《2019年中国统计年鉴》；出生队列规模根据总人口和出生率计算得出，1952~1998年数据来源于《新中国六十年统计资料汇编》。

二　各级教育的升学率与出生队列规模变动

升学率是对适龄人口入学机会最直接的测量，也是直接考察队列成员

出生与机会

教育机会可及性的重要指标,所以我们在分析出生队列规模与各级教育招生规模变动趋势的同时,也应当关注各级教育升学率的变化情况与出生队列规模变化之间的相互关系。由于小学是国家教育体系中最低的教育阶段,因而小学阶段没有升学问题,所以我们通过考察小学净入学率①与出生队列规模的关系来考察小学阶段的入学机会状况。图 5-5 反映出各出生队列在小学阶段的净入学率几乎没有差异,从 1976 年恢复基础教育以后,无论出生队列规模如何变动,小学净入学率始终稳定在 90% 以上,尤其是 1986 年《中华人民共和国义务教育法》颁布以后,这一稳定性得到了进一步巩固,从 20 世纪末到现在,小学净入学率已经非常接近 100%。因此,我们认为出生队列规模在小学入学机会这个层面没有影响出生队列成员的升学机会。

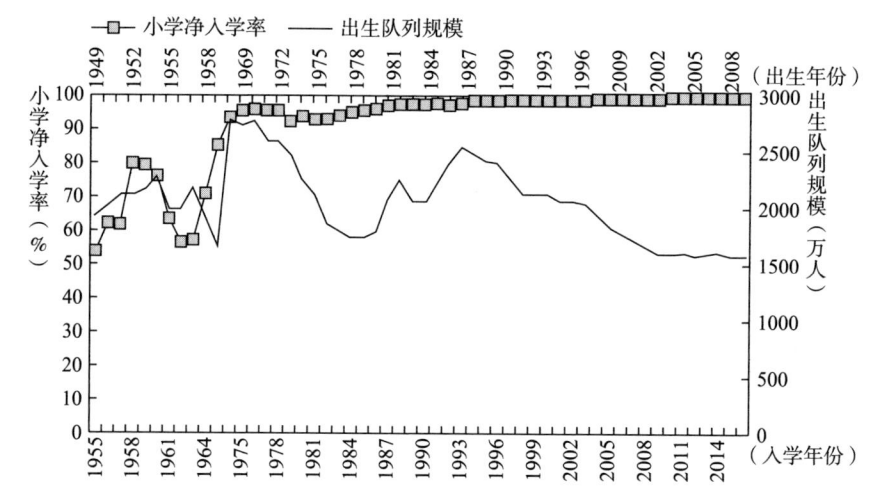

图 5-5　1955~2016 年小学净入学率及相应出生队列规模变动

说明:由于 1966~1973 年没有对小学净入学率进行统计,所以该图不包括这个时间段的数据。

资料来源:1955~1977 年、1978~1989 年、1990~2016 年小学净入学率分别来源于《中国教育年鉴(1949~1981 年卷)》《新中国六十年统计资料汇编》和《2019 年中国统计年鉴》;出生队列规模根据总人口和出生率计算得出,1949~2008 年和 2009~2010 年数据分别来源于《新中国六十年统计资料汇编》和《2019 年中国统计年鉴》。

从小学升初中升学率角度考察出生队列成员的教育机会可以发现,出

---

① 根据《2019 年中国统计年鉴》,小学学龄儿童净入学率 $= \dfrac{\text{已入学的小学学龄儿童数}}{\text{校内外小学学龄儿童数}} \times 100\%$。

生队列规模变动与小学升初中升学率存在阶段性变动关系（见图5-6）。首先是1967年以前，出生于1949~1955年的队列成员的小学升初中升学率与出生队列规模之间没有呈现规律性的变动关系。其次是1968~1973年，出生在第一次出生高峰和低谷期间（1956~1961年）的队列成员陆续进入初中阶段，这一阶段的小学升初中升学率与上一个阶段相比上升到一个新的高度，特别是1961年出生队列的小学升初中升学率达到了84.4%，规模较小出生队列的小学升初中升学率相对较高。之后随着1962~1971年出生的队列成员在1974~1983年进入初中阶段，出生队列规模相对较大，但队列成员的小学升初中升学率持续下降，在这一阶段，出生队列规模对队列成员的升学机会存在一定程度的影响。1984~2000年，自1986年义务教育制度实施以来，无论进入初中阶段的出生队列的规模如何变动，小学升初中升学率都呈现不断提高的态势。最后是自21世纪以来，第三次出生高峰之后的出生队列规模持续下降，而小学升初中升学率几乎达到了100%。因此，通过对小学升初中升学率的考察，我们认为在小学升初中的阶段，除中间阶段以外，出生队列规模变动对队列成员的入学机会没有产生显著影响，队列成员的教育机会更多受到教育发展水平和相关教育政策的影响。

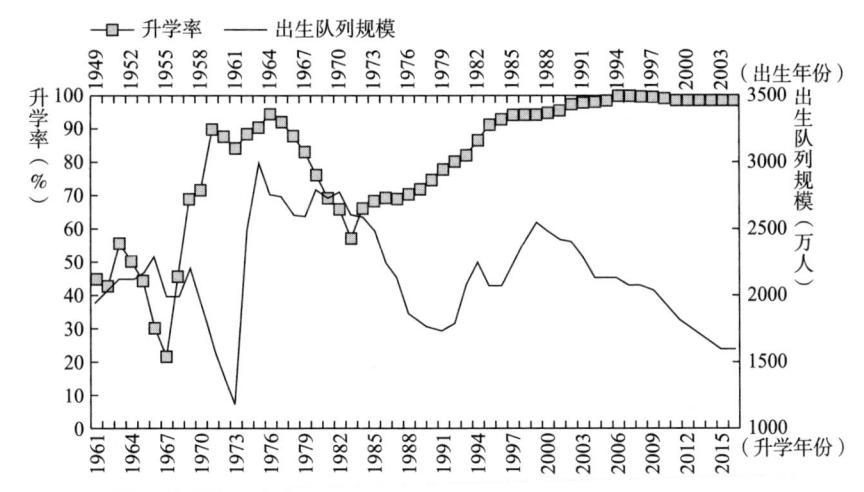

图5-6 1961~2016年小学升初中升学率及相应出生队列规模变动

资料来源：1961~1977年、1978~1989年、1990~2016年小学升初中升学率分别来源于《中国教育年鉴（1949~1981年卷）》、《新中国六十年统计资料汇编》和《2019年中国统计年鉴》；出生队列规模根据总人口和出生率计算得出，1949~2004年数据来源于《新中国六十年统计资料汇编》。

出生与机会

初中升高中升学率与出生队列规模变动之间的关系与高中阶段招生规模与出生队列规模变动的关系类似，也大致表现为三个阶段（见图5-7）。第一阶段，1980年以前初中升高中升学率与出生队列规模呈现反向变动的关系，表现为出生队列规模越大队列成员升学率越低，如1953年出生队列为第一次出生高峰的峰值队列，其所对应的1967年初中升高中升学率却是60年代同期入学率较低的年份；同样，1964年是第二次出生高峰的峰值年份，其所对应的1979年初中升高中升学率也是70年代同期的较低水平，因此这一阶段队列成员的入学机会因出生队列规模差异而存在差异。第二阶段，1981~2000年，初中升高中升学率在30%~50%小幅波动，而相应的出生队列规模经历了20世纪70年代初到80年代中期的大落和小幅回升，这表明出生队列规模的差异并没有造成这一时期队列成员升学机会的差异。第三阶段，进入21世纪以来，初中升高中升学率开始快速提升，到2016年，已经从2000年初的50%左右上升到将近93.7%，与之相对应的出生队

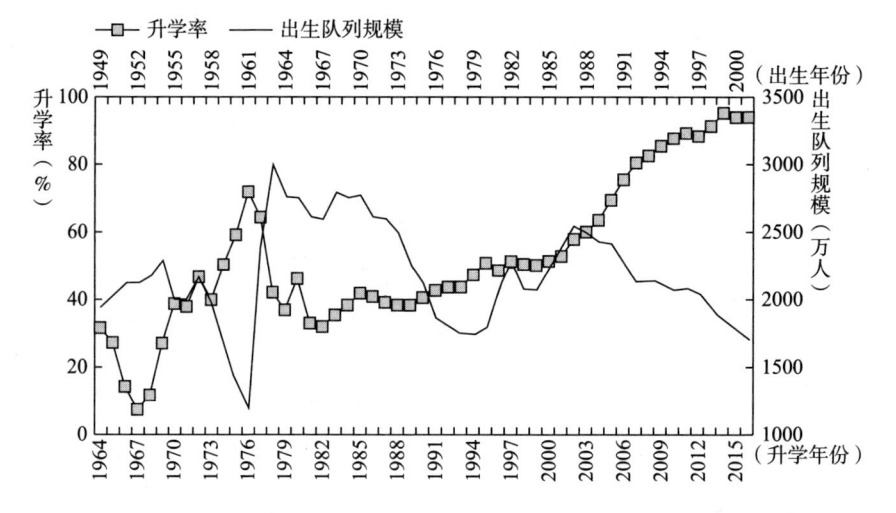

图5-7 1964~2016年初中升高中升学率及其相应出生队列规模变动

说明：基于进入普通高中就读的学生才有机会进一步进入大学学习，因此我们计算的初中到高中升学率，仅包括升入普通高中学生占所有初中毕业生的比例，由于计算口径的差异，该指标低于统计局官方公布的初中升高中升学率。

资料来源：1964~1977年、1978~1989年、1990~2016年初中升高中升学率分别来源于《中国教育年鉴（1949~1981年卷）》、《新中国六十年统计资料汇编》和《2019年中国统计年鉴》；出生队列规模根据总人口和出生率计算得出，1949~2001年数据来源于《新中国六十年统计资料汇编》。

列虽然出生在第三次出生高峰（1987~2001年），但入学机会并未减少，反而有所提升。这再次表明，教育事业自身的发展有助于消除出生队列规模变动对队列成员教育机会的影响，甚至能够使队列成员的教育机会得到显著增加。

高中升大学升学率在1982年以前始终徘徊在10%以下（见图5-8）。从20世纪80年代初期开始出现小幅上升，之后再次在30%左右徘徊数年。虽然这一时期出生队列规模处于新中国成立以来波动起伏最大的时期（1963~1971年），但出生队列规模不同的队列成员进入大学的机会没有因其出生队列规模的波动而出现规律性变化。20世纪90年代初到90年代末扩招政策实施以前，出生队列规模与高中升大学升学率出现了短暂的反向变动趋势。从1999年扩招政策实施到2006年间，虽然正值第三次出生高峰期间的出生队列成员陆续进入大学阶段，但是在扩招政策的影响下，高中升大学升学率持续上升。自2007年以来，两者再次出现了反向变动的趋势，随着进入大学阶段的出生队列规模缩小，高中升大学升学率不断提高。高中升大学升学率的变动过程表明，出生队列规模不同的队列成员在大学阶段的入学机会方面存在

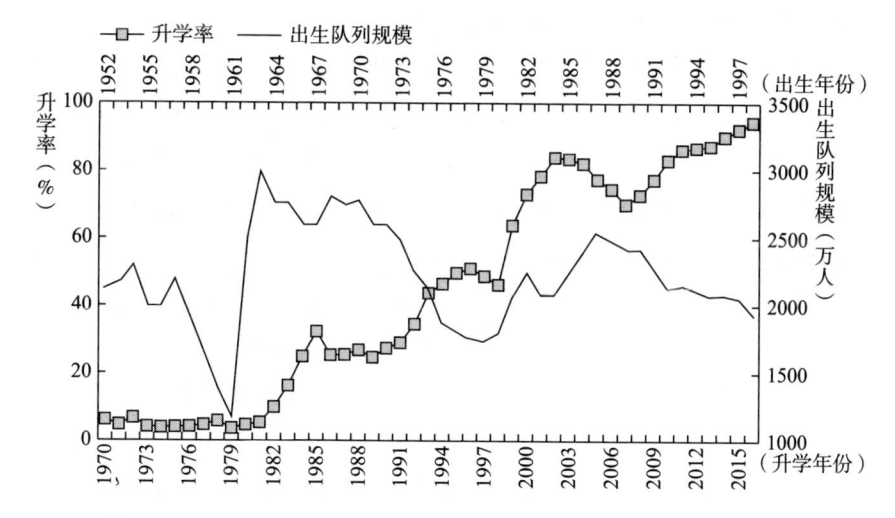

图5-8 1970~2016年高中升大学升学率及相应出生队列规模变动

资料来源：1970~1977年、1978~1989年、1990~2016年高中升大学升学率分别来源于《中国教育年鉴（1949~1981年卷）》《新中国六十年统计资料汇编》和《2019年中国统计年鉴》；出生队列规模根据总人口和出生率计算得出，1952~1998年数据来源于《新中国六十年统计资料汇编》。

一定程度的差异，规模较小的出生队列成员在此过程中存在一定的优势，扩招政策曾经暂时性地弱化了这种效应，但随着扩招政策的深入，这种差异并没有因为扩招政策的实施而被消除，反而更加凸显。

三 各级教育的物质资源可及性与出生队列规模变动

各级教育的招生规模和升学率是直接反映教育机会可及性的指标，而教育者享有何种程度和类型的教育机会与其能够享有的教育资源数量直接相关（卢乃桂、许庆豫，2001），因为当期教育资源的丰富程度影响着教育机会的可及性（Sherman and Poirier，2007）。因此教育资源配置的状况是适龄人口教育机会可及性得以实现的重要保障，也是影响队列成员教育福利状况的主要因素。基于教育机会的可及性和教育资源的可及性密切相关，本节将通过对各出生队列成员在各级教育中享有的教育资源配置情况，来考察队列成员教育机会的可及性。同时，基于教育资源的不同属性，本节将其划分为物质资源和经济资源分别进行考察。具体而言，将通过对各级教育生师比的变动考察教育物质资源的配置状况，[①] 再通过各级教育的生均教育经费变动来分析教育经济资源的状况。

在教育学研究领域，通常用生师比来衡量教育资源供给的状况（Kelley，1996），或者以生师比来反映教育资源分配的程度（Sherman and Poirier，2007），因此，生师比是综合反映教育机会需求和供给状况的重要指标。合理的生师比是保证教师教学质量和学生学习效率的重要影响因素，但是关于生师比的合理范围，学界至今仍未达成共识（袁双龙、郭峰，2009）。所以本节仅通过历年生师比的变化情况，考察不同出生队列成员享有的教育物质资源是否存在差异，而不对相应年份生师比的合理性进行评价。"生师比"这一指标在不同的教育体系中存在着不同的统计口径，其差别主要在于分母——"师"所涵盖的范围（陶青，2008）。本节计算的生师比以某年某级教育在校学生为分子，而以同年该级教育专任教师数量为分母，即未将教辅行政人员纳入分母的统计范围，以这种方式计算的生师比是狭义的生师比，但更契合我们的研究目的。

[①] 虽然教育物质资源涵盖多方面资源，但目前尚无综合性指标可以全面反映物质资源的配置状况，所以我们选择生师比这个相对综合的指标来考察各级教育物质资源配置的状况。

1955 年以来小学阶段的生师比呈波动下降趋势（见图 5-9），反映了基础教育阶段的教育资源不断丰富的过程。而在此过程中，除了第一次出生高峰期间出生队列规模与生师比的变动没有呈现规律性的趋势以外，两者在其他年份均表现出较为一致的变动趋势，尤其是 20 世纪 90 年代以后，低生育水平下出生的队列进入小学阶段，其出生队列规模与生师比几乎是等距同步下降的。这种同向变动的趋势表明，不同出生队列成员在小学阶段享有的教育物质资源量因出生队列规模的差异而存在差异，出生队列规模越小，队列成员享受到的教育物质资源量越多。

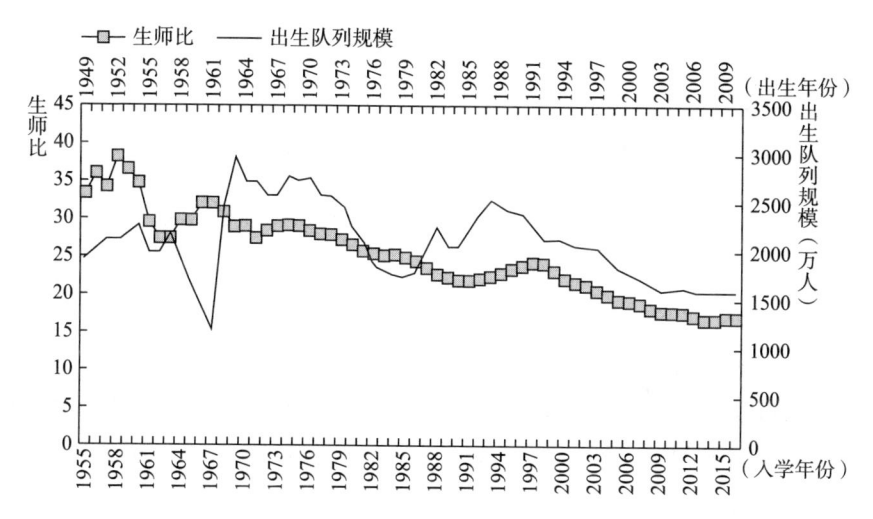

图 5-9 1955~2016 年小学生师比及其相应出生队列规模变动

资料来源：生师比为作者根据相关数据计算，1955~2008 年和 2009~2016 年数据分别来源于《新中国六十年统计资料汇编》和《2019 年中国统计年鉴》；出生队列规模根据总人口和出生率计算得出，1949~2008 年和 2009~2010 年数据分别来源于《新中国六十年统计资料汇编》和《2019 年中国统计年鉴》。

初中阶段生师比和出生队列规模的变动在绝大部分年份中也表现出同向变动的趋势（见图 5-10），即出生队列规模越大，队列成员入学年份的生师比越高，而仅在第一次出生低谷（1960 年）期间出现了反方向的变动趋势，这可能受到了特定历史时期数据统计有偏的影响。这表明初中阶段队列成员享有的教育物质资源因其所在出生队列规模的差异而存在差异，出生队列规模较小的队列成员能够享受到更多的教育物质资源。

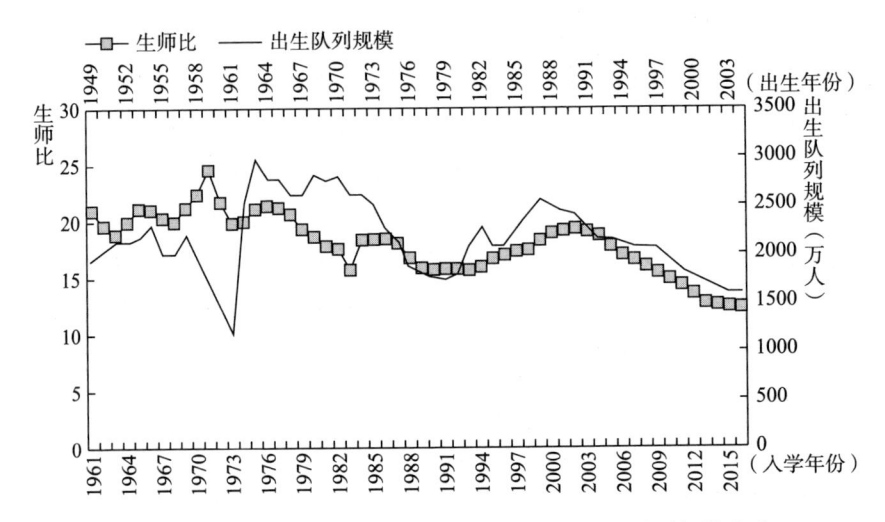

图 5-10 1961~2016 年初中生师比及其相应出生队列规模变动

资料来源：生师比为作者根据相关数据计算，1961~2008 年和 2009~2016 年数据分别来源于《新中国六十年统计资料汇编》和《2019 年中国统计年鉴》；出生队列规模根据总人口和出生率计算得出，1949~2004 年数据来源于《新中国六十年统计资料汇编》。

整个义务教育阶段生师比和出生队列规模的变化趋势说明，在适龄人口都能接受义务教育和受教育人口规模扩大的速度超过师资增长速度的情况下，出生队列规模会影响队列成员享有的教育资源质量，规模小的出生队列的成员在这一过程中具有较为明显的优势。

在高中阶段，出生队列规模与生师比的关系具有明显的阶段性（见图 5-11）。1978 年以前（1963 年以前出生的队列），高中教育作为相对稀缺的资源，能够接受高中教育的人口规模较为有限，其生师比几乎维持在 20 以上的相对较高水平，且呈现与出生队列规模变动无关的趋势。1979 年以后，随着 1964 年以后出生的队列陆续进入高中阶段，生师比在经历了骤然下降之后，开始呈现与出生队列规模变动同向和一致的变动趋势，并且伴随着第三次出生高峰的队列进入高中学龄而上升至 20 世纪 70 年代的水平，然后又随着出生队列规模的缩小不断下降。高中阶段生师比和相应出生队列规模变动的趋势表明，在非义务教育阶段，在需要依靠竞争获得教育机会的前提下，队列成员即使获得了高中教育的机会，即使同期的教育事业处于不断发展的阶段，出生队列规模的变动也会导致队列成员所享有的教育资源随之变动，规模较小出生队列的成员显然能够获得相对丰富的教育资源，资源的可及性高于出生队列规模较大的队列成员。

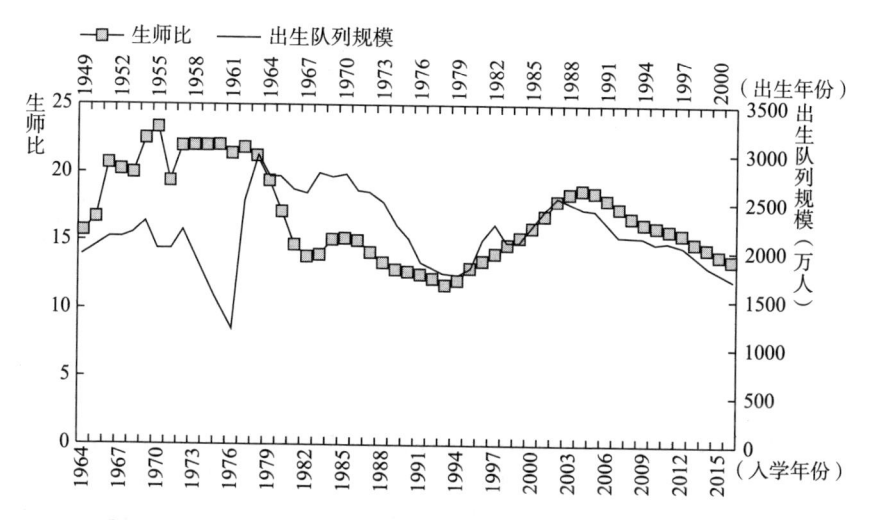

图 5-11　1964~2016 年高中生师比及其相应出生队列规模变动

资料来源：生师比为作者根据相关数据计算，1964~2008 年和 2009~2016 年数据分别来源于《新中国六十年统计资料汇编》和《2019 年中国统计年鉴》；出生队列规模根据总人口和出生率计算得出，1949~2001 年数据来源于《新中国六十年统计资料汇编》。

与其他三级教育阶段不同，高等教育阶段生师比的变动呈现不断上升的趋势，尤其是 1999 年高校扩招以来，高等学校学生的增长速度远远大于专任教师的增长速度，因而导致了生师比的激增（见图 5-12）。在越来越多的适龄人口获得高等教育机会的同时，人均享有的资源量却呈现减少趋势。整体上，由于我国高等教育发展的特殊历程，出生队列规模变动对普通高校生师比的变化不存在影响。1979 年以前，两者呈现反向变动的趋势，出生队列规模的变动没有影响队列成员的生师比。1980~1998 年，虽然正值第二次出生高峰和低谷的队列（1962~1980 年）进入高等教育学龄，但由于高等教育发展较为平缓，在校学生的规模没有大的波动，因而生师比也维持在一个相对稳定的区域，没有表现出受到出生队列规模影响的趋势。自 1999 年高等教育扩招以来，生师比急剧上升，但也没有表现出与相应年份出生队列规模的变动存在相关性。

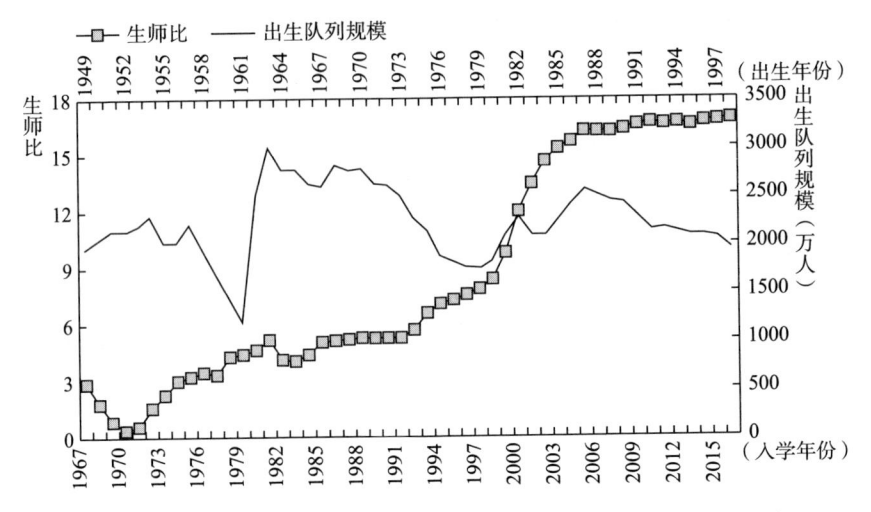

图 5–12　1967~2016 年普通高校生师比及其相应出生队列规模变动

资料来源：生师比为作者根据相关数据计算，1967~2008 年和 2009~2016 年数据分别来源于《新中国六十年统计资料汇编》和《2019 年中国统计年鉴》；出生队列规模根据总人口和出生率计算得出，1949~1998 年数据来源于《新中国六十年统计资料汇编》。

四　各级教育经济资源的可及性与出生队列规模变动

教育经费作为一种经济资源，是教育资源的重要组成部分，是教育事业改革和发展的重要保障，也是衡量政府教育投入的重要指标。从理论上分析，充足的教育经费有助于改善教育经济资源的状况，增进受教育者的教育福利。杨东平、周金艳（2003）认为，由于发展中国家生均教育经费与教育发展水平存在较大的相关性，同时，由于其他教育数据统计的不完善，通常我们采用与生均教育经费相关指标作为教育发展水平的替代指标来反映教育发展的总体水平。生均教育经费是教育经费总额与学生总数的比值，能够较真实地反映教育经费实际水平。一般来说，生均教育经费量的变化是与经济发展变化相适应的（叶欣茹，2005）。目前，教育经费统计系统包含生均教育经费支出和生均预算内教育经费支出，前者反映了各种经费来源综合而得的生均教育经费支出情况，而后者强调政府在教育投入中的作用，也是教育经费最重要的来源。因此，本节利用教育部每年公布的预算内生均教育事业费的变动情况，来考察各出生队列成员享有的教育经济资源的变化情况。然而由于数据的可及性，本节对各级教育的预算内生均教育事业费的变动情况只能追溯到1993年，因而重点关注1993~2016年的变动趋势。此外，由于物价水平变动的影响，各年度生均教育经费在没有调整的前提下，不具有可比性，因此运用相应年份居民消费价格指数（CPI，1978＝100）对各年的生均教育经费进行了调整。

1993年以后进入小学阶段的队列成员是1987年以后出生的，这一时期恰逢第三次出生高峰，出生队列规模达到峰值后开始下降，同时，伴随着生育政策趋稳，出生队列规模出现持续下降趋势。在此期间，预算内生均教育事业费随着出生队列规模的缩小呈现不断上升的趋势，从1993年生均不足100元上升为2016年生均超过1500元（见图5-13）。这表明在小学阶段，随着出生队列规模的缩小，队列成员获得了更多的教育经济资源，拥有了更多的教育机会。

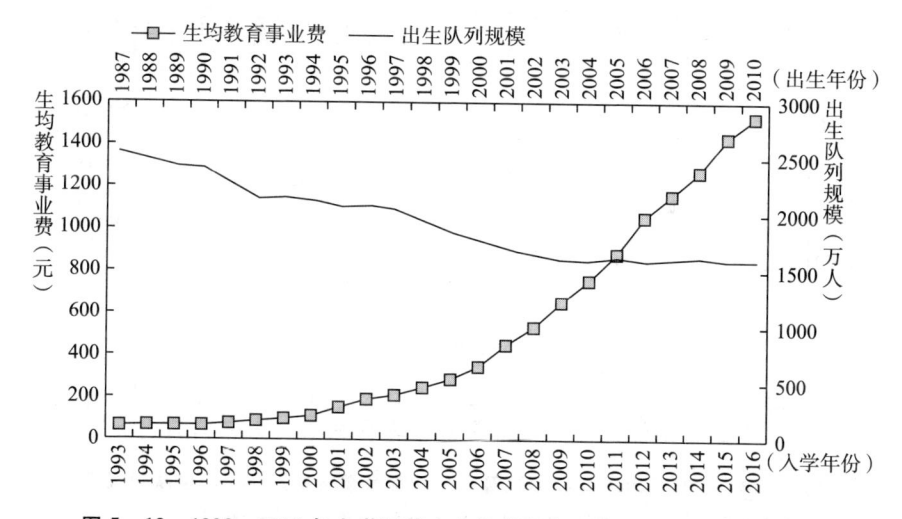

图 5-13　1993~2016 年小学预算内生均教育事业费及相应出生队列规模

资料来源：生均教育事业费数据1993~2000年来源于1993~2000年《全国教育经费执行情况公告》，http://www.edu.cn/edu/tjsj/zhsj/jiao_yu_jing_fei/，2001~2016年数据来源于2001~2016年《全国教育经费执行情况统计公告》，http://www.moe.gov.cn/srcsite/A05/s3040/，最后访问日期：2020年5月4日；出生队列规模根据总人口和出生率计算得出，1987~2008年和2009~2010年数据分别来源于《新中国六十年统计资料汇编》和《2019年中国统计年鉴》。

在1993年进入初中阶段的队列成员出生在1981~2004年，是第三次出生高峰从开始到进入相应低谷的阶段，构成了一个相对完整的人口周期。

出生与机会

这一时期的出生队列规模波动较大,变化幅度达500万人,但这些出生队列的成员所享有的生均教育事业费在出生队列规模达到峰值以前几乎没有变化,直至出生队列规模达到峰值(1987年)以后,伴随着出生队列规模的迅速下降,预算内生均教育事业费才开始出现了加速上升的趋势。自1993年以来,预算内生均教育事业费增长了约18.5倍(见图5-14)。这说明在初中阶段,处于人口周期上升阶段的队列成员,享有的教育经济资源量并无本质差异;而处于人口周期下降阶段的队列成员,享有的教育经济资源量随着出生队列规模的缩小而增加。因此,我们认为出生队列规模的扩大不利于队列成员教育经济资源占有量的改变,而出生队列规模的缩小是促进教育经济资源可及性提高的重要前提,也是从经济资源的角度提高队列成员教育福利的重要方式。

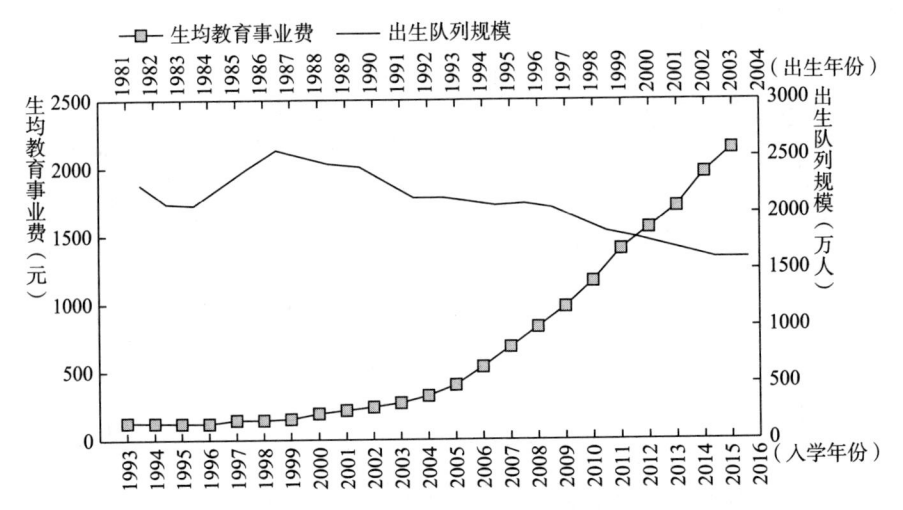

图5-14 1993~2016年初中预算内生均教育事业费及相应出生队列规模

资料来源:生均教育事业费数据1993~2000年来源于1993~2000年《全国教育经费执行情况公告》,http://www.edu.cn/edu/tjsj/zhsj/jiao_yu_jing_fei/,2001~2016年数据来源于2001~2016年《全国教育经费执行情况统计公告》,http://www.moe.gov.cn/srcsite/A05/s3040/,最后访问日期:2020年5月4日;出生队列规模根据总人口和出生率计算得出,1981~2004年数据来源于《新中国六十年统计资料汇编》。

在非义务教育阶段,自1993年以来,我国高中阶段预算内生均教育事业费和出生队列规模的变动趋势表现为:预算内生均教育事业费伴随着出生队列规模从第二次出生低谷转变到第三次出生高峰的过程中出现了缓慢上升的趋势,而在出生队列规模峰值过后,随着出生队列规模的不断下降呈现加速上升的趋势（见图5-15）。如前文所述，由于高中阶段属于非义务教育阶段，招生规模受出生队列规模变动的影响较小，而预算内生均教育事业费的变动主要依赖国家对各级教育的投入以及在校学生规模。因此，不同规模的出生队列成员在高中阶段所享受的教育经济资源也没有因为出生队列规模的不同而出现显著的差异。但是自2007年以来，随着20世纪90年代出生的队列成员进入高中阶段，预算内生均教育事业费也出现了大幅增长势头，到2016年已达到生均1962元，比1993年生均226元增长了7倍多。因此，出生队列规模的缩小在客观上促进了队列成员享有的教育经济资源的加速增加和教育机会可及性的提高。

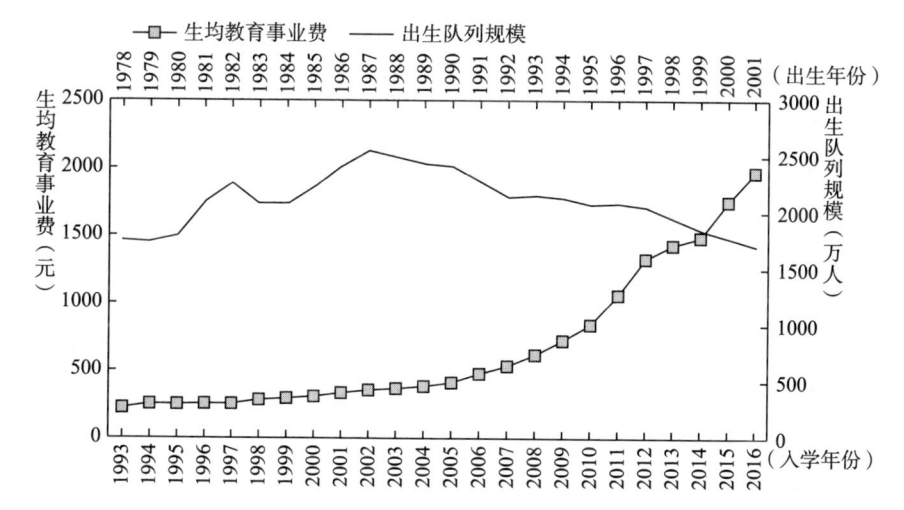

图5-15　1993~2016年高中预算内生均教育事业费及相应出生队列规模

资料来源：生均教育事业费数据1993~2000年来源于1993~2000年《全国教育经费执行情况公告》，http://www.edu.cn/edu/tjsj/zhsj/jiao_yu_jing_fei/，2001~2016年数据来源于2001~2016年《全国教育经费执行情况统计公告》，http://www.moe.gov.cn/srcsite/A05/s3040/，最后访问日期：2020年5月4日；出生队列规模根据总人口和出生率计算得出，1978~2001年数据来源于《新中国六十年统计资料汇编》。

在高等教育阶段，1993年以来进入高等教育阶段的出生队列是1975年以后出生的，这些出生队列处于我国第二次出生低谷和第三次出生高峰之间，是一个出生人口骤然减少又急剧增加再迅速下降的剧烈波动阶段。然而从1993年到2008年，高等教育阶段的预算内生均教育事业费的变动幅度却十分有限，16年来维持在生均1200~1700元，而且也没有呈现如同前三个教育阶段单调递增的态势，而是呈现波动起伏的状态（见图5-16）。自

出生与机会

2009年以后，高等教育的预算内生均教育事业费突然出现大幅上升，一跃超过生均2000元的水平，达到生均3000元。关注预算内生均教育事业费和出生队列规模变动的情况可以发现在2000年以前，两者呈现近似一致的变动趋势，而在2002年以后，两者出现了反向变动的趋势，尤其是当这一阶段的出生队列规模峰值——1987年出生队列进入高等教育阶段时，其所对应的2005年高等教育的预算内生均教育事业费达到了这一阶段的最低值。出现这种变动趋势的可能原因是：在高等教育扩招政策实施以前，由于高等教育机会过于稀缺，出生队列规模的变动没有对高等教育的在校学生规模产生显著的影响，因而没有影响到预算内生均教育事业费的水平；扩招政策实施以后，伴随着高等教育招生规模的扩大和入学机会的增加，出生队列规模开始显现对队列成员在高等教育阶段教育经济资源的影响，即出生在规模较大队列的成员在进入高等教育阶段时享有的教育经济资源少于规模较小队列的成员，从而使前者的教育福利在一定程度上受损。

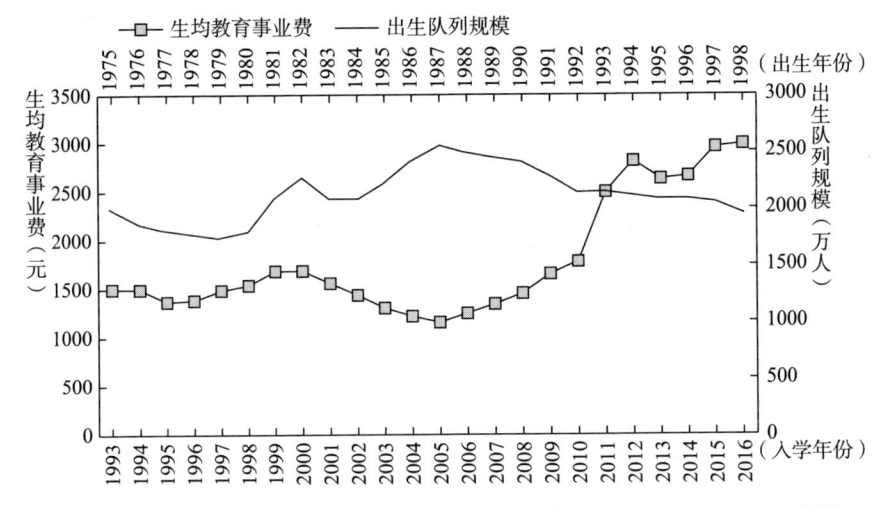

图 5-16　1993~2016 年普通高校预算内生均教育事业费及相应出生队列规模

资料来源：生均教育事业费数据1993~2000年来源于1993~2000年《全国教育经费执行情况公告》，http://www.edu.cn/edu/tjsj/zhsj/jiao_yu_jing_fei/，2001~2016年数据来源于2001~2016年《全国教育经费执行情况统计公告》，http://www.moe.gov.cn/srcsite/A05/s3040/，最后访问日期：2020年5月4日；出生队列规模根据总人口和出生率计算得出，1975~1998年数据来源于《新中国六十年统计资料汇编》。

第二节 教育机会的公平性

教育公平是社会公平的基本内容，入学机会公平是教育公平的核心要素，确保入学机会公平对于促进社会公平具有重要意义（乔锦忠，2009）。教育公平包括教育权利均等和教育机会的公平，而教育机会的公平意味着教育可及性的公平（石中英，2007）。因此，我们从教育机会的角度考察队列成员的教育福利时，需要在研究教育机会可及性的基础上，关注这种可及性的公平程度，即考察队列成员教育机会的公平性。所谓教育机会的公平，就理论意义而言，是指不同人群所获得的教育机会与其在总人口中所占的比例是大致相等的，教育机会的获得不因性别、种族、地区、阶层而不同（杨东平、周金燕，2003）。区域发展差异和城乡二元结构导致的发展不协调，造成了当前我国在教育机会公平性方面的差异集中体现为地区差异、城乡差异以及传统文化影响下的性别差异（曾满超、丁延庆，2005）。所以，本节将依托对队列成员教育机会公平性的考察，探究队列成员教育机会是否在性别和城乡两方面存在差异，① 以及这种公平性的差异是否扩大或缩小了队列成员的教育福利差异，或者在其中发挥了怎样的作用和影响。

一 出生队列规模的缩小有助于缩小教育机会的性别差异

伴随着我国教育事业的不断发展和推进，我国人口受教育的权利和机会都得到了不同程度的增加。但是教育领域中的性别不平等问题始终存在，各级教育中都存在不同程度的性别差异。甚至在大力普及义务教育的基础教育领域，教育性别平等也没有完全实现（宋月萍、谭琳，2004）。因此，关注教育机会的性别差异是衡量教育机会公平性的一个重要维度，本节将通过比较出生队列规模与各级教育性别差异的变化，来考察不同队列规模的成员是否面临不同的教育机会性别差异，以及出生队列规模的波动是否扩大或缩小了教育机会的性别差异。

由于目前可以获得的教育统计数据中直到最近几年才出现分性别的入

---

① 由于无法获得时期跨度较长的分省份出生队列绝对规模的数据，因此，我们未对队列成员教育机会的区域差异进行讨论。

学率统计，时间跨度较小，不足以让我们探究出生队列规模对其是否存在影响。因此，本节将运用1989~2015年的10期中国健康与营养调查数据合成的纵向数据集来进行分析。该数据集用历次调查的样本合成，有效地将横截面数据转化为纵向数据，使我们能更有效地进行跨时期的比较。这一数据集根据历次调查的专题划分为多个子数据集，其中也包括教育专项数据集，该专项数据集包括历次调查中有关教育的各变量以及个体的一些最基本的信息，但是其家庭和其他特征并未包含在该数据集中，需要通过数据合并实现个人教育信息与其家庭或其他特征信息的重新匹配。该数据集共有个案180587个，本书将根据调查对象在各调查时点的年龄，将他们划分为四级教育，即6~12岁为小学阶段，13~15岁为初中阶段，16~18岁为高中阶段，18~22岁为大学阶段，① 在此基础上，本节用"是否在上学"变量，分别计算了每个调查年份四级教育男生、女生的入学概率，并以男生与女生入学概率的差作为反映相应队列成员教育机会性别差异的代表变量。由于数据中无法明确地区分出每个被调查者的入学时间，因此，各级教育入学率的分子实际上是该级教育的所有在校人口，所以本节计算了各调查年份各级教育对应的出生队列规模平均值，比较平均出生队列规模与各级教育的教育机会性别差异。以1989年小学阶段为例，1989年处于小学阶段的队列成员是6~12岁，其对应的出生年份是1977~1983年，因此，本节计算了1977~1983年7个出生队列的平均规模，以之作为出生队列规模的代表，与其他调查年份小学阶段相对应的平均出生队列规模进行比较。其他调查年份以及其他教育阶段的平均队列规模均参照同样的方法计算。

1989~2015年的调查汇总数据显示，小学阶段入学概率的性别差异是各级教育中最小的，差值均未超过3%（见图5-17）。整体上，平均出生队列规模呈现先上升后下降的变化过程，在出生队列规模上升的过程中，小学阶段男生入学概率高于女生。随着出生队列规模的缩小，入学概率性别差异的变化幅度也日益趋缓，接近于无差异状态，甚至偶尔出现女生入学概率略高的情况。因此，我们认为出生队列规模的变动对小学阶段教育机会的公平性存在一定程度的影响，出生队列规模的缩小有助于进一步缩

---

① 基于18岁这个重要的临界年龄对高中和大学阶段的样本规模都有重要影响，因此将其纳入两个分组，以期尽量降低分组与实际情况的误差。

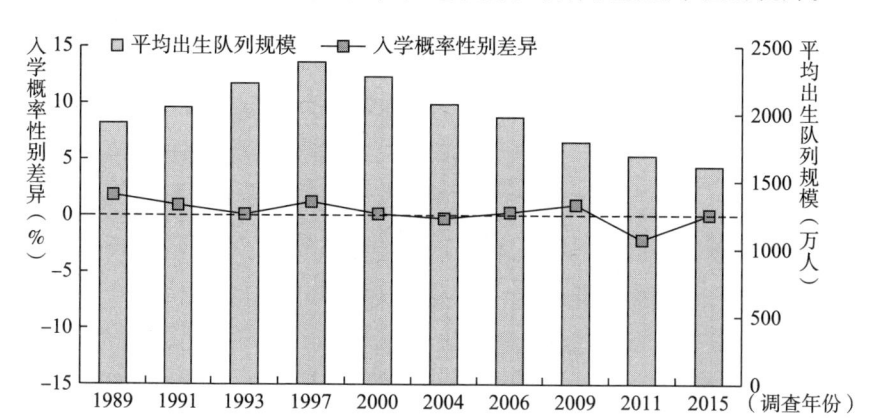

小小学阶段教育机会的性别差异,促进该阶段教育机会公平性的提升。

图 5-17 小学男女生入学机会的差异与出生队列规模的关系

资料来源:入学概率性别差异是作者计算获得的,数据来源于 1989~2015 年中国健康与营养调查混合教育数据;出生队列规模根据总人口和出生率计算得出,1989~2006 年和 2009~2015 年数据分别来源于《新中国六十年统计资料汇编》和《2019 年中国统计年鉴》。

初中阶段男女生入学概率差异的波动幅度较小学阶段更为明显,显示出女生入学机会快速增加的变化过程,男女生入学机会的差异由 1993 年约 7% 减少为此后仅在 3% 以内波动(见图 5-18),而相应年份的平均出生队列规模变化经历了先缩小再缓慢扩大然后再缩小的过程。整体上,初中阶段入学概率的性别差异在出生队列规模较大的年份较为明显,随着出生队列规模的缩小,入学概率的性别差异开始呈现不断减小甚至逆转的态势,这表明出生队列规模的缩小对于女性初中受教育机会的增加作用更显著,而且随着性别差异的不断消除,教育机会的公平性也不断提高。

高中阶段入学概率的性别差异呈现波动缩小的趋势,而且缩小的幅度较义务教育阶段明显,对应的平均出生队列规模经历了先缩小后扩大再不断缩小的过程(见图 5-19)。虽然入学概率的性别差异和出生队列规模没有呈现一致性的变动趋势,然而我们仍然可以看出出生队列规模相对较小的时期也是两性入学概率差异相对较低的时期,随着出生队列规模的扩大,虽然女性受教育机会不断增加,但又从反向上扩大了两性的受教育机会差异,直到 2015 年调查数据中的高中阶段的入学概率性别差异才几乎消失。因此,在高中阶段,出生队列规模的缩小也有利于缩小教育机会的性别差异,使出生队列规模较小的两性队列成员享有更公平的教育机会。

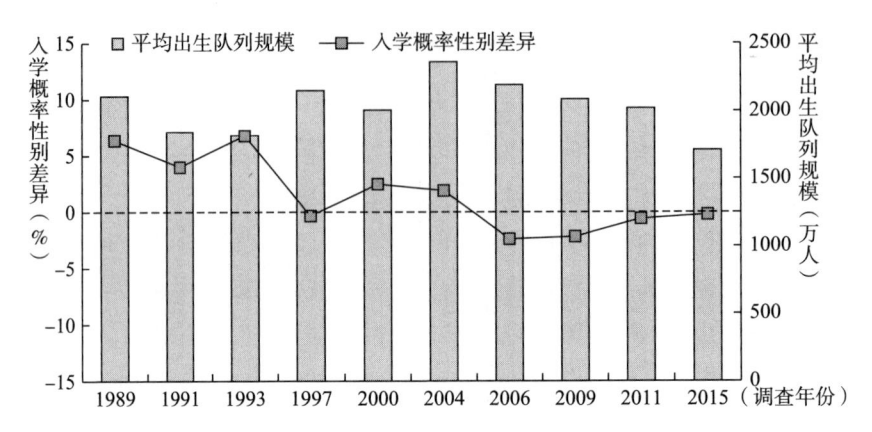

图 5-18 初中男女生入学机会的差异与出生队列规模的关系

资料来源:入学概率性别差异是作者计算获得的,数据来源于 1989~2015 年中国健康与营养调查混合教育数据;出生队列规模根据总人口和出生率计算得出,1989~2006 年和 2009~2015 年数据分别来源于《新中国六十年统计资料汇编》和《2019 年中国统计年鉴》。

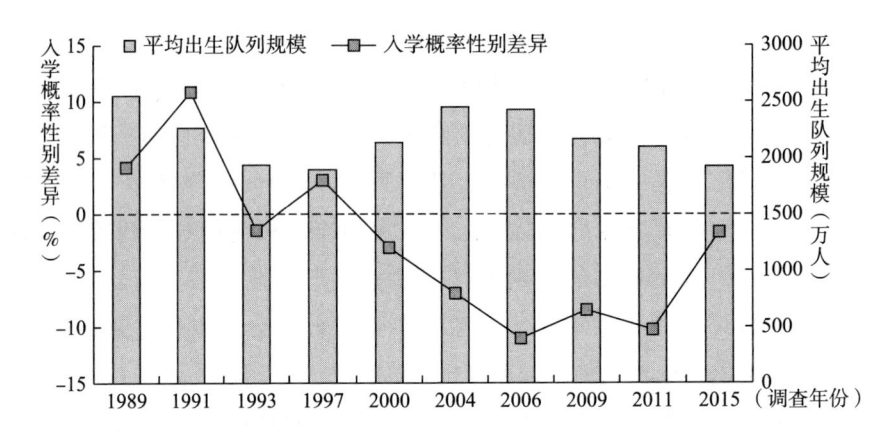

图 5-19 高中男女生入学机会的差异与出生队列规模的关系

资料来源:入学概率的性别差异是作者计算获得的,数据来源于 1989~2015 年中国健康与营养调查混合教育数据;出生队列规模根据总人口和出生率计算得出,1989~2006 年和 2009~2015 年数据分别来源于《新中国六十年统计资料汇编》和《2019 年中国统计年鉴》。

大学阶段的男女生入学概率差异呈现波动起伏的态势,整体上在 5% 上下波动,且波动幅度不断降低,而平均出生队列规模经历了先缩小后扩大又缩小的过程(见图 5-20),涉及了第二次出生低谷、第三次出生高峰及

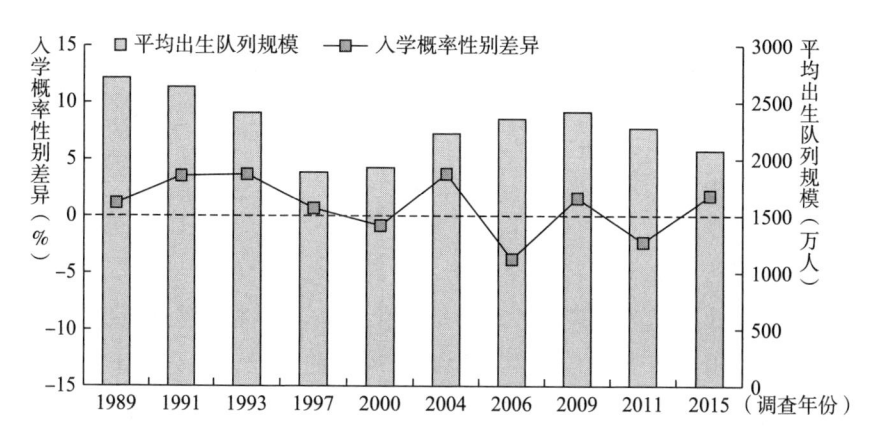

图 5-20　大学男女生入学机会的差异与出生队列规模的关系

资料来源：入学概率的性别差异是作者计算获得的，数据来源于 1989~2015 年中国健康与营养调查混合教育数据；出生队列规模根据总人口和出生率计算得出，1989~2006 年和 2009~2015 年数据分别来源于《新中国六十年统计资料汇编》和《2019 年中国统计年鉴》。

20 世纪以前的出生队列。1997 年以前，虽然平均出生队列规模处于缩小阶段，但大学阶段入学概率的性别差异较为明显；1997~2009 年，出生队列规模和入学概率的性别差异均出现明显扩大；到 2011 年和 2015 年出生队列规模的缩小再次缩小了入学概率的性别差异。这一变化过程表明，在扩招政策实施以前，在高等教育入学机会较为有限的前提下，男性比女性更受益于出生队列规模缩小带来的入学竞争减弱的结果，即出生队列规模缩小使更多的男性获得了高等教育的机会；而在扩招政策实施以后，高等教育入学机会的大量增加，使这一稀缺资源逐渐惠及更多的女性，即使这一时期恰逢规模较大的出生队列进入高等教育阶段，扩招政策也部分抵消了出生队列规模扩大导致的教育机会减少的影响，有效地缩小了男女两性在高等教育阶段入学机会的差异，促进了高等教育阶段教育机会的性别公平。尤其是近年来，在高等教育扩招政策和出生队列规模缩小的叠加效应下，高等教育入学机会的公平性不断提升。

通过对各级教育入学机会性别差异和出生队列规模变动的比较，可以发现，整体上出生队列规模的缩小有利于缩小各级教育入学机会的性别差异，然而这一缩小效应不能独立于教育事业的发展和相关教育政策的推行而实现，而且出生队列规模的负向效应也可能因特殊政策的实施而被削弱甚至是消除。

二 出生队列规模的缩小有助于缩小教育机会的城乡差异

我国长期以来的城乡二元结构发展造成了城乡在诸多方面的差异，而这种差异也投射到了教育领域，城乡教育发展的不均衡已经是不争的事实。因此，本章关注的重点不仅在于教育机会的公平性方面，即不同时期的出生队列成员是否曾面对不同程度的城乡差异，而且更侧重于考察这种城乡差异是否因为出生队列规模的波动而被强化或削弱。本节将通过比较城市、县镇和农村的升学率与对应年份出生队列规模的差异，来分析不同出生队列成员教育机会公平性的城乡差异。由于小学入学阶段不存在升学问题，而高等学校普遍分布于城市，大学阶段无法从城市、县镇和农村的口径比较升学率的差异，因此，本节的分析主要集中于小学升初中和初中升高中两级教育层面的升学率。

自 1971 年以来，城市和县镇的小学升初中升学率均缓慢上升且水平较为接近（见图 5-21）。进入 20 世纪 90 年代以来，县镇的小学升初中升学率有较大幅度的增长，而城市的小学升初中升学率依然增长缓慢，两者的差距不断扩大。自 2010 年以后，城市和县镇的小学升初中的升学率开始出现小幅的下降，且两者的差距不断缩小。农村的小学升初中的升学率始终低于城市和县镇，总体上呈现波动下降的趋势，仅在 20 世纪 90 年代出现了较为缓慢的上升趋势。自 2010 年以来，农村的小学升初中升学率已经下降为 50% 左右。由于升学具有向上流动的特征，因此，一定比例的农村适龄人口到临近县镇甚至是城市接受更高一级的教育，而县镇的适龄人口也同样能进入城市的学校接受初中教育。所以，一方面，农村适龄人口的受教育意愿相对弱于城市和县镇，受教育机会也相对少于城市和县镇，因而影响了农村适龄人口的入学机会；另一方面，农村适龄学生"流失"到城市和县镇，从而造成了农村小学到初中的升学率持续下降的趋势。由于升学率是招生人数和前一级教育毕业人数的比，所以实际中出现了城市升学率超过 100%，而县镇升学率甚至高达将近 200% 的现象。结合出生队列规模的变动分析，在第三次出生高峰以前，城市和县镇的小学升初中升学率均没有较大幅度的变化，且升学率水平较为接近，而农村的小学升初中升学率在这一时期内开始出现下降和在低位徘徊，且与城市和县镇的差异不断扩大。当第三次出生高峰时期出生的队列成员进入初中阶段以后，伴随着义务教育政策的实施，在城市维持稳定、县镇急速上升和农村不断下降的情况下，城乡小学升初中升学率的差异开始扩大，但随着高峰过后出生队列规模的缩小，城市和县镇小学升初中升学率的差异出现了缩小势头，而农村的小学升初中升学率似乎还有进一步下降的趋势。因此，在小学升初中这个层面上，出生队列规模的扩大和缩小，对城乡受教育机会差异的扩大和缩小存在一定影响。然而出生队列规模的缩小，并不一定意味着适龄在校人口规模的缩小，也不一定能导致其受教育机会的增加，因为这还受到教育发展的影响。如果农村适龄人口不能获得顺畅和便利的向上流动渠道，那么出生队列规模的缩小不仅不能缩小城乡受教育机会的差异，促进队列成员教育福利水平的提升，反而可能因为农村教育资源随出生人口的减少而减少，使农村适龄人口入学机会减少。

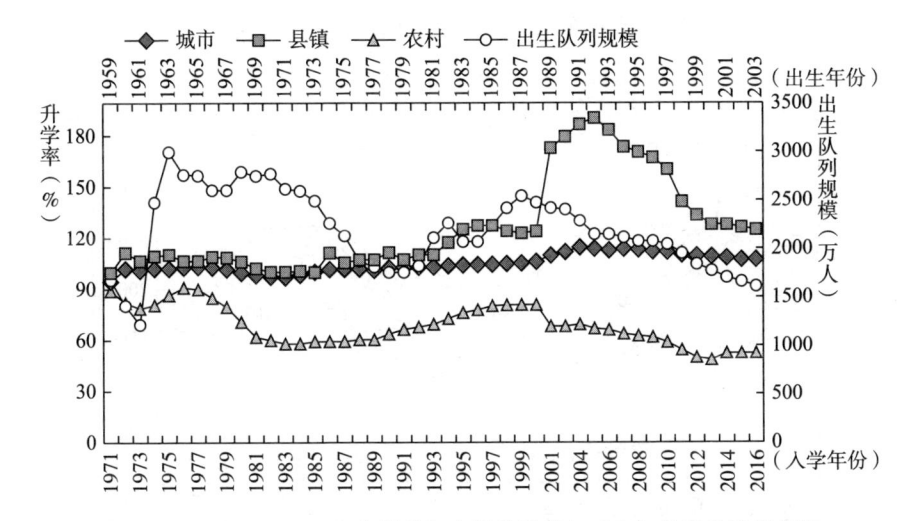

图 5-21 1971~2016 年小学升初中的升学率与对应年份出生队列规模

资料来源：升学率数据由作者计算获得，1971~1985 年数据来源于《中国教育年鉴（1949~1981 年卷）》，1986~2016 年数据来源于《中国教育统计年鉴》，https://data.cnki.net/trade/Yearbook/Single/N2019030252？z = Z017；出生队列规模根据总人口和出生率计算得出，1959~2003 年数据来源于《新中国六十年统计资料汇编》。

在高中非义务教育阶段，由于没有了义务教育制度的约束，以及受日益增加的外出打工潮的影响，农村适龄人口接受高中教育的情况较不乐观。自 1971 年以来，农村的初中升高中升学率不仅远低于城市和县镇，并且自 20 世纪 80 年代以来始终维持在 20% 以下；而县镇的初中升高中升学率在

20世纪90年代以前,均高于城市的初中升高中升学率,并从90年代以来开始逐渐低于城市且与城市的差距不断扩大(见图5-22)。这一时期进入高中阶段的出生队列出生于1956~2000年,包含了整个第二、第三次出生高峰和低谷。比较初中升高中的升学率与出生队列规模的变动关系,可以发现,第二次出生高峰达到峰值(1964年)以前,城市、县镇和农村的初中升高中升学率均出现了短暂的与出生队列规模反向变动的趋势,这表明新中国成立初期出生的队列成员,在高中入学机会层面上表现出出生队列规模较大的队列成员进入高中受教育的机会较少的特征。1964年以后的出生队列的规模变动,与对应年份城市和县镇的初中升高中升学率的变动呈现同向变动的趋势,这表明在高中阶段,出生队列规模的缩小并不必然带来队列成员入学机会的增加,但是出生队列规模的扩大会扩大城乡教育机会的差异,而出生队列规模的缩小有缩小这种差异的趋势。

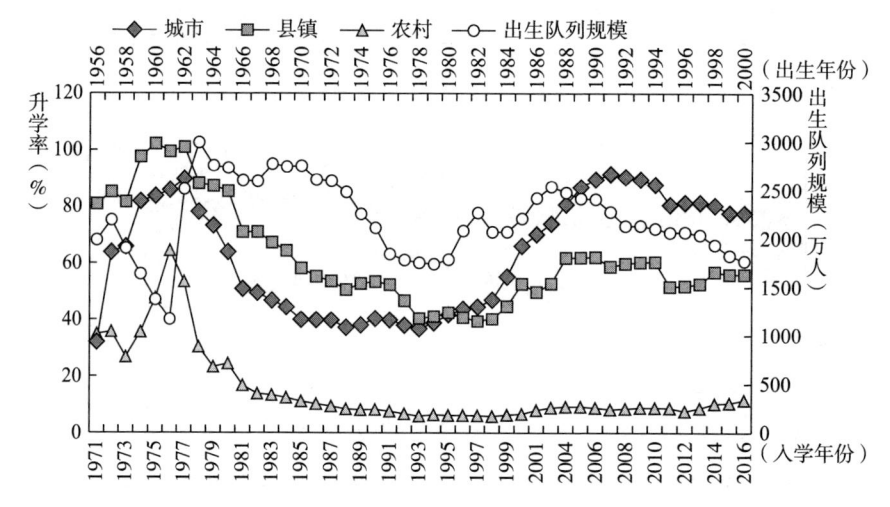

图5-22　1971~2016年初中升高中的升学率与对应年份出生队列规模

资料来源:升学率数据由作者计算获得,1971~1985年数据来源于《中国教育年鉴(1949~1981年卷)》,1986~2016年数据来源于《中国教育统计年鉴》,https://data.cnki.net/trade/Yearbook/Single/N2019030252?z=Z017;出生队列规模根据总人口和出生率计算得出,1956~2000年数据来源于《新中国六十年统计资料汇编》。

第三节　出生队列规模变动对入学机会的影响

前文的比较分析表明,出生队列规模变动与队列成员在各级教育的教育机会可及性和公平性存在不同程度的相关性。然而这种相关性是否具有统计显著性，还需要通过进一步的量化分析进行检验。因此，本节首先拟从宏观层面检验出生队列规模变动是否对各级教育的升学率存在影响，然后再从微观层面检验出生队列规模变动是否对各级教育的入学概率存在影响。从两个层面探究出生队列规模变动对队列成员入学机会是否存在显著影响。在分析出生队列规模变动对各级教育升学率的影响时，还需要控制其他一些对各级教育入学率或入学概率存在影响的因素。

在宏观层面上，国外对各级教育的研究对高等教育入学机会关注较多，认为教育支出和相关教育政策通过促进教育发展来增加入学机会。此外，对高中入学情况的研究也表明，最低工资水平的提高会导致入学率的下降，而增加教育方面的支出将有利于改善学校的入学情况（Landon，1997）。然而与我国国情不同的是，有些国家充足的教育资源决定了在该国是否接受更高一级的教育取决于个人的决策。在我国，由于总人口规模庞大，有限的教育机会使能否进入高一级学校继续接受教育并不完全取决于个人主观意愿。因此，我们在宏观层面以各级教育的升学率（小学阶段以净入学率替代）为因变量、相应出生队列的绝对规模为自变量，并控制每年政府财政支出中教育支出的数额和相关的教育政策（主要是义务教育政策和高等教育扩招政策）实施与否的影响，在高中升学率和大学升学率的层面，还以前一年的平均工资作为接受高一级教育的机会成本的代表变量，运用多元线性回归分析出生队列规模变动是否对队列成员的升学率存在显著影响。但是由于本书的宏观分析受到年代跨度数据有限的影响，对于升学率影响因素进行分析的样本量较为有限，充分考虑到这一缺陷，本书尽量将较为综合和有代表性的变量纳入宏观层面的回归分析，尽量控制纳入模型的变量数量，以期尽可能减少因为样本规模有限导致的估计偏差。同时，为了克服这一不足，本书也在宏观分析的基础上，充分利用微观个案数据，来进一步考察出生队列规模变动对队列成员教育机会的影响。

在微观层面上，本节将对1989~2015年中国健康与营养调查数据中6~24岁被访者的入学状况进行分析。首先对6~24岁被访者整体的入学机会进行分析，然后将样本划分为四个教育阶段，分别考察各级教育的入学率。其中，6~12岁被访者组成小学样本，12~15岁被访者为初中样本，15~18

岁被访者为高中样本，18~24岁被访者为大学样本①。本节以各子样本中每个个案是否在校为因变量，运用Logistic回归模型分析影响入学率的各种因素。对于出生队列规模的量化，基于出生队列规模的影响难以在微观层面上直接投射到个体，而且Wachter和Wascher（1984）认为出生队列规模对个体教育机会的影响小于出生队列在人口周期中所处位置的影响。也就是说，出生队列相对规模对队列成员教育机会的影响大于出生队列绝对规模。因此，本书运用出生队列的相对规模来代表出生队列规模变动的影响。同时，伊斯特林的研究指出，出生队列规模的影响可能在不同的环境中呈现不同的形式，因为各国的劳动力市场和其他制度是有差异的，甚至在一个国家内，不同的民族或子人口群体也可能存在差异（Easterlin，1980）。所以模型也将控制个人的性别（以女性为参照类）、城乡居住地②（城市和乡村，其中以乡村为参照类）这两个个人特征变量。此外，个人所在的家庭特征也是影响个人教育机会的重要因素（杨菊华，2007），但是基于本书的研究重点是出生队列规模的影响，所以主要控制了以下变量对队列成员教育机会的影响，包括父亲的受教育程度（小学及以下、初中、高中、高中以上，其中以小学及以下为参照类）、父亲的职业（分为专业技术人员/管理者、工人、服务业从业者、农民四类，其中以农民为参照类）以及家庭收入（对家庭年收入取自然对数）。

一 宏观层面出生队列规模变动对各级教育入学率的影响

宏观层面的回归结果表明，小学阶段出生队列规模变动对于其入学率有正向影响但该影响较为微弱（见表5-1）。基于《中华人民共和国义务教育法》规定了适龄儿童均应当入学接受教育，从全国整体层面而言，没有对小学入学规模的限制，而且在义务教育推行过程中，小学教育的推广已较为普及，因此，小学阶段的招生规模取决于当年的适龄人口，净入学率一直保持在一个较高的水平。无论对应的出生队列规模是大还是小，队列成员均能获得相对均等的入学机会，因此，出生队列规模变动在小学阶段

---

① 由于实际的入学年龄不可能完全按照国家的有关规定，因此，本书在筛选各级教育的样本时适当放宽了所涵盖的年龄段。
② 由于调查数据中关于户口类型的变量缺失值相对较多，因此，本书选择使用城乡居住地这个变量来代替户口类型变量，以近似反映城乡二元结构对队列成员教育机会的影响。

几乎不影响队列成员的入学机会。同时，在模型中，义务教育政策对小学的净入学率有显著且较大的影响，是对入学率影响最大的变量，义务教育政策的实施确实提高了小学净入学率。此外，教育支出对小学阶段的入学率没有显著的影响。

在同属义务教育阶段的初中阶段，出生队列规模变动对初中入学率也有显著的正向影响，但同样影响力较小（见表5-1）。这与前文描述统计的结果一致，初中入学情况基本上是随着出生队列规模的变动而波动的。对初中入学率有较大影响的变量仍然是国家的教育政策，义务教育政策对初中入学率的影响十分显著且巨大，政策实施前后入学率的变化超过了20%，影响力超过了该政策对小学入学率的影响。此外，教育支出对初中入学率的影响虽然显著但也十分微弱，几乎没有产生实质性影响。

表5-1 小学和初中阶段出生队列规模变动对入学率的影响分析

	小学入学率 (1955~2016年)		初中入学率 (1961~2016年)	
	系数	标准误	系数	标准误
出生队列规模	0.009*	0.005	0.026***	0.005
教育支出	0.000	0.000	0.001***	0.000
义务教育政策	16.576***	3.824	21.199***	3.831
常数项	61.436***	11.888	7.562	10.949
解释比例（R^2）	42.85%		60.34%	

*** $p<0.001$，** $p<0.05$，* $p<0.10$。

注：由于出生队列绝对规模的数据起始于1949年，所以对应的小学、初中、高中和大学的入学年份大致是1955年、1961年、1964年和1967年，根据数据的可及性，我们尽可能从相应的起始点开始收集数据并进行回归，因此，宏观层面各级教育入学率的回归分析的数据起点并不相同。

资料来源：教育相关指标分别来源于《新中国六十年统计资料汇编》和2009~2019年《中国统计年鉴》；出生队列规模根据总人口和出生率计算得出，1949~2008年和2009~2010年数据分别来源于《新中国六十年统计资料汇编》和《2019年中国统计年鉴》。

在非义务教育阶段，出生队列规模变动对高中入学率的影响依然是显著且较小的正向影响（见表5-2），教育支出的影响在模型中依然没有体现。而前一年平均工资对高中入学率有显著的负向影响，平均工资越高越可能吸引适龄人口进入劳动力市场而放弃进一步接受教育的机会。此外，由于国家对于高中阶段尚未实施较为明确和统一的教育政策，因此，在这个阶段没有控制教育政策对升学率的影响。

高等教育阶段，出生队列规模变动没有对大学入学率表现出显著影响，教育支出、前一年平均工资以及扩招政策均对大学入学率有显著影响（见表5-2），其中，教育支出的影响几乎可以忽略不计；前一年平均工资对大学入学率的影响与高中阶段不同，是正向的影响，即受教育的机会成本越高，大学入学率越高，这看似矛盾的现象其实说明机会成本也可能被理解为预期收益。在我国，绝大多数个人仍将接受高等教育作为增加预期收入的重要手段。而扩招政策的实施也显著提高了大学入学率。虽然我国自1999年以来实施的扩招政策使高等教育的招生规模有较大幅度扩大，但在我国高等教育的发展史上，高等教育入学机会始终属于较为稀缺的资源，能够接受大学教育的人口比例也一直较低，因此，无论出生队列规模大小，接受了高等教育的队列成员所占的比例差异都不大，而且高等教育扩招政策的影响较大，可能完全掩盖了出生队列规模变动对高等教育入学机会的影响，导致了出生队列规模变动在高等教育这个层面上对队列成员的升学率没有显著影响，因而也未造成队列成员教育机会的显著差异。

表5-2　高中和大学阶段出生队列规模对入学率的影响因素分析

	高中入学率（1964~2016年）		大学入学率（1970~2016年）	
	系数	标准误	系数	标准误
出生队列规模	0.014**	0.004	-0.002	0.003
教育支出	0.001***	0.000	0.000**	0.000
前一年平均工资	-8.434***	1.457	18.923***	1.447
扩招政策	—	—	10.888**	3.832
常数项	-49.255**	15.207	-108.151***	14.370
解释比例（R^2）	79.44%		96.61%	

*** $p<0.001$，** $p<0.05$，* $p<0.10$。

资料来源：教育相关指标分别来源于《新中国六十年统计资料汇编》和2009~2019年《中国统计年鉴》；出生队列规模根据总人口和出生率计算得出，1949~2001年数据来源于《新中国六十年统计资料汇编》。

从出生队列规模变动对四级教育入学率的影响可以看出，在宏观层面上，除了教育机会较为稀缺的高等教育阶段以外，出生队列绝对规模的变动对于小学、初中和高中阶段队列成员的入学率均表现出显著的影响。这表明出生队列绝对规模的影响更倾向于出现在教育机会相对充足但又不足够充足的教育阶段。随着教育机会充足程度的不断提升，出生队列规模变动的影响可能会不断减弱。此外，虽然出生队列规模变动在宏观上对特定教育阶段队列成员的教育机会存在显著影响，但是这种影响的程度比较微弱。在宏观层面上，影响队列成员教育机会的主要因素是教育事业的发展和有针对性的教育政策的实施。

二 出生队列规模变动对各级教育入学概率的影响分析

1. 出生队列规模变动对队列成员的整体入学概率存在显著影响

首先，我们从整体上考察出生队列规模变动对队列成员教育机会的影响。从整体上看，出生队列规模变动对队列成员的入学概率有显著影响（见表5-3）。其中"过去"变量没有显著影响，而"未来"变量有显著的负向影响，这表明当某出生队列与未来队列相比规模较小时，其入学概率较高。比较两个变量的影响力（回归系数绝对值），"未来"变量的影响力大于"过去"变量，这表明出生队列规模变动的影响在队列规模缩小阶段更显著，对队列成员教育机会的增加更有效。这与我们的研究假设是完全吻合的，出生队列规模稀释了队列成员的教育机会，因此，出生队列规模越大，其队列成员的教育机会越少。但是，由于我们使用的调查数据中只包含了1989~2015年6~24岁的被调查者，这些被调查者出生在1965~2009年，这个区间主要是我国出生人口规模开始下降和计划生育政策逐步开始实施、完善和稳定的阶段，并没有包含从第一次出生高峰到第二次出生高峰的出生队列的情况，也没有涉及我国现行人口政策调整以后的阶段，特别是我国出生人口规模波动最剧烈的阶段，因此，回归结果可能对于出生队列规模激增的人口周期上升阶段的拟合稍弱。

其他控制变量也对队列成员的教育机会存在不同程度的显著影响。其中居住在城市的队列成员比居住在农村的队列成员的入学概率平均高10%；父亲受教育程度的提高也显著提高了子女的入学概率，与父亲的受教育程度为小学及以下相比，父亲受教育程度越高，其子女的入学概率越高，其中对于高中以上受教育程度的父亲，其子女入学概率是父亲为小学及以下受教育程度的子女的6.6倍；父亲的职业对其子女的入学概率也有显著影响,例如父亲从事服务行业比父亲从事农业的子女的入学概率高50%;此外,在总模型中队列成员的性别和家庭收入对其入学概率没有显著影响。

表5-3 出生队列规模对队列成员入学概率的影响

	系数	标准误	发生比
过去	0.140	0.117	1.150
未来	-3.922***	0.122	0.020
性别	-0.036	0.029	0.964
城乡居住地	0.097**	0.035	1.101
父亲受教育程度(初中)	0.854***	0.034	2.348
父亲受教育程度(高中)	1.204***	0.049	3.333
父亲受教育程度(高中以上)	1.884***	0.054	6.578
父亲职业(专业技术人员/管理者)	0.051	0.049	1.052
父亲职业(工人)	0.283***	0.042	1.327
父亲职业(服务业从业者)	0.408***	0.054	1.504
家庭收入	-0.125	0.014	0.883
常数项	4.804***	0.219	121.967

*** $p<0.001$,** $p<0.05$,* $p<0.10$。
资料来源:1989~2015年中国健康与营养调查混合数据。

综合考察各变量的影响力,可以发现,出生队列规模对队列成员入学概率的影响是较为突出的,这一因素是影响队列成员教育机会的重要变量,也是我们在进行教育规划和推进教育发展中不容忽视的重点因素。

2. 出生队列规模变动对队列成员义务教育阶段入学概率的影响

下文将分阶段分析出生队列规模变动对队列成员教育机会的影响。首先,在小学阶段,出生队列规模变动对队列成员的入学概率有显著影响(见表5-4)。"过去"变量系数为负且影响显著,意味着当某出生队列与过去队列相比规模较大时,其队列成员的入学概率较低;而"未来"变量系数为正但影响不显著。数据中1989~2015年6~12岁的队列成员出生在1977~2009年,这些出生队列属于第二次出生低谷到第三次出生高峰然后再向低生育率时期稳定的阶段。我国基础教育阶段最重要的政策——义务教育政策于1986年实施,因此1977~2009年的出生队列中除了最初三个出生队列以外,在进入小学阶段时几乎全部享受到了义务教育政策。但是在政策实施伊始，入学机会尚未得到完全保障，因此在初始阶段，出生队列规模变动并未对队列成员的小学入学机会产生显著的影响，出生队列规模与队列成员的入学概率呈反向变动。随着义务教育制度的逐渐完善，小学阶段的入学机会逐渐增加和得到保障，队列成员的入学概率几乎稳定在90%以上，出生队列规模的缩小对队列成员入学机会的影响较出生队列规模扩大阶段被削弱了很多，因此"未来"变量的影响并不显著。同时，对照前文宏观数据的回归结果，出生队列的绝对规模对队列成员的入学机会仅有较为微弱的影响，两者具有一定的一致性，但也表明出生队列在人口周期中所处的位置比其本身绝对规模的大小更可能影响队列成员的教育机会。

此外，回归结果也表明除了出生队列规模以外，在同一个出生队列中，队列成员在小学阶段的入学机会也受到其父亲职业和家庭收入的影响，它们都显著提高了队列成员小学阶段的入学概率。而其他变量，如性别、城乡居住地、父亲的受教育程度均对小学阶段队列成员的入学概率没有表现出显著影响。这与基础教育所倡导的均等化理念是比较吻合的，义务教育政策的普惠极大地削弱了各种个人和家庭背景对队列成员小学阶段入学机会的影响，在小学阶段较好地实现了入学机会人人平等。

表 5-4 小学阶段入学概率的影响因素回归

	系数	标准误	发生比
过去	-2.383***	0.380	0.092
未来	0.323	0.517	1.381
性别	0.079	0.085	1.083
城乡居住地	0.173	0.114	1.190
父亲受教育程度（初中）	0.103	0.098	1.109
父亲受教育程度（高中）	0.190	0.131	1.209
父亲受教育程度（高中以上）	0.147	0.355	1.259
父亲职业（专业技术人员/管理者）	0.161	0.168	1.174
父亲职业（工人）	0.234*	0.134	1.263
父亲职业（服务业从业者）	-0.258*	0.147	0.773
家庭收入	0.359***	0.045	1.432
常数项	1.398**	0.629	4.047

*** $p<0.001$，** $p<0.05$，* $p<0.10$。

资料来源：1989~2015 年中国健康与营养调查混合数据。

在初中阶段，出生队列规模变动对队列成员入学概率同样具有显著的影响，但其影响与小学阶段是反向的（见表5-5）。其中"过去"变量显示出显著的正向影响，而"未来"变量则显示出显著的负向影响。这表明，当某出生队列与过去队列相比规模较大时，其队列成员的初中入学概率较高；而当某出生队列与未来队列相比规模较小时，其队列成员的初中入学概率较高。综合而言，处于队列规模扩大阶段的出生队列成员的入学概率随队列规模的扩大而上升，处于队列规模缩小阶段的出生队列成员的入学概率随队列规模的缩小而上升。这一结果的出现是出生队列规模和教育事业自身发展共同作用的结果。一方面，我国教育事业的发展推动了初中入学概率的持续上升，无论出生队列规模如何变动，随着时间的推移，整体的入学机会也保持增加态势；另一方面，调查数据中包含的初中阶段的出生队列出生在1974~2003年，这些出生队列的规模在经历了第三次出生高峰的急剧扩大后持续缩小并企稳，出生队列规模的缩小有效地缓解了出生队列规模变动造成的教育资源挤压。这一效应也突出反映在代表出生队列相对规模的两个变量的差异上，"未来"变量回归系数的绝对值大于"过去"变量，这表明在出生队列规模的缩小阶段，在教育事业自身发展的基础上，出生队列规模的缩小进一步促进了队列成员受教育机会的增加。

表5-5 初中阶段入学概率的影响因素回归

	系数	标准误	发生比
过去	0.916 **	0.366	2.500
未来	-1.882 ***	0.384	0.152
性别	0.309 **	0.090	1.363
城乡居住地	0.487 ***	0.134	1.628
父亲受教育程度（初中）	0.577 ***	0.104	1.780
父亲受教育程度（高中）	1.016 ***	0.185	2.761
父亲受教育程度（高中以上）	1.118 **	0.491	3.059
父亲职业（专业技术人员/管理者）	0.801 ***	0.193	2.228
父亲职业（工人）	0.490 ***	0.140	1.633
父亲职业（服务业从业者）	1.002 ***	0.222	2.724

续表

	系数	标准误	发生比
家庭收入	0.146**	0.046	1.158
常数项	1.039*	0.579	2.826

*** $p<0.001$, ** $p<0.05$, * $p<0.10$。

资料来源：1989~2015年中国健康与营养调查混合数据。

此外，在初中阶段，其他控制变量也对队列成员入学概率有显著影响。在同一出生队列内，男性队列成员的入学概率是女性的1.4倍；居住在城市的队列成员比居住在农村的队列成员的入学概率高63%；父亲的受教育程度和职业类型也显著提升了其子女的入学概率，父亲的受教育程度和职业层级越高，其子女的入学概率越高；而家庭收入也对队列成员的入学概率有显著的正向影响，家庭收入每增加1%，队列成员的初中入学概率上升16%。初中阶段个人特征和家庭背景变量较小学阶段有更明显的影响力，这表明初中阶段的教育机会整体上仍然比小学阶段稀缺，因而更容易受到社会阶层分层的影响而产生机会差异。

从小学和初中阶段的分析结果可以发现，虽然这两个阶段同属义务教育阶段，但出生队列规模变动对队列成员入学机会的影响存在差异，尤其是义务教育政策的实施更凸显了两者的差异。在义务教育政策实施以前，小学阶段的入学机会也存在一定的竞争性，因此出现了出生队列规模与入学机会呈负相关的现象，这一效应随着义务教育政策的实施而弱化甚至消失。而初中阶段，出生队列规模变动对队列成员入学机会的影响更为显著和持续，特别是出生队列规模的缩小在促进队列成员教育机会的增加方面仍然发挥着作用，且尚未出现削弱和消失的迹象。本书认为这种差异的形成是因为小学教育的普及程度一直好于初中教育，尤其是义务教育政策优先保障在小学阶段普及义务教育，因而极大提升了小学入学机会的公平性和可及性；而初中阶段在义务教育政策实施以前，教育机会本就少于小学阶段，在政策实施以后，虽然教育机会也大幅增加，但是与小学相比，其充足程度仍显不足。因此，出生队列规模变动的影响在教育大力发展的阶段表现得更为明显，如义务教育政策实施前和实施初期的小学和近年来初中的状况；而在教育发展相对完善、教育机会极大充足的阶段，由于入学竞争几近消失，出生队列规模变动的效应也日益弱化，如近年来小学的状况。所以随着义务教育制度的不断推广和普及,出生队列规模变动对义务教育阶段入学机会的影响将逐渐弱化甚至消失。

3. 出生队列规模变动对非义务教育阶段入学概率的影响

由于非义务教育阶段教育机会的充足程度远远不及义务教育阶段,因此在高中和大学阶段,出生队列规模变动对队列成员教育机会的影响将有别于义务教育阶段。高中阶段,出生队列规模变动对队列成员入学概率存在显著影响(见表5-6)。其中"过去"变量的影响不显著但系数为负,"未来"变量具有显著的负向影响。这意味着当某出生队列与未来队列相比规模较小时,其队列成员的入学概率较高,即出生队列规模变动对队列成员高中阶段入学概率的影响在队列规模的缩小阶段更为显著;在出生队列规模的扩大阶段,出生队列规模变动对队列成员高中入学机会的影响在我们的数据中没有显现出来。我们数据中1989~2015年15~18岁的出生队列成员出生在1971~2000年,这些出生队列的规模经历了始于20世纪70年代计划生育政策实施以来的队列规模骤然缩小、第三次出生高峰期间的队列规模急剧扩大以及之后再次出现的持续队列规模缩小,因此数据中涉及的出生队列规模变动的周期主要是两次出生队列规模的缩小阶段,所以削弱了模型对于出生队列规模扩大阶段的解释力。这也从另一个角度说明,出生队列规模变动对队列成员高中阶段入学概率的效应在队列规模缩小阶段更显著。

表5-6 高中阶段入学概率的影响因素回归

	系数	标准误	发生比
过去	-0.180	0.244	0.835
未来	-1.842***	0.226	0.159
性别	0.153**	0.059	1.165
城乡居住地	0.439***	0.073	1.551
父亲受教育程度(初中)	0.572***	0.068	1.771
父亲受教育程度(高中)	0.955***	0.101	2.599
父亲受教育程度(高中以上)	1.878**	0.273	6.539
父亲职业(专业技术人员/管理者)	0.802***	0.098	2.230
父亲职业(工人)	0.544***	0.083	1.723
父亲职业(服务业从业者)	0.780***	0.115	2.181

续表

	系数	标准误	发生比
家庭收入	0.095**	0.032	1.099
常数项	0.668	0.450	1.950

*** $p<0.001$，** $p<0.05$，* $p<0.10$。
资料来源：1989~2015年中国健康与营养调查混合数据。

此外，其他控制变量也对高中阶段队列成员的入学概率存在显著影响。其中，在同一个出生队列中，男性队列成员在高中阶段的入学概率仍然显著高于女性队列成员17%；城市队列成员的高中入学概率是农村队列成员的1.6倍；父亲的受教育程度和职业层次对其子女在高中阶段的入学概率也有十分显著的提升效应，特别是具有高中以上受教育程度的父亲可以使其子女的高中入学概率提高5.5倍；家庭收入也对队列成员的高中入学概率有显著影响，但对队列成员高中入学概率的提升幅度不及父亲的受教育程度和职业大。

大学阶段，出生队列规模变动对队列成员入学概率的影响与高中阶段存在一定差异（见表5-7）。"过去"和"未来"变量皆对队列成员大学阶段的入学概率存在显著的负向影响，这表明，无论是与过去队列还是与未来队列相比，出生队列规模越小，其队列成员的大学入学概率越高。这一效应在出生队列规模扩大和缩小的阶段共同存在，大学阶段入学概率对出生队列规模的变动较为敏感。数据中所涉及的大学阶段的出生队列包括1965~1997年出生的队列，这些出生队列涵盖了第二次出生高峰后半期、第二次出生低谷和第三次出生高峰，相当于一个相对完整的人口周期，因此能够较好地刻画出生队列规模在人口周期不同阶段的效应。同时，代表出生队列规模的两个变量系数皆为负，与前文义务教育阶段有明显不同，这表明在教育资源相对稀缺的非义务教育阶段，出生队列规模较小带来的教育机会优势更加凸显。此外，在其他控制变量中，城乡居住地、父亲的受教育程度和职业层次对队列成员大学入学概率的提升效应依然十分显著，而队列成员的性别和家庭收入对其大学入学概率没有显著影响。

表 5-7 大学阶段入学概率的影响因素回归

	系数	标准误	发生比
过去	-0.790**	0.278	0.453
未来	-0.706**	0.270	0.493
性别	-0.020	0.068	0.980
城乡居住地	0.298***	0.073	1.348
父亲受教育程度（初中）	0.634***	0.082	1.885
父亲受教育程度（高中）	1.021***	0.102	2.777
父亲受教育程度（高中以上）	1.551***	0.159	4.716
父亲职业（专业技术人员/管理者）	0.613***	0.097	1.846
父亲职业（工人）	0.444***	0.095	1.560
父亲职业（服务业从业者）	0.486***	0.119	1.626
家庭收入	0.045	0.032	1.046
常数项	-1.408**	0.541	0.245

*** $p < 0.001$，** $p < 0.05$，* $p < 0.10$。
资料来源：1989~2015 年中国健康与营养调查混合数据。

在非义务教育阶段，无论是高中阶段还是大学阶段，入学机会都属于相对稀缺的资源。截至 2015 年，高中阶段的毛入学率已达到 87%，高等教育的毛入学率超过 40%，而同时期小学和初中阶段的毛入学率已经达到 100%，[①] 虽然非义务教育阶段的毛入学率也不断提高，但与义务教育阶段相比仍然显得较低，特别是高等教育阶段。因此，第二次出生高峰之后随着出生队列规模的大幅缩小，虽然非义务教育阶段教育机会相对较少，教育资源相对稀缺，但出生队列规模的缩小有效地增加了队列成员的入学机会。此外，第三次出生高峰时出生的队列成员，恰逢教育事业自身大力发展，从而抵消了出生队列规模变动对其教育机会的效应，使队列成员的入学机会没有因为其队列规模的扩大而出现明显减少。结合义务教育阶段的分析结果，可以认为，在非义务教育阶段的教育机会足够充足之前，即在该阶段教育事业发展不够成熟和完善之前，出生队列规模变动对队列成员入学机会的影响将始终存在，但是这种影响可能随着教育事业的进一步发

---

① 数据来源：《2016 年基础教育发展调查报告》，http://www.eol.cn/html/jijiao/report/2016/pc/content.html#121，最后访问日期：2020 年 1 月 5 日。

展逐渐减弱。只有当非义务教育阶段的教育机会发展到如同义务教育阶段那样足够多时，出生队列规模变动对队列成员教育机会的影响才可能完全消失。

第四节 出生队列规模变动对教育机会的净效应

本节将在前文模型分析的基础上，进一步运用人口模拟的方法分析出生队列规模变动对队列成员教育机会的净效应。对于这一净效应的分析包含了对6~24岁队列成员整体教育机会状况的模拟，也包括划分为小学、初中、高中、大学四个阶段队列成员入学概率状况的模拟。

具体的模拟方法是，首先运用前文的回归模型保留出生队列、性别和城乡居住地变量为原值，并将模型中其余变量取均值，以此计算样本中每个个案入学概率的实际值，然后计算每个出生队列入学概率实际值的平均值，从而获得该出生队列入学概率的"实际值"；随后，在"实际值"的基础上，将代表出生队列规模的两个变量都赋值为1（表示出生队列规模保持不变），其余变量的取值与计算"实际值"时一致，以此计算每个个案入学概率的模拟值，然后计算每个出生队列入学概率模拟值的平均值，从而获得该出生队列入学概率的"模拟值"。

一 整体教育机会模拟

对6~24岁队列成员的入学概率模拟显示，如果没有出生队列规模的影响，队列成员的入学概率将维持在65%左右（见图5-23）。分阶段来看，1965~1976年出生队列（除个别出生队列外）入学概率的实际值小于模拟值，两者差异的最大值出现在1973年出生队列，达到27%。1965~1976年出生队列绝大部分出生于第二次出生高峰的峰值以后，是数据所包含的出生队列中队列规模相对较大的一组队列，因此，出现了入学概率被出生队列规模拉低的现象。之后的1977~1986年出生队列入学概率的实际值大于模拟值，两者的差距在4~13个百分点。这一组队列出生在第二次出生低谷和第三次出生高峰初期，第二次出生低谷时期出生队列规模的缩小有效地提高了队列成员入学概率的实际值，伴随着第三次出生高峰初期出生队列规模的扩大，这种拉高效应的幅度迅速减小。1987~2002年出生队列入学概率的实际值再次低于模拟值，这一批队列出生在第三次出生高峰，因此，队列规模相对较大，入学概率被出生队列规模拉低，但拉低的幅度较前一次出生高峰有明显的收窄趋势；数据中最后一组出生队列（2003～2009年）的队列成员入学概率的实际值与模拟值几乎相等。这一组出生于稳定低生育率时期的队列，随着出生队列规模变动相对趋稳，其对队列成员入学概率的影响也逐渐弱化，出生队列规模效应逐渐消失。对各级教育整体教育机会的模拟表明，在出生队列规模变动的过程中，出生队列规模的扩大可能拉低队列成员的入学概率，形成教育福利劣势；而出生队列规模的缩小则可能拉高队列成员的入学概率，形成教育福利优势。出生队列规模的效应随着队列规模的扩大和缩小幅度的减小以及教育事业自身的发展出现弱化甚至消失的趋势。

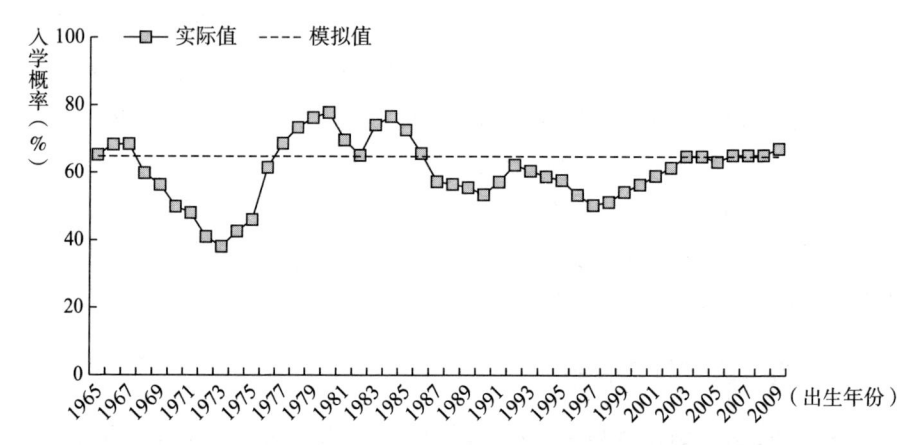

图 5-23　1965～2009 年 6～24 岁队列成员入学概率实际值与模拟值
资料来源：根据 1989～2015 年中国健康与营养调查混合数据计算。

二　分教育阶段的教育机会模拟

图 5-24 显示了对小学阶段入学概率的模拟结果，实际值和模拟值的差异可以直观地显示出生队列规模变动对小学阶段队列成员入学概率的净效应。整体上，如果没有出生队列规模的差异，那么小学阶段队列成员的平均入学概率维持在 94% 左右，队列成员的教育机会较为均等。当比较入学概率实际值和模拟值时，可以发现，虽然两者的差异幅度较小，但还是存在较为明显的不一致。其中，1977～1980 年出生队列小学入学概率的实际值略高于模拟值，这批队列出生于第二次出生低谷的最后几年，处于出生

队列规模持续下降的阶段，出生队列规模的缩小拉高了队列成员的小学入学概率。1981~1989年，各出生队列小学入学概率的实际值持续低于模拟值，两者的最大差异在1982年出生队列达到4%。这一组出生队列属于第三次出生高峰，出生队列规模波动扩大，队列规模的扩大拉低了队列成员的小学入学概率。1990~2009年出生队列小学入学概率的实际值再次高于模拟值。这一时期是第三次出生高峰后期及其后的稳定低生育率时期，是出生队列规模持续缩小的阶段，出生队列规模的缩小再次表现出对队列成员小学入学概率的拉高作用。然而这种差异也同时呈现不断缩小的态势，到最后几组出生队列，小学入学概率的实际值和模拟值的差异几乎消失。因此，通过模拟我们可以更直观地观测到出生队列规模变动对队列成员小学入学概率的净效应。出生队列规模的扩大拉低了队列成员小学阶段的平均入学概率，也影响了其教育福利水平；而出生队列规模的缩小提高了队列成员的平均入学概率，有助于队列成员教育福利水平的提高。此外，从图5-24中也可以看出，虽然出生于1987年左右的队列处于第三次出生高峰的峰值，但是其队列成员的平均入学概率却并非所有出生队列中最低的。这充分反映了义务教育政策对队列成员教育福利状况的改善作用，表明在适宜的时机实施合理的教育政策有助于队列成员克服甚至改变其教育福利劣势。

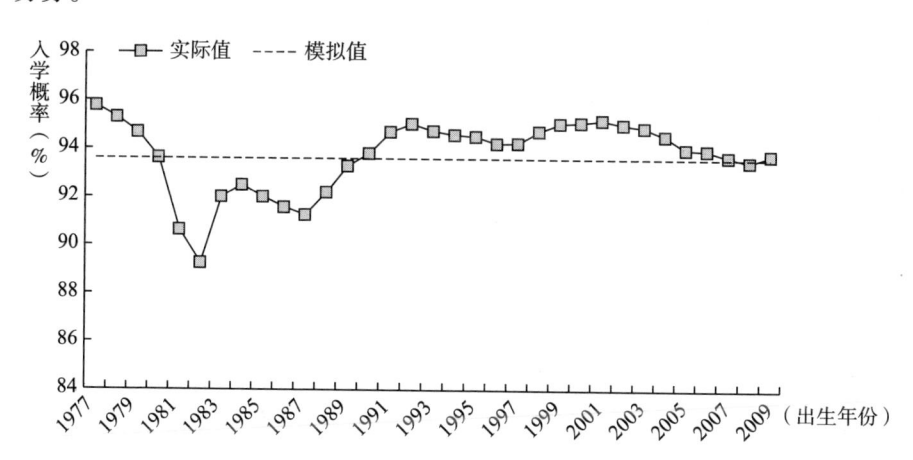

图5-24　1977~2009年6~12岁队列成员小学阶段入学概率的实际值与模拟值

资料来源：根据1989~2015年中国健康与营养调查混合数据计算。

对初中阶段队列成员入学概率的模拟结果也显示，如果没有出生队列规模的影响，初中阶段队列成员的平均入学概率在其个人特征的影响下没有较大差异，几乎维持在92%左右（见图5-25）。初中阶段入学概率实际值与模拟值差异的变化过程与小学阶段不同，并没有像小学阶段那样呈现出生队列规模较大拉低队列成员初中入学概率，而出生队列规模较小拉高队列成员初中入学概率的特征。其中1974～1977年出生队列初中入学概率的实际值低于模拟值，这批处于第二次出生低谷的出生队列没有表现出教育福利优势。1978～1986年出生队列初中入学概率的实际值高于模拟值，在出生队列规模扩大阶段出生的队列成员也没有体现出教育福利劣势。而1987～2003年出生队列初中入学概率的实际值再次低于模拟值。这表明在出生队列规模缩小的阶段，队列规模缩小带来的教育机会优势不一定能够体现出来；而在队列规模扩大的阶段，队列规模较大导致的潜在的教育机会劣势也不一定表现出来。因为出生队列规模对队列成员教育机会的影响，受到教育事业本身发展程度和特定教育政策的影响。第三次出生高峰期间的队列成员之所以没有因队列规模较大而遭遇教育机会劣势，是由于义务教育政策的实施弥补了其潜在的教育机会劣势，从而使其队列成员的教育机会即使没有上升，但也至少没有出现下滑，维持了规模不同出生队列成员之间相对均衡的教育机会。

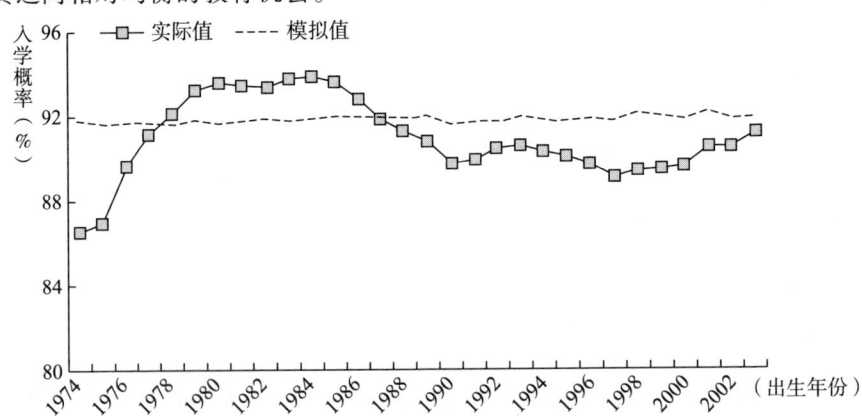

图5-25 1974～2003年12～15岁队列成员初中阶段入学
概率的实际值与模拟值

资料来源：根据1989～2015年中国健康与营养调查混合数据计算。

数据中涉及的高中阶段出生队列介于1971~2000年，这些出生队列包含了第二次出生高峰的末尾、第二次出生低谷、第三次出生高峰和其后的稳定低生育率时期。其中，1971~1976年出生队列高中入学概率的实际值高于模拟值，差值在8~12个百分点，这一阶段是第二次出生高峰的末尾，由于出生队列规模相对较大拉低了队列成员的高中入学概率，在1977年教育发展恢复以前出生的队列，由于教育机会较为稀缺而且不稳定，即使出生队列规模相对较小也没有表现出教育机会优势（见图5-26）。1977~1985年出生队列高中入学概率的实际值高于模拟值，两者差值在出生队列规模相对较小的1979年达到最大值7%，这一批出生队列包含了第二次出生低谷和第三次出生高峰的前半期，可以看到，出生队列规模的缩小拉高了队列成员的高中入学概率，但是其后的出生队列规模扩大也没有再次拉低队列成员的高中入学概率。第三次出生高峰初期的出生队列，其队列成员的高中入学概率同样显示出实际值高于模拟值的特征。1988年之后出生队列的高中入学概率实际值再次低于模拟值，除了最后两个出生队列，这些出生队列都是第三次出生高峰的队列，因队列规模相对较大而拉低了其队列成员的高中入学概率，但是拉低的幅度明显小于前一次出生高峰，这表明出生队列规模的效应呈不断弱化趋势。

图5-26　1971~2000年15~18岁队列成员高中阶段入学概率的实际值与模拟值

资料来源：根据1989~2015年中国健康与营养调查混合数据计算。

大学阶段队列成员入学概率的实际值与模拟值的相互关系如图5-27所

示。整体上，1965~1975 年出生队列大学入学概率的实际值低于模拟值，这些出生在第二次出生高峰的队列，因队列规模相对较大而拉低了其队列成员的大学入学概率。1976~1980 年出生队列由于出生在第二次出生低谷时期，队列成员大学入学概率的实际值明显高于模拟值，出生队列规模的缩小带来了教育福利优势。此后，1981~1991 年（除 1984 年和 1985 年）出生队列大学入学概率的实际值再次低于模拟值。1992~1997 年出生队列大学入学概率的实际值和模拟值的差异逐渐缩小。整体上，大学阶段入学概率和出生队列规模也呈反向变动的关系，规模较大队列成员的大学入学概率被出生队列规模拉低，显现教育福利劣势；而规模较小队列成员的大学入学概率因其出生队列规模偏小而显现教育福利优势。

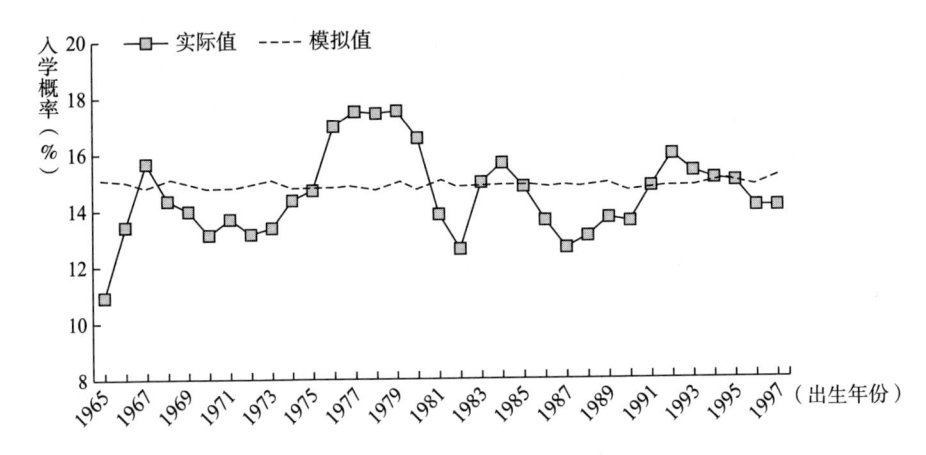

图 5-27　1965~1997 年 18~24 岁队列成员大学阶段入学概率的实际值与模拟值

资料来源：根据 1989~2015 年中国健康与营养调查混合数据计算。

综合四级教育的模拟结果，我们发现出生队列规模变动对队列成员教育机会的效应在各个教育阶段均有体现，出生队列规模较大可能拉低队列成员的入学概率，而出生队列规模较小可能拉高队列成员的入学概率，使整体上队列规模较小的出生队列呈现教育福利的优势。出生队列规模的效应可能受到教育事业发展的影响而出现弱化，教育事业本身的发展可以弥补一部分队列成员潜在的教育机会劣势，伴随着教育事业的发展和出生队列规模的不断缩小，出生队列规模变动引致的教育机会优势将逐渐显现，但当教育机会获得极大的充足后，这种教育机会优势也将随之消失。

小结

本章充分运用国家统计系统的各类教育汇总数据和1989~2015年中国健康与营养调查数据,从队列成员教育机会的角度出发,考察出生队列规模变动对队列成员教育福利的影响。

一 出生队列规模变动与教育机会可及性和公平性的关系

通过对出生队列成员教育机会可及性和公平性的考察,我们发现由于教育发展程度不同,出生队列规模变动对义务教育阶段和非义务教育阶段队列成员的教育机会存在不同的影响。

在义务教育阶段,义务教育政策的实施弱化了出生队列规模对队列成员教育可及性的影响。在义务教育政策实施以前,出生队列规模变动表现出对队列成员的招生规模和升学率存在不同程度的负向影响;而义务教育政策实施以后,出生队列的招生规模、升学率都随队列规模同向变动,出生队列规模变动对队列成员教育可及性的影响逐渐弱化。从教育资源可及性的层面来看,义务教育阶段的物质资源和经济资源也均因出生队列规模的变动而存在一些差异,但这些差异随着出生队列规模的缩小呈现缩小趋势。在教育机会的公平性方面,历史、文化和现代化发展过程中的多种因素所造成的教育机会的性别和城乡差异,也不同程度地存在于规模各异的出生队列中。我们研究发现,义务教育阶段教育公平性的性别和城乡差异略低于非义务教育阶段,出生队列规模的缩小有助于缩小队列成员教育机会的性别和城乡差异,促进不同性别和居住地队列成员教育机会的公平性和教育福利水平的同质性。

在非义务教育阶段,队列成员教育机会可及性的差异在招生规模、升学率以及教育资源可及性方面都有所体现。非义务教育阶段由于教育机会的稀缺性,出生队列规模的波动对队列成员入学机会产生的影响具有明显的阶段性和受到教育政策影响的特征。在早期教育机会过于稀缺和当前教育机会不断增加的背景下,出生队列规模变动对队列成员教育机会可及性的影响均较为微弱,而在这两种情况之间的发展过程中,由于出生队列规模的剧烈波动和教育机会的缓慢增加,出生队列规模表现出对队列成员教育机会可及性的显著影响。但诸如高等教育扩招政策等教育政策的实施，削弱了出生队列规模变动对教育机会的影响。预计随着高等教育入学机会的增加，出生队列规模变动对队列成员在高等教育阶段入学机会的影响可能会呈现先增强后弱化的特征。因此，出生队列规模变动对队列成员教育机会可及性的影响在教育机会和教育资源过于稀缺和极度丰富的情况下较为微弱。但在出生队列规模剧烈波动且教育发展迟缓，或者在出生队列规模不断缩小且教育事业大力发展这两种情境下，出生队列规模变动的影响会较为显著。因而在不同的教育发展阶段，出生队列规模变动对队列成员教育福利的影响也存在阶段性的特征。

二 出生队列规模变动对教育机会的影响

在描述统计的基础上，本章也从宏观和微观两个层面进一步分析了出生队列规模变动对队列成员教育机会的量化影响。结果表明，在宏观层面，除了教育机会较为稀缺的高等教育阶段，出生队列的绝对规模对于小学、初中和高中阶段均表现出显著影响。这表明，出生队列绝对规模的影响更倾向于出现在教育机会相对充足但又不足够充足的教育阶段。随着教育机会充足程度的不断提升，出生队列规模的影响可能会不断弱化。此外，虽然出生队列规模在宏观上对特定教育阶段队列成员的教育机会存在显著影响，但是这种影响的程度是比较微弱的。在宏观层面上，影响队列成员教育机会的主要因素还是教育事业的发展和有针对性的教育政策。

而在微观层面，本章发现出生队列绝对规模对队列成员教育机会的影响小于出生队列相对规模，即出生队列在人口周期中的位置对其队列成员教育福利的影响更为显著。在微观层面从整体和分教育级别两个角度考察队列成员的入学机会。首先，从整体入学概率的角度出发，可以发现，出生队列规模稀释或浓缩了队列成员的教育机会，因此出生队列规模越大，其队列成员的教育机会越少，出生队列规模变动的影响在队列规模缩小阶段更加显著，对其队列成员教育机会的增加更为有效。同时，综合考察各变量对入学概率的影响，可以发现，出生队列规模变动对队列成员入学概率的影响较为突出。这一因素是影响队列成员教育机会的重要变量，也是我们在进行教育规划和推进教育发展中不容忽视的重点因素。随后，从教育分级的角度出发，可以发现，在义务教育阶段，在义务教育政策实施以前，小学的入学机会也存在一定的竞争性，因此，出现了出生队列规模与入学机会呈负相关的现象,这一效应随着义务教育政策的实施而弱化甚至消失。初中阶段,出生队列规模变动对队列成员入学机会的效应更为显著和持续,特别是出生队列规模的缩小在促进队列成员教育机会的增加方面仍然发挥着作用,且尚未出现削弱和消失的迹象。笔者认为,这种差异的形成是因为小学教育的普及程度一直好于初中教育,尤其是义务教育政策优先保障在小学阶段普及义务教育,极大提升了小学入学机会的公平性和可及性。而初中阶段在义务教育政策实施以前,教育机会本就少于小学阶段,在政策实施以后,虽然教育机会也大幅增加,但是与小学相比,其充足程度仍显不足。因此,出生队列规模变动的影响在教育大力发展的阶段表现得较为明显,如义务教育政策实施前和实施初期的小学和近年来的初中;而在教育发展相对成熟和完善、教育机会极大充足阶段,由于入学竞争几近消失,出生队列规模的效应也日益弱化,如近年来的小学。所以,随着义务教育制度的不断推广和普及,出生队列规模对义务教育阶段入学机会的影响将逐渐弱化甚至消失。在非义务教育阶段,相对较少的教育机会和相对稀缺的教育资源,使出生队列规模的大幅缩小有效地增加了队列成员的入学机会,而随后由于教育事业自身发展抵消了出生队列规模变动对队列成员教育机会的效应,使队列成员的入学机会没有因为其队列规模的扩大而出现明显减少。结合义务教育阶段的分析结果,本书认为,在非义务教育阶段的教育机会足够充足之前,即在该阶段教育事业发展不够成熟和完善之前,出生队列规模变动对队列成员的入学机会的影响将始终存在,但是这种影响可能随着教育事业的进一步发展而逐渐削弱。只有当非义务教育阶段的教育机会发展到如同义务教育阶段那样极大丰富时,出生队列规模的变动对队列成员教育机会的影响才有可能完全消失。

三 出生队列规模变动效应的模拟结果

模拟分析的结果也进一步验证了回归模型的结果,出生队列规模变动对队列成员教育机会的净效应在各级教育中均有反映。出生队列规模较大可能拉低队列成员的入学概率,而出生队列规模较小可能拉高队列成员的入学概率,使整体上规模较小的出生队列体现出教育福利优势。出生队列规模的效应可能受到教育事业发展的干扰而出现弱化,教育事业本身的发展可以弥补一部分队列成员潜在教育机会劣势。伴随着教育事业的发展和出生队列规模的缩小,出生队列规模引致的教育机会优势将逐渐显现,当教育机会极大充足以后,这种机会优势也必将逐渐消失。

综合义务教育阶段和非义务教育阶段对队列成员教育机会各方面的分析,本书认为,出生队列规模变动对队列成员教育机会的影响存在阶段性,与教育事业自身的发展阶段相关。在教育事业的起步阶段和完善阶段,出生队列规模的影响较小;而在教育事业的中期发展阶段,出生队列规模对队列成员的教育机会有相对明显的影响。此外,由于每一个出生队列都不是独立存在于人口周期中,队列成员的教育机会不可避免地受到相邻队列的影响。因此,相对于出生队列的绝对规模,出生队列的相对规模对队列成员教育机会的影响更为显著。出生队列在人口周期中的位置是影响其教育机会的一个重要因素。而相对于人口周期上升阶段出生队列规模的扩大,在人口周期下降阶段出生队列规模的缩小,对队列成员教育福利的改善效果比上升阶段对队列成员教育福利的削弱效果明显。这也从一个侧面证明了我国计划生育政策的实施有助于改善我国人口的福利状况。

第六章
教育福利：教育成就

机会的平等并不一定意味着结果的平等，因此我们对于个体教育福利的考察不仅要立足于教育机会层面，也要涵盖教育成就层面。教育成就作为教育福利的结果层面，对于生命历程中的后续福利具有更突出的影响力。立足于终身受教育程度和完成最高学历的年龄，本章将探究出生队列规模变动对队列成员教育成就的影响力及其中的调节效应。

学界对于教育公平的研究，大多强调要从教育的起点、过程和结果三个方面来关注个体在教育历程各阶段的教育公平情况。但受教育机会的日益平等并不一定带来教育成就的平等（高勇，2003），因此，本书对于队列成员教育福利的分析，不仅要从起点——教育机会关注队列成员教育福利的差异，也要探讨出生队列规模的差异是否导致了队列成员教育成就方面的差异。

教育成就公平的核心是"无论学生之间家庭条件、智力水平等先天因素的差距如何，通过教育的过程每个学生都能够获得平等的教育增量"（辛涛等，2010）。因此，教育成就的绝对公平仅限于理论探讨。在现实中，对于教育成就公平的追求只可能达到相对公平的结果。从教育福利的角度考察，如果队列成员获得了相对公平的教育成就，那么就可以认为该队列成员获得了相对均等的教育福利，因此，本章将在前一章从教育机会的角度考察队列成员教育福利状况的基础上，从教育成就的角度进一步考察出生队列规模变动对队列成员教育福利的影响。

关于教育成就的内涵，辛涛、黄宁（2009）指出，教育成就包括教育产出和教育影响两个方面，其中教育产出是指在教育系统中通过教育过程和接收到教育资源后获得的一种直接的结果，而教育影响是指教育的一种间接影响，如教育对职业、收入等方面的影响。本章对教育成就的讨论主要集中在前一个方面，即队列成员接受教育以后产生的直接结果。对于教育成就的测量，最直接的方式是通过标准化的成绩测试来考察各级学生的学业成果，但我国目前除了高考是全国统一进行的考试外，在其他教育层级中尚无标准化的统一考试，因此通过学习成绩来考察队列成员的教育成就不具有可行性。虽然我们无法通过具体的指标来刻画个体的教育成就，但可以通过对某一时期人口整体的教育成就的统计，间接反映队列成员的教育成就。在教育统计系统中，常用的测量教育成就的指标包括教育的巩固率、辍学率和毕业率。具体而言，各指标的计算公式如下：

$$巩固率 = \frac{某级教育的在校学生人数}{该级学生入学时的人数} \times 100\%$$

$$辍学率 = \frac{学年内辍学学生总数}{学年初在校学生总数} \times 100\%$$

$$毕业率 = \frac{某级教育的毕业生人数}{该级教育入学年份的招生人数} \times 100\%$$

其中，巩固率侧重于评价教育系统的保持率和内部效益；辍学率侧重于反映未完成学业学生的状况；而毕业率则是从出生队列的角度考察某个教育队列的成员完成某级教育的结果。从数据的可及性和本书研究侧重点出发，本章将使用各级教育的毕业率来从宏观上考察各出生队列成员的教育成就，即比较某一出生队列在某级教育的毕业率与其出生队列规模大小的关系。

此外，平均受教育程度是反映某一时期某一人口群体受教育程度综合情况的指标，既可以从时期的角度考察总人口的受教育状况，也可以从出生队列的角度考察某一出生队列成员的受教育状况。因此，本章将在对各级教育毕业率分析的基础上，利用2015年中国综合社会调查数据从出生队列的角度考察各出生队列成员的终身受教育程度。同时，本章也将在对队列成员毕业率和平均受教育程度描述统计的基础上，通过回归模型在控制其他相关因素的基础上，分析出生队列规模变动是否影响其队列成员的终身最高受教育程度以及完成最高学历的年龄。

第一节 各出生队列成员教育成就的基本情况

一 各级教育的毕业率受出生队列规模变动影响不大

首先，总体而言小学阶段的毕业率呈波动上升趋势（见图6-1）。1961~2016年小学毕业的出生队列成员出生于1949~2004年，其中，1961~1975年小学毕业的出生队列成员（出生于1949~1963年）的毕业率呈现与出生队列规模近似同向变动的趋势，各出生队列的小学毕业率随着出生队列规模的扩大而上升，缩小而下降。1976~1987年小学毕业的出生队列成员（出生于1964~1975年）的小学毕业率和出生队列规模变动开始呈现短暂的反向变动趋势，即队列成员的小学毕业率随着出生队列规模的扩大而下降，缩小而上升。1988~2002年各出生队列成员（出生于1976~1990年）的小学毕业率再次出现与出生队列规模同向变动的趋势。而自2003年以后，随着初等教育事业的发展逐步成熟，1991年以后出生的队列成员的小学毕业率不再随着出生队列规模的缩小而下降，而是逐步稳定在超过90%的水平上，不同规模出生队列成员的小学毕业状况无差异。因此，可以认为在小学阶段，出生队列规模变动对队列成员教育成就的影响存在阶段性，与教育事业自身的发展程度有一定的相关性。在教育事业发展的初始阶段，队列成员的教育成就没有因为出生时队列规模偏大而受到损害；在初等教育的快速发展阶段，出生队列规模偏大对队列成员的教育成就有一定降低作用；而到了初等教育的完善阶段，队列成员的教育成就再次出现与出生队列规模变动无关的特征。

其次，初中阶段的毕业率也自1964年以来呈现波动上升的趋势（见图6-2）。在1976年以前毕业的队列成员（出生于1961年以前）的初中毕业率呈现与出生队列规模变动无关的态势。随后的1977~1986年，出生于1962~1971年的队列成员的初中毕业率呈现与出生队列规模同向变动的趋势。当1972~1986年出生的队列成员在1987~2001年陆续进入初中阶段以后，其队列成员的初中毕业率开始在80%左右徘徊而未继续上升。直到2002年以后，出生在1987年以后的队列成员进入初中阶段，由于出生队列规模持续缩小，其队列成员的初中毕业率再次出现持续上升，并在接近

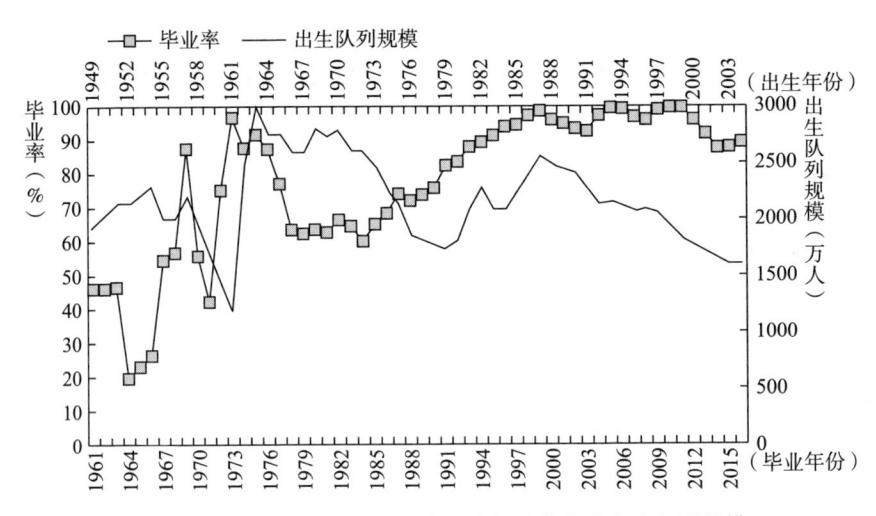

图 6-1 1961~2016 年小学毕业率与对应年份出生队列规模

资料来源：1961~2008 年和 2009~2016 年毕业率数据分别来源于《新中国六十年统计资料汇编》和《2019 年中国统计年鉴》；出生队列规模根据总人口和出生率计算得出，1949~2004 年数据来源于《新中国六十年统计资料汇编》。

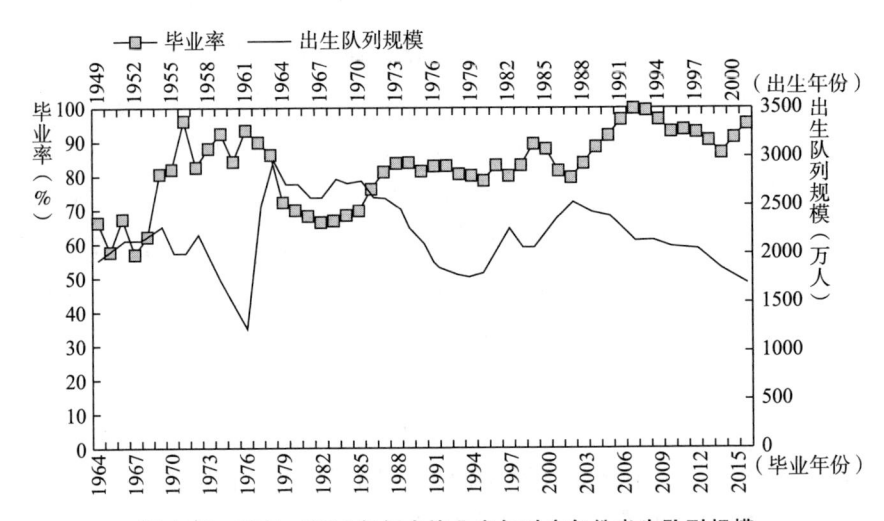

图 6-2 1964~2016 年初中毕业率与对应年份出生队列规模

资料来源：1964~2008 年和 2009~2016 年毕业率数据分别来源于《新中国六十年统计资料汇编》和《2019 年中国统计年鉴》；出生队列规模根据总人口和出生率计算得出，1949~2001 年数据来源于《新中国六十年统计资料汇编》。

95%的水平上稳定下来。从初中阶段队列成员的毕业率和出生队列规模的变动趋势出发，可以看到，出生队列规模变动对队列成员初中毕业率的影响也呈现阶段性特征。在初中教育资源相对匮乏的时期，出生队列规模的变动并不影响队列成员的毕业率；在初中教育的中间发展阶段，同样出现了短暂的出生队列规模与队列成员毕业率反向变动的趋势，规模较小出生队列成员的初中毕业率高于规模较大出生队列的成员；最后在初中教育日益普及的21世纪，出生队列规模的缩小并没有继续扩大队列成员因规模差异而导致的教育成就差异，这是中等教育的大力发展和义务教育在初中阶段的进一步巩固和完善的主要成果，出生队列规模的影响因此不断弱化。

在非义务教育阶段，我们观察到，1975~1980年高中毕业的队列成员（出生于1957~1962年）的高中毕业率与出生队列规模呈现不相关变动趋势。1981~1997年高中毕业的队列成员，出生于1963~1979年，其高中毕业率与出生队列规模呈反向变动关系，规模较大出生队列成员的高中毕业率较低。出生于1980~1987年的队列成员，在1998~2005年从高中毕业，他们的高中毕业率与出生队列规模呈同向变动趋势。但整体上，这一组出生队列成员的高中毕业率水平低于之前第二次出生低谷时期的出生队列成员。而第三次出生高峰过后的出生队列（1988年以后出生），其队列成员的高中毕业率开始出现了上升势头，并在96%的水平上稳定下来，但同期的出生队列规模却持续缩小并趋稳（见图6-3）。以上分析结果表明，出生队列规模的缩小有助于队列成员高中阶段教育成就的获得，但出生队列规模变动在高中阶段并未造成队列成员教育成就的显著差异，这是因为出生队列规模变动的影响主要体现在对队列成员教育机会的影响，虽然进入高中的教育机会会受到出生队列规模的影响，但真正进入了该级教育后，绝大部分学生都可以顺利毕业，因而出生队列规模变动对队列成员高中阶段教育成就的影响较不明显。

在高等教育阶段，由于早期的教育统计数据中并未区分本科和专科的招生人数和毕业人数，而且本科和专科学制不同，同一年份的毕业人数对于本科和专科而言对应的是不同出生队列，直接用未分类的数据计算普通高等教育的毕业率存在偏差，也无法将某一年份的毕业生人数与相应的出生队列的规模相对应。因此，在考察各出生队列在高等教育阶段的教育成就时，只能通过比较本科毕业生人数与对应年份出生队列规模，来近似反映高等教育阶段出生队列规模变动与队列成员教育成就的关系。由于数据可及性的限制，本书仅能回溯到1994年。自1994年以来，本科毕业生人数

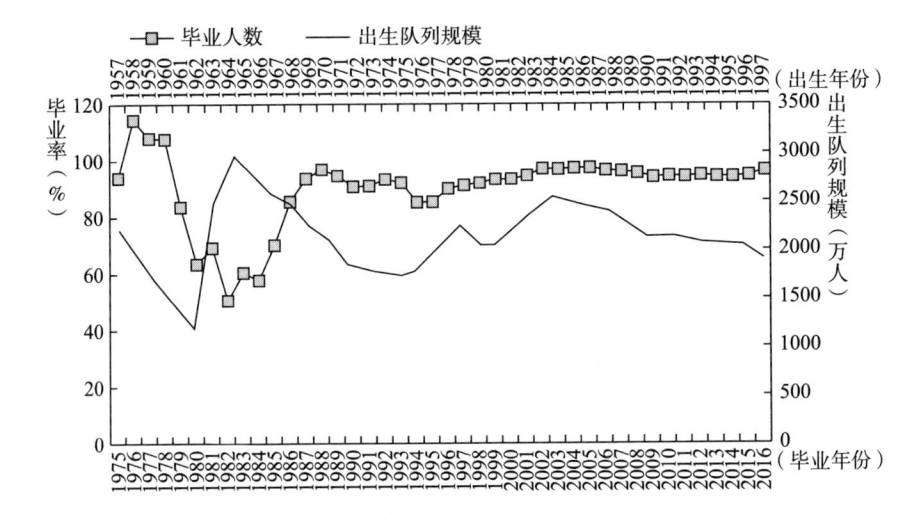

图 6-3 1975~2016 年高中毕业率与对应年份出生队列规模

说明：由于 1968~1974 年毕业率数据的波动极为异常，因此，图中删除了这一阶段的数据。

资料来源：1975~2008 年和 2009~2016 年毕业率数据分别来源于《新中国六十年统计资料汇编》和《2019 年中国统计年鉴》；出生队列规模根据总人口和出生率计算得出，1957~1998 年数据来源于《新中国六十年统计资料汇编》。

呈现逐年增加的态势，尤其是 1999 年高等教育扩招政策实施以来，本科毕业生的规模大幅上升。1994 年以来进入高等教育阶段的出生队列成员出生于 1972~1994 年，这些出生队列涵盖了第二次出生低谷和整个第三次出生高峰，是我国出生队列规模急剧缩小而后小幅扩大又再次缩小的阶段（见图 6-4）。因此，从本科毕业人数与对应年份出生队列规模的变化趋势来看，两者没有呈现相关的变动趋势。不同规模的出生队列并没有因其队列规模的差异而产生本科阶段教育成就的差异。由于数据有限，不能因此推论出每个出生队列在高等教育阶段的教育成就完全不受其出生队列规模变动的影响。但是结合高中阶段的分析结果，本书认为在高等教育阶段，基于我国本科教育"严进宽出"的招生和毕业传统，出生队列规模变动对队列成员教育成就的影响主要集中在入学机会阶段，而对最后是否能顺利毕业的结果影响甚微。

整体上，出生队列规模变动对于各级教育的毕业率（或毕业人数）的变动没有十分显著的影响，只是在各级教育发展的某个阶段呈现短暂的阶段性影响。这可能是由于我国特有的"严进宽出"的教育传统，使出生队

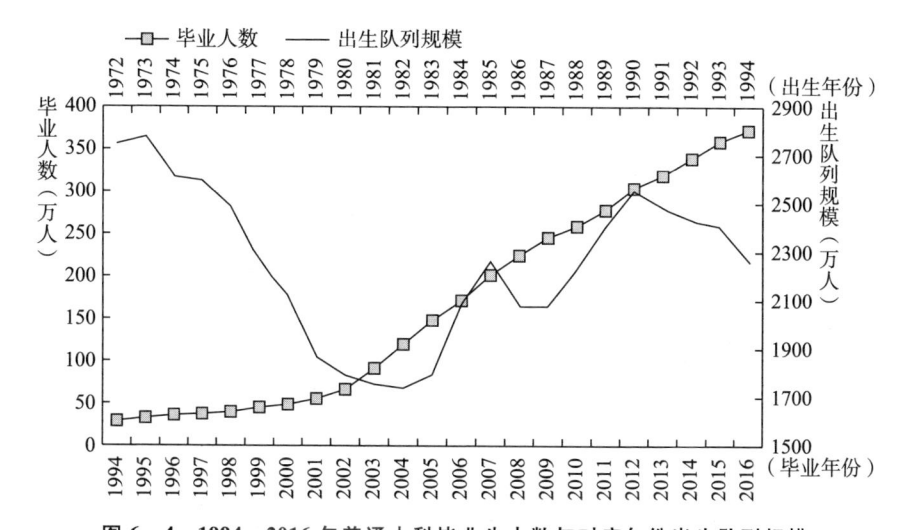

图 6-4　1994~2016 年普通本科毕业生人数与对应年份出生队列规模

资料来源：1994~2016 年毕业人数数据来源于 1995~2017 年《中国统计年鉴》；出生队列规模根据总人口和出生率计算得出，1972~1994 年数据来源于《新中国六十年统计资料汇编》。

列规模变动的影响更多集中于入学节点对教育机会的影响，而在毕业节点对于教育成就的影响相对有限。

二　平均受教育年限随出生队列规模变动呈现周期性波动

由于各级教育的毕业率只能分别反映队列成员在各级教育的阶段性教育成就，我们无法把握出生队列规模对队列成员终身教育成就的整体影响，因此，本节将进一步通过计算各出生队列成员的终身平均受教育年限和完成最高学历的年龄，来综合考察出生队列规模变动对队列成员教育成就的影响。

宏观的教育统计中并没有直接关于平均受教育年限的统计，而且已有研究中对平均受教育年限的测算大多是从时期分析的角度，计算某一时期内全体人口平均的受教育年限，并不是从出生队列的角度考察不同出生年份人口的终身受教育程度。因此，本节将运用 2015 年中国综合社会调查数据，从出生队列的角度计算某一出生队列所有成员的平均终身受教育年限。由于中国综合社会调查数据中有关于被调查者最高受教育程度的统计。结合实际情况，一般情况下，25 岁及以上人口的最高受教育程度基本上就是其终身的最高受教育程度，所以本节将利用这个变量来计算1949~1997年出生的队列成员的平均受教育年限。对于1990年以后的出生队列，其平均受教育年限可能存在不同程度的低估，但并不影响我们对整体趋势的判断。

图6-5显示了各出生队列的平均受教育年限整体上呈现波动上升的趋势。对比出生队列规模变动与队列成员平均受教育年限的关系，可以发现，在第一次出生低谷结束之前（1961年以前），出生队列规模经历了先扩大后缩小的一个完整周期，但队列成员的平均受教育年限始终处于上升的状态，两者没有表现出相关的变动趋势。然后在第二次出生高峰期间（1962~1972年），队列成员的平均受教育年限停止了持续上升的势头，在8年至9年之间徘徊。而在第二次出生高峰后的出生低谷期间（1973~1980年），队列成员的平均受教育年限出现了第二次较为明显的上涨趋势。随后在第三次出生高峰期间（1981~1989年），队列成员的平均受教育年限再次中止了快速上升的势头，在11年至12年之间小幅波动。之后，随着出生队列规模的持续缩小，队列成员的平均受教育年限第三次出现上升势头，但是由于本书的数据对最年轻的几个出生队列的平均受教育年限存在一定程度的低估，所以最新一轮的上升势头有小幅下降。通过在三个人口周期中对出生队列规模和队列成员平均受教育年限变化趋势的比较，可以认为，在同一个人口周期内，规模较小出生队列成员的终身受教育程度高于规模较大出

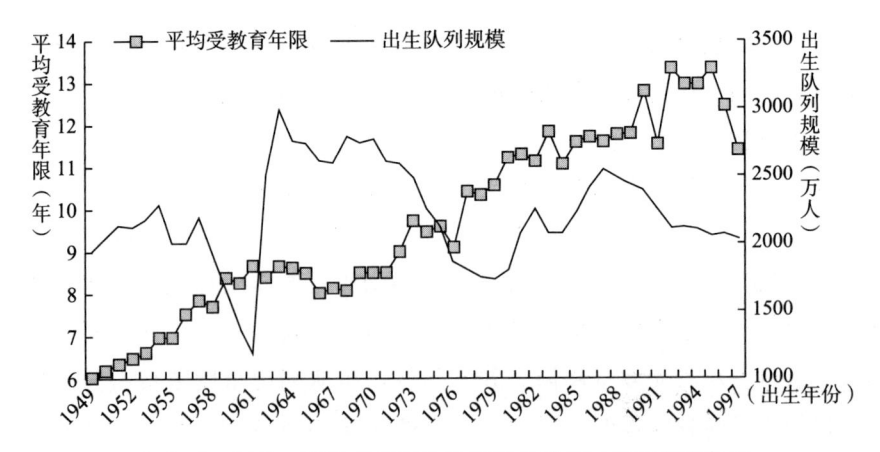

图6-5　1949~1997年各出生队列成员终身平均受教育年限及其对应出生队列规模

资料来源：2015年中国综合社会调查数据。

生队列的成员。同时，出生队列规模的缩小有利于提高队列成员的平均受教育程度，改善队列成员的教育福利状况。出生队列规模是否确实对队列成员的终身受教育程度存在显著影响，还需要通过进一步的模型分析得出结论。

三 完成最高学历的年龄随出生队列规模变动呈现波动上升趋势

在我国，完成最高学历的年龄一般情况下也是进入劳动力市场的年龄。因此，关注队列成员完成最高学历的年龄，可以从一个侧面反映队列成员是否通过调整自身的人口行为来改善自身的福利水平。从整体上看，队列成员完成最高学历的平均年龄在17岁至20岁之间波动上升（见图6-6）。聚焦出生队列规模变动与队列成员完成最高学历的平均年龄之间的关系，可以发现，在1949~1961年，出生队列成员完成最高学历的平均年龄没有表现出与出生队列规模变动有共变关系。从1962年第二次出生高峰开始，两者逐渐呈现阶段性的反向变动关系。第二次出生高峰期间，随着出生队列规模在相对高位变动，队列成员完成最高学历的平均年龄在17岁至18岁的相对低位波动。随后，从20世纪70年代中后期开始，随着出生队列规模的大幅缩小，队列成员完成最高学历的平均年龄随即出现了较为明显的上升趋势，一跃超过了19岁。然后在第三次出生高峰时期，队列成员完成最

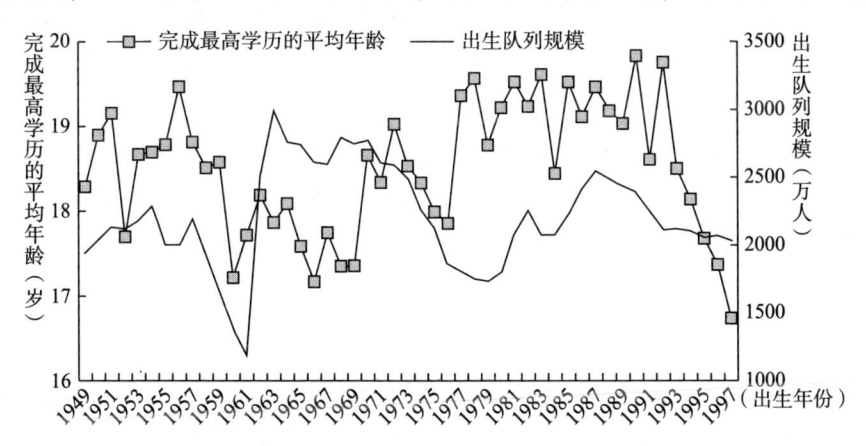

图6-6 1949~1997年各出生队列成员完成最高学历的平均年龄及其对应出生队列规模

资料来源：2015年中国综合社会调查数据。

高学历的平均年龄再次停滞不前，直到1990年以后出生队列规模再次缩小，才又开启了新的上升。总体而言，每当进入一个新的人口周期，伴随着教育事业自身的不断发展，无论出生队列规模扩大还是缩小，其队列成员完成最高学历的平均年龄均比前一个周期有不同程度的上升。

队列成员的平均受教育年限和完成最高学历的平均年龄的变化趋势均表明，出生队列规模变动与队列成员的终身受教育程度存在一定的相关性。在同一个人口周期内，规模较小出生队列成员的受教育程度相对较高，其教育福利也优于规模较大出生队列的成员。然而这种相关性是否存在显著的影响，甚至存在一定的因果关系，需要在下文中利用回归模型进行更深入的分析。

第二节 出生队列规模变动对教育成就的影响

由于宏观教育成就数据的年份跨度有限，直接通过回归模型分析出生队列绝对规模对队列成员教育成就的影响，可能因为样本过小而使结果出现较大程度的偏差。因此，在分析队列成员教育成就的影响因素部分，本书主要使用微观个体数据，运用相关的模型进行分析。

如前文所列，我们可以运用多项指标测量出生队列成员的教育成就，但是从出生队列分析的角度出发，各级教育的阶段性成果对于队列成员教育成就的代表性显然不及终身受教育程度好。同时，也只有最终的教育成就才具有真正的队列可比性。2015年中国综合社会调查数据中包含了对被调查者最高受教育程度的调查数据，而且数据中有93%的被调查者的年龄在2015年已达到25岁及以上，可以认为，这部分被调查者基本都完成了其终身学历教育；而其余7%被调查者的年龄均在18~24岁，其中未完成最高受教育程度的被调查者的比例仅为总样本的2%，可以认为，对回归结果没有本质影响，据此获得了8933个有效样本。

影响个人最高受教育程度的因素较多。基于本书的关注重点是出生队列规模变动的影响，与前文分析出生队列规模变动对教育机会的影响因素类似，由于本书使用的2015年中国综合社会调查数据是微观个体数据，所以仍然以出生队列的相对规模——"过去"和"未来"变量作为测量出生队列规模的代表变量，在控制个人特征变量和家庭背景变量的前提下，考察某出生队列在人口周期中的位置是否对其最高受教育程度存在影响。同时，模型中也包括性别（男性与女性，其中以女性为参照类）、户口类型（非农业户口和农业户口，其中以农业户口为参照类）、所在区域（东部、中部、西部，其中以东部为参照类）这些潜在影响个人终身受教育程度的特征变量。此外，科尔曼等曾在1966年《科尔曼报告：教育机会公平》中指出，家庭社会经济地位是决定学生学业成就最核心的因素（科尔曼等，2019）。而相关研究曾多次证实父母的受教育程度与子女的受教育程度呈正相关（Lloyd and Blanc，1996）。因此，本节也在影响个人最高受教育程度的模型中纳入了几个代表家庭特征的变量：父亲和母亲的最高受教育程度（未上学、小学、初中、高中及以上，其中以未上学为参照类）。同时，以往研究也显示，父亲的职业对子女的受教育程度有显著影响。因此，在模型中纳入了父母的职业社会经济地位（ISEI）变量。此外，家庭子女数也是影响个人受教育状况的重要因素，其与个人受教育程度呈负相关（杨菊华，2007）。由于本书考察队列成员的终身受教育程度需要使用成年人调查数据，但我国成年人的居住模式决定了被调查者即使与父母同住也不太可能与兄弟姐妹同住，所以调查数据中未涉及被调查者兄弟姐妹数量的数据。但是，为了不遗漏这一重要变量的影响，本书以被调查者的家庭规模这一变量近似反映其家庭人数的多少对其终身受教育程度的影响。除了个人特征和家庭背景变量，各项教育政策，尤其是义务教育政策和高等教育扩招政策这一类较为关键的教育政策也可能对人口的终身教育成就产生影响。但是我们的数据只能回溯到1997年及以前的出生队列，其中只有一部分出生队列成员享受到了义务教育政策和高等教育扩招政策，所以本书对队列成员终身受教育程度影响因素的分析无法纳入教育政策变量并控制它们的潜在影响。

此外，Wachter和Wascher（1984）的研究表明，出生在不同规模出生队列的成员为了追求终身贴现收益（lifetime discounted earnings）的最大化，会调节自身受教育时间的长短和进入劳动力市场的时点，从而影响其完成最高学历的年龄。所以，本书不仅要关注出生队列规模变动对队列成员终身受教育程度的影响，而且将聚焦出生队列规模变动对队列成员获得最高学历的平均年龄的影响，进一步从另一个侧面考察出生队列规模变动对队列成员教育成就的影响。在分析出生队列规模变动对队列成员完成最高受教育程度的平均年龄的影响时，也控制了一些个人特征和家庭背景变量，这些变量与分析出生队列规模变动对队列成员最高受教育程度的影响因素一致。

本节根据因变量的特征采用多元线性回归分析出生队列规模变动是否对队列成员的教育成就存在显著影响（主效应分析），并运用多组回归在对控制变量的参数进行限制的基础上，分析性别因素和城乡因素的调节效应。文中的回归均控制了变量缺失值的影响，并假设缺失值是随机分布的。

一 出生队列规模变动对队列成员最高受教育程度的影响分析

表6-1显示了出生队列规模变动对队列成员教育成就影响的主效应。结果显示，在控制其他相关变量的前提下，"过去"和"未来"变量并不是都对队列成员的最高受教育程度有显著影响。其中"过去"变量的影响不显著且系数绝对值较小（0.08），表明某出生队列与其之前的队列相比，出生队列规模的变动未造成队列成员最高受教育程度的差异。而"未来"变量的影响显著，其回归系数为负（-0.844）且系数绝对值明显大于"过去"变量。这表明出生队列规模变动对队列成员的最高受教育程度存在影响。当某出生队列与未来队列相比规模较大时，该队列成员的最高受教育程度较低，而与未来队列相比规模较小时，队列成员的最高受教育程度较高。队列成员的最高受教育程度更可能受到其后面出生队列规模的影响。与国外相关研究（Falaris and Peters，1992）相比，本书中"过去"变量的系数为负而相关研究为正。这可能是在我国人口第一次出生低谷到第二次出生高峰期间，出生队列规模波动幅度过大，从而影响了测量出生队列规模的变量的解释力。而本书中"未来"变量的系数与相关研究一致为负且显著，证实了出生队列规模的影响在不同的情境下具有一定的稳定性。但是，本书中"过去"和"未来"变量的取值比相关研究结果偏小，这表明在我国，出生队列规模的效应无法与城乡差异和父母受教育程度等对个人教育成就具有决定性影响的因素相比。我国的计划生育政策使出生人口的波动并未在一个自然的情境下进行，因此可能削弱了出生队列规模变动对队列成员最高受教育程度的影响。

此外，模型中控制的个人特征变量和家庭背景变量也与以往相关研究的结论一致，对队列成员的最高受教育程度存在显著影响。从个人特征来看，性别差异和城乡二元结构均对队列成员的最高受教育程度存在显著影响。在同一出生队列中，男性的最高受教育年限平均比女性多1年，而非农业户口队列成员的最高受教育年限比农业户口的队列成员高出 2.2 年。居住在中部和西部的队列成员，其最高受教育年限比东部的队列成员分别低 0.40 年和 0.85 年。从家庭背景来看，父母的受教育程度越高，队列成员的最高受教育程度也越高，尤其是受教育程度在高中及以上程度的父母能对其子女的教育成就有显著的提高作用。父亲受教育程度达到高中及以上程度的队列成员，其最高受教育年限比父亲未上过学的队列成员高约 2.35 年；母亲受教育程度的影响也类似，母亲受教育程度达到高中及以上程度的队列成员，其最高受教育年限比母亲未上过学的队列成员高约 2.43 年。父亲和母亲的职业社会经济地位也对队列成员的最高受教育程度有显著的提升效应，但影响比父母的受教育程度小。此外，家庭规模与队列成员教育成就呈负相关，也从另一个侧面支持了资源稀释假说，但这一变量的影响较为微弱（回归系数绝对值较小）。

表 6-1 出生队列规模对队列成员最高受教育程度影响的主效应模型

	系数	标准误
过去	-0.080	0.149
未来	-0.844***	0.229
性别	1.064***	0.074
户口类型	2.233***	0.090
中部	-0.399***	0.089
西部	-0.845***	0.100
父亲受教育程度（小学）	1.405***	0.105
父亲受教育程度（初中）	2.269***	0.127
父亲受教育程度（高中及以上）	2.352***	0.163
母亲受教育程度（小学）	1.298***	0.108
母亲受教育程度（初中）	1.943***	0.142
母亲受教育程度（高中及以上）	2.430***	0.203
父亲 ISEI 得分	0.007**	0.003
母亲 ISEI 得分	0.024***	0.005
家庭成员数	-0.099***	0.025
常数项	7.142***	0.315

*** $p<0.001$，** $p<0.05$，* $p<0.10$。

资料来源：2015 年中国综合社会调查数据。

表6-2显示了检验性别因素调节效应的结果。结果显示，出生队列规模变动的影响确实受到性别因素的调节，出生队列规模变动对同一出生队列中的男性和女性队列成员存在不同程度的影响。一方面，"过去"和"未来"变量对男性和女性的最高受教育程度的影响都显著，其中男性的"过去"变量的系数为0.363，这表明在男性队列成员中，当某出生队列与过去队列相比规模较大时，其队列成员的最高受教育程度较高；男性的"未来"变量系数为-0.786，这表明在男性队列成员中，当某出生队列与未来队列相比规模较大时，其队列成员的最高受教育程度较低。也就是说，在人口变动的不同周期，出生队列规模变动对队列中男性成员的影响是不同的，在出生队列规模的扩大阶段，出生队列规模变动与男性队列成员的教育成就呈正相关；而在出生队列规模的缩小阶段，出生队列规模与男性队列成员的教育成就呈负相关。女性的"过去"和"未来"变量的系数均为负，这表明在女性队列成员中，无论是与过去队列还是与未来队列相比，只要某出生队列的规模相对较大，其女性队列成员的最高受教育程度就相对较低，与女性所属队列所处的人口周期阶段没有关系。另一方面，"过去"和"未来"变量对男女两性的教育成就有不同程度的影响，整体上，女性队列成员的回归系数绝对值均比男性队列成员大，充分反映了出生队列规模效应对女性具有更大的影响。当出生队列规模缩小时，女性队列成员最高受教育程度的提高幅度将大于男性队列成员。同时，通过不同组别系数守恒检验，从统计上也可以验证出，出生队列规模变动对男性和女性的教育成就产生的不同效应是显著的。因传统文化导致的性别差异对出生队列规模变动的调节效应在理论上和统计上都是成立的。性别因素调节效应的出现可能是在教育资源量既定的前提下，由于传统的重男轻女观念，男性往往比女性更有可能享受到教育资源，而女性只有在两种情形下可能改变自身的教育成就弱势地位。一是在教育资源量既定时出生队列规模缩小，竞争对手减少；二是出生队列规模稳定时，教育资源极大丰富，享受资源的机会增加。无论是哪种情境都需要教育资源量和出生队列规模的相互呼应、协调变化，才有助于改变男性和女性的教育成就差异。此外，其他控制变量的影响与基本模型的回归结果一致，都对男性和女性队列成员有稳定而显著影响。

表 6-2 性别因素对出生队列规模效应的调节

	男性		女性	
	系数	标准误	系数	标准误
过去	0.363**	0.193	-0.507**	0.200
未来	-0.786**	0.262	-0.927***	0.266

	系数	标准误
户口类型	2.213***	0.089
中部	-0.403***	0.088
西部	-0.848***	0.099
父亲受教育程度（小学）	1.377***	0.105
父亲受教育程度（初中）	2.130***	0.126
父亲受教育程度（高中及以上）	2.317***	0.162
母亲受教育程度（小学）	1.267***	0.107
母亲受教育程度（初中）	1.890***	0.142
母亲受教育程度（高中及以上）	2.378***	0.202
父亲 ISEI 得分	0.007**	0.003
母亲 ISEI 得分	0.024***	0.005
家庭成员数	-0.062**	0.025
常数项	7.724***	0.311

*** $p<0.001$，** $p<0.05$，* $p<0.10$。

注：进行多组回归时，可以假设不同组之间的控制变量系数相等，相当于在进一步控制这些变量影响的基础上考察不同组别之间自变量对因变量的影响。然后可以通过系数守恒检验判断这个假设是否成立，如果检验结果不显著，表明假设不成立，则不能在拟合模型时限定控制变量的系数相等。而本研究的系数守恒检验结果表明，应该在进行多组回归时将各控制变量的系数限定为相等，因此，回归结果中两组方程的控制变量系数只有相同的一组取值。

资料来源：2015 年中国综合社会调查数据。

表 6-3 显示了检验城乡差异因素调节效应的结果。回归结果与性别的调节效应类似，显示出除了性别因素以外，出生队列规模变动的效应也受到制度因素影响下的城乡差异的调节，对非农业户口和农业户口队列成员的最高受教育程度存在不同程度的影响。具体而言，"过去"变量对非农业户口和农业户口的队列成员均没有显著影响。"未来"变量只对农业户口队列成员有显著影响，且这一影响的权重几乎是所有因素中最大的，这表明出生队列规模变动对农业户口队列成员最高受教育程度的影响十分巨大。而"未来"变量对非农业户口队列成员没有显著影响，甚至可以说几乎没

有影响，这可能是由于城市教育资源的丰富程度较高，削弱甚至消除了出生队列规模变动的影响。同时，可以发现，在"未来"变量下，农业户口队列成员的出生队列规模效应是非农业户口和队列成员的约9倍，这一差异远远超过了出生队列规模效应的性别差异，表明出生队列规模的城乡效应远大于性别效应。通过不同组别系数守恒检验，可以发现，出生队列规模的城乡效应不仅在理论上成立，而且在统计上也存在显著差异。这一巨大差异源于城乡二元结构下教育资源分配的极度不均衡，而且在同一出生队列中农业人口的比重高于非农业人口，导致资源稀释效应对出生队列中的农业人口产生了更大的影响，扩大了队列中城乡队列成员的教育成就差异。因此，在教育资源量既定的前提下，出生队列规模的缩小将极大地提高农业户口队列成员的最高受教育程度，以此为农业人口提供更多的通过教育向上流动的机会，更有助于促进农业人口教育福利的增加。同样，其他控制变量对非农业户口和农业户口队列成员教育成就的影响仍然是非常显著的。

表6-3 城乡因素对出生队列规模效应的调节

	非农业户口		农业户口	
	系数	标准误	系数	标准误
过去	0.045	0.211	-0.205	0.188
未来	0.183	0.275	-1.687***	0.260
	系数		标准误	
性别	1.038***		0.074	
中部	-0.411***		0.088	
西部	-0.846***		0.100	
父亲受教育程度（小学）	1.400***		0.106	
父亲受教育程度（初中）	2.180***		0.127	
父亲受教育程度（高中及以上）	2.365***		0.161	
母亲受教育程度（小学）	1.281***		0.108	
母亲受教育程度（初中）	1.918***		0.143	
母亲受教育程度（高中及以上）	2.444***		0.200	
父亲ISEI得分	0.007**		0.005	
母亲ISEI得分	0.023***		0.088	

续表

	系数	标准误
家庭成员数	-0.070**	0.026
常数项	8.216***	0.315

*** $p<0.001$, ** $p<0.05$, * $p<0.10$。
资料来源：2015 年中国综合社会调查数据。

综合三组模型的分析结果，可以发现，对出生队列规模变动调节效应的分析并没有削弱出生队列规模变动对队列成员最高受教育程度的影响。主效应模型和两个调节效应模型均表明，出生队列规模变动对队列成员的最高受教育程度具有显著影响，规模较小出生队列成员的最高受教育程度相对较高，而且出生队列规模的缩小对队列成员教育福利水平的提高具有显著的提升作用，特别是有助于提高原本相对弱势群体（如女性和农业人口）的教育成就，缩小群体之间的教育福利差异。

二 出生队列规模变动对队列成员完成最高学历的年龄的影响

一般情况下，人口完成最高学历的年龄与其最高受教育程度呈正相关。而 Falaris 和 Peters 的研究表明，出生队列规模除了影响队列成员的最高学历外，也对队列成员完成最高学历的年龄有影响（Falaris and Peters, 1992）。因此，在前文分析出生队列规模变动对队列成员终身受教育程度影响因素的基础上，下文将进一步考察影响队列成员完成最高学历的年龄的因素。从前文的数据中进一步排除了完成最高受教育程度的年龄在 12 岁以下和 35 岁及以上的被访者，两类被访者的比例分别为 2.65% 和 2.68%，以此排除极端值对回归结果的影响。

表 6-4 显示了出生队列规模变动对队列成员完成最高学历的年龄的主效应。结果表明，在控制其他变量的前提下，出生队列规模变动对队列成员完成最高学历的年龄有显著影响。"过去"和"未来"变量均与队列成员完成最高学历的年龄呈负相关，这表明某出生队列与过去队列或未来队列相比规模较大时，其队列成员完成最高学历的年龄越小、终身受教育程度越低。这一结果与出生队列规模变动对队列成员最高受教育程度的影响一致。同时，其他个人和家庭的背景变量也对队列成员完成最高学历的年龄存在不同程度的显著影响。其中男性队列成员完成最高学历的年龄比女性

队列成员平均高 0.46 岁，这一差异相对较小。非农业户口队列成员完成最高学历的年龄比农业户口队列成员高约 2.03 岁，这一差异较为巨大，相当于同一出生队列内如果农业户口队列成员的最高学历是初中毕业，那么非农业户口队列成员的最高学历是高中毕业。居住在中部地区的队列成员完成最高学历的年龄显著低于东部地区。从家庭背景来看，父亲和母亲的受教育程度也对队列成员完成最高学历的年龄产生了影响，特别是受教育程度较高的父母，对其子女完成最高学历的年龄有显著的提升效应。高中及以上受教育程度的父亲将子女完成最高学历的年龄平均提升了 1.5 年，而高中及以上受教育程度的母亲将子女完成最高学历的年龄平均提升了 1.7 年。母亲的职业社会经济地位也显著提升了其子女完成最高学历的年龄，而父亲的职业社会经济地位对此没有显著影响。此外，家庭规模因素对队列成员完成最高学历的年龄没有显著影响。

表 6-4　出生队列规模对队列成员完成最高学历的年龄的主效应模型

	系数	标准误
过去	-0.392*	0.205
未来	-0.716**	0.315
性别	0.456***	0.097
户口类型	2.025**	0.116
中部	-0.659***	0.114
西部	-0.108	0.136
父亲受教育程度（小学）	0.539**	0.144
父亲受教育程度（初中）	1.155***	0.164
父亲受教育程度（高中及以上）	1.438***	0.202
母亲受教育程度（小学）	0.403**	0.138
母亲受教育程度（初中）	1.006**	0.175
母亲受教育程度（高中及以上）	1.687***	0.240
父亲 ISEI 得分	0.006	0.004
母亲 ISEI 得分	0.012**	0.006
家庭成员数	-0.034	0.035
常数项	16.941***	0.430

*** $p < 0.001$，** $p < 0.05$，* $p < 0.10$。

资料来源：2015 年中国综合社会调查数据。

在我国，完成最高学历的年龄通常也是进入劳动力市场的时点，所以通过对完成最高学历的年龄的影响因素的分析，也可以推断出队列成员进入劳动力市场的大致年龄，以及出生队列规模变动对队列成员进入劳动力市场年龄的影响。因此，根据前文的分析，可以推断出，规模较大出生队列的成员由于接受教育的时间相对较短，因而其进入劳动力市场的年龄也比规模较小出生队列的成员小，他们较早地进入了劳动力市场。这一结论与 Wachter 和 Wascher（1984）的研究结论一致。他们的研究指出，在人口周期峰值队列之前出生的队列成员，为了避免与紧随其后规模更大的出生队列成员直接竞争导致劳动收益下降，会通过缩短终身受教育时间以提前进入劳动力市场；而在人口周期峰值以后出生的队列成员，为了避免与其前面队列峰值时期出生的队列成员在进入劳动力市场时直接竞争，也会通过延长终身受教育时间来延迟进入劳动力市场的时点（Wachter and Wascher，1984）。这是理论上队列成员通过调整自己的受教育年限，改变自己的生命历程节奏，以回避因出生队列规模较大导致的机会劣势的一种模式。实际中，我国的受教育机会尚不能满足全体国民的需要，个人不一定能够按照理想的决策模式调整自身的受教育年限，而其受教育程度的高低可能更多地受到诸如教育政策等宏观因素的影响，所以这种所谓的"理性决策"是否真实存在仍然存疑。

除了关注出生队列规模变动对队列成员完成最高学历的年龄的主效应，本章同样考察了性别和城乡因素对主效应的调节。表6-5是性别因素的调节效应。结果显示，在完成最高学历的年龄这个方面，出生队列规模变动对男性队列成员的显著影响体现在"未来"变量。当某出生队列与未来队列相比规模较大时，其男性队列成员完成最高学历的年龄较低。而出生队列规模变动对女性队列成员的显著影响体现在"过去"变量，当某出生队列与过去队列相比规模较大时，其女性队列成员完成最高学历的年龄较低。其他控制变量的影响与主效应模型一致，除了家庭规模和父亲职业社会经济地位变量的影响不显著外，其他变量均对队列成员完成最高学历的年龄存在不同程度的显著影响。

表6-5 出生队列规模对队列成员完成最高学历的年龄的性别调节效应

	男性		女性	
	系数	标准误	系数	标准误
过去	0.006	0.274	-0.811**	0.270
未来	-0.915**	0.367	-0.538	0.363

	系数	标准误
户口类型	2.015***	0.116
中部	-0.662***	0.114
西部	-0.106	0.136
父亲受教育程度（小学）	0.528***	0.144
父亲受教育程度（初中）	1.150***	0.165
父亲受教育程度（高中及以上）	1.435***	0.202
母亲受教育程度（小学）	0.404**	0.138
母亲受教育程度（初中）	1.022***	0.175
母亲受教育程度（高中及以上）	1.687***	0.240
父亲 ISEI 得分	0.006	0.004
母亲 ISEI 得分	0.013**	0.006
家庭成员数	-0.034	0.035
常数项	17.184***	0.426

*** $p<0.001$，** $p<0.05$，* $p<0.10$。
资料来源：2015年中国综合社会调查数据。

表6-6是城乡因素的调节效应。结果表明，城乡因素对队列成员完成最高学历的年龄的调节效应主要集中于非农业户口队列成员，而对农业户口队列成员没有显著影响。城乡调节效应的结果与主效应模型存在差异，出生队列规模变动在"未来"变量上对非农业户口队列成员完成最高学历的年龄有显著正向的影响，即与未来队列相比，出生队列规模越大，非农业户口队列成员完成最高学历的年龄越高，最高受教育程度越高；但出生队列规模变动的影响在"过去"变量上并不显著。这一影响对农业户口的队列成员并不显著。这一差异的产生可能是非农业户口的队列成员享有相对充裕的教育资源，即使队列成员相对较多也不会影响他们的最高受教育程度，会受到出生队列规模稀释效应的影响。在剥离了教育资源较为稀缺

的农业户口队列成员后,原本与出生队列规模呈负相关的关系也被调节为正相关。此外,其他控制变量的影响仍与主效应模型一致。

表6-6 出生队列规模对队列成员完成最高学历的年龄的城乡调节效应

	非农业户口		农业户口	
	系数	标准误	系数	标准误
过去	0.611	0.416	-0.389	0.295
未来	1.183**	0.516	-0.415	0.434

	系数	标准误
性别	0.689***	0.121
中部	-0.899***	0.142
西部	-0.215	0.166
父亲受教育程度(小学)	0.558**	0.174
父亲受教育程度(初中)	0.926***	0.203
父亲受教育程度(高中及以上)	0.993***	0.253
母亲受教育程度(小学)	0.620***	0.169
母亲受教育程度(初中)	1.114***	0.217
母亲受教育程度(高中及以上)	1.597***	0.301
父亲ISEI得分	0.008*	0.005
母亲ISEI得分	0.022**	0.008
家庭成员数	-0.008	0.041
常数项	16.180***	0.520

*** $p<0.001$,** $p<0.05$,* $p<0.10$。
资料来源:2015年中国综合社会调查数据。

综合三组模型的结果,可以发现,通过分组回归考察的调节效应,并未削弱出生队列规模变动对队列成员完成最高学历的年龄的显著影响。同时,调节效应模型更明确地反映了出生队列规模变动对不同群体在不同阶段或方向上的影响,出生队列规模变动的影响在队列规模的扩大阶段对男性队列成员和非农业户口队列成员更明显,在队列规模缩小阶段对女性队列成员的影响更大,对于农业户口队列成员没有显著影响。

第三节　出生队列规模变动对教育成就的净效应

一　出生队列规模变动对队列成员教育成就净效应的整体模拟

本节的模拟通过利用表6-1和表6-4中的回归系数，计算存在出生队列规模效应的"实际最高受教育年限"和"实际完成最高学历的年龄"，以及除去出生队列规模效应的"模拟最高受教育年限"和"模拟完成最高学历的年龄"，实际值和模拟值的差异可以近似反映出生队列规模的净效应，具体的方法与前文类似。

首先是对队列成员最高受教育年限的模拟。如图6-7所示，在第一个人口周期内，第一次出生高峰期间（1954~1958年），队列成员最高受教育年限的实际值低于模拟值，两者差距在1957年达到0.3年；在随后的出生低谷期间（1959~1961年），队列成员最高受教育年限的实际值明显超过了模拟值；在1963年出生队列规模达到顶峰的时期，队列成员最高受教育程度的实际值比模拟值低0.5年。同样，在第二个人口周期内，第二次出生高峰期间（1962~1973年），队列成员最高受教育年限的实际值再次低于模拟值，并持续到1975年。在随后的第二次出生低谷期间（1976~1981年），队列成员最高受教育年限的实际值再次高于模拟值，但两者的差异已经没有上一个人口周期大。到了第三个人口周期，第三次出生高峰期间（1982~1987年），队列成员最高受教育年限的实际值高于模拟值，但两者的差异呈缩小趋势。在随后的低生育率稳定时期，实际值与模拟值的差异基本消失。因此，在绝大部分情况下，在出生高峰时期，队列成员的最高受教育年限因其出生队列规模相对较大而被拉低，表现为出生队列规模变动带来的教育成就劣势；而在出生低谷时期，队列成员的最高受教育年限因其出生队列规模相对较小而被拉高，表现为出生队列规模变动引致的教育成就优势。然而随着教育事业的发展和出生队列规模的缩小，无论是教育成就优势还是劣势，都呈现逐渐削弱甚至消失的态势。如果教育资源规划的变化趋势仍不与出生队列规模变动相协调，则即使出生队列规模持续缩小、教育事业不断发展，出生队列规模变动对队列成员教育成就的影响也将持续存在。

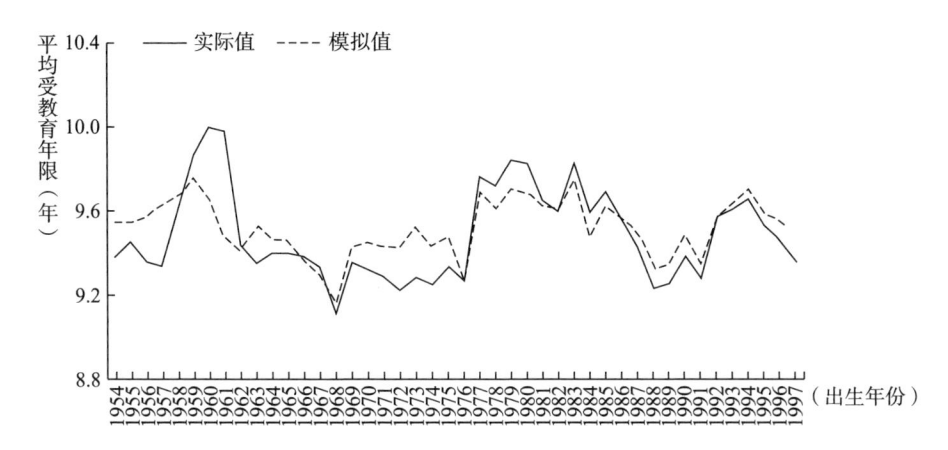

图 6-7 1954~1997 年各出生队列成员最高受教育年限的实际值和模拟值比较
资料来源：2015 年中国综合社会调查数据。

对不同出生队列成员完成最高学历的年龄的模拟与最高受教育年限的模拟结果类似。如图 6-8 所示，1954~1958 年出生队列成员完成最高学历的年龄的实际值小于模拟值，1957 年实际值比模拟值低约 0.28 岁。在之后的 1959~1961 年出生队列规模急剧缩小的时期，队列成员完成最高学历的年龄的实际值大幅高于模拟值，两者的差距在 1961 年达到 0.53 岁，是差距最大的时期。第二次约在出生高峰期间（1962~1975 年），队列成员完成最高学历的年龄的实际值再次明显低于模拟值，1963 年实际值比模拟值小 0.4 岁，实际值低于模拟值的情况一直持续到 1975 年左右，两者的差距在 0.1 岁至 0.2 岁之间波动。第二次出生低谷期间（1976~1981 年），队列成员完成最高学历的年龄的实际值又一次高于模拟值，直到第三次出生高峰开始。在第三次出生高峰，队列成员完成最高学历的年龄的实际值与模拟值的差距逐渐缩小。因此，可以概括出出生队列规模在不同的时期对队列成员完成最高学历的年龄存在拉低或拉高效应。当出生队列规模相对较大时，其队列成员完成最高学历的年龄被出生队列规模的效应拉低；当出生队列规模相对较小时，其队列成员完成最高学历的年龄被出生队列规模的效应拉高。出生队列规模变动造成了队列成员教育成就的相对优势和劣势，但是这种因出生队列规模变动产生的优势和劣势逐步消失。

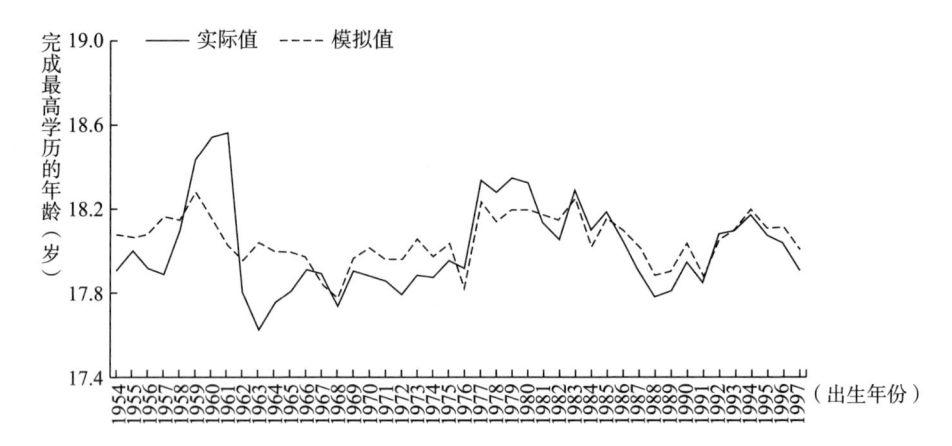

图 6-8　1954~1997 年各出生队列成员完成最高学历的年龄的
实际值和模拟值比较

资料来源：2015 年中国综合社会调查数据。

二　典型位置模拟

本章进行典型位置模拟所使用的数据是 2015 年中国综合社会调查数据，根据前文出生队列规模变动对队列成员终身受教育程度影响的主效应回归结果确定计算的系数。为了获得比较纯粹的出生队列规模效应，除了"过去"和"未来"变量以外，对其余各变量都取均值。典型位置模拟的关键在于"过去"和"未来"变量的取值组合不断变化，而其取值的变化取决于我们人为构建的理想队列在人口周期中所处位置的变化。

本章构建的理想队列在人口周期中的九种位置如表 6-7 所示，其中理想队列以空心圈代表，与理想队列相邻的出生队列以实线代表。第一种位置是理想队列位于人口周期的高峰值，其队列规模比过去队列和未来队列都大；第二种位置是理想队列位于人口周期的谷底值，其队列规模比过去队列和未来队列都小；第三种位置是理想队列位于人口周期均匀上升阶段的中间，其队列规模大于过去队列且小于未来队列；第四种位置是理想队列位于人口周期均匀下降阶段的中间，其队列规模小于过去队列且大于未来队列；第五种位置是理想队列位于人口周期中人口增长开始的起点，是经历了人口零增长后人口开始增长的起点，其队列规模与过去队列相等且小于未来队列；第六种位置是理想队列处于人口周期中人口减少的起点，是经历了人口零增长后人口开始下降的起点，其队列规模与过去队列相等且大于未来队列；第七种位置是理想队列位于人口周期中人口增长结束的终点，是经历了人口增长后人口规模开始进入零增长状态的起点，其队列规模大于过去队列且与未来队列相等；第八种位置是理想队列位于人口周期中人口减少结束的终点，是经历了人口减少后人口规模开始进入零增长状态的起点，其队列规模小于过去队列且与未来队列相等；第九种位置是理想队列位于人口规模不变的人口周期中，即没有出生队列规模变动影响的状态。

基于计算"过去"和"未来"变量需要前后相邻的5组队列，因此每种位置必须至少涉及11组出生队列。如前文所述，我们从2015年中国综合社会调查数据中筛选出了44个出生队列（1954~1997年出生），根据国家统计局公布的每年出生人口数据，计算这些出生队列的平均规模为2230.18万人，这个平均值就是理想队列的出生队列规模。与理想队列相邻的出生队列的规模是在理想队列规模的基础上匀速增减。为了确保临近出生队列规模扩大到最大值时，队列规模不大于实际中1954~1997年出生队列的峰值队列规模（如表6-7中的第一种位置），本书选择1954~1997年出生队列规模的峰值——1963年的出生队列规模（3000万人）为模拟时出生队列规模扩大的最大值。因此，与理想队列相邻的出生队列规模的变化幅度，为峰值队列规模与平均队列规模差值的1/5，即153.96万人，也就是说，各相邻队列的规模差值均是153.96万人。我们以表6-7中的第三种位置为例展示队列相对规模的计算方法（见表6-8）。第三种位置是理想队列位于人口周期中均匀上升的中间，各出生队列规模匀速扩大，其中理想队列的规模是平均队列规模为2230.18万人，其前后队列的规模均以153.96为公差均匀减增，第11个队列的规模达到实际中队列的峰值2999.98万人。在获得11个出生队列规模的基础上，计算出过去和未来变量的取值。其他位置的出生队列规模的取值如表6-7所示。然后根据表6-1的系数和各控制变量的均值计算出各种状态下队列成员的终身受教育年限（见表6-7）。

表 6-7 人口周期中不同位置的出生队列的人口的终身受教育年限

位置分类	图示	出生队列相对规模	模拟值（年）
1. 高峰		过去 = 1.281 未来 = 1.281	9.247
2. 谷底		过去 = 0.834 未来 = 0.834	9.660
3. 均匀上升		过去 = 1.281 未来 = 0.834	9.624
4. 均匀下降		过去 = 0.834 未来 = 1.281	9.283
5. 增长的起点		过去 = 1.000 未来 = 0.834	9.647
6. 下降的起点		过去 = 1.000 未来 = 1.281	9.270
7. 增长的终点		过去 = 1.281 未来 = 1.000	9.484
8. 下降的终点		过去 = 0.834 未来 = 1.000	9.520
9. 固定不变		过去 = 1.000 未来 = 1.000	9.507

注：圆圈代表理想队列在人口周期中的位置，直线代表与理想队列相邻的出生队列的规模变化。
资料来源：作者根据 2015 年中国综合社会调查数据计算。

表 6-8 出生队列相对规模计算示例

	队列规模（万人）	过去	未来
队列 1	1460.38		
队列 2	1614.34		
队列 3	1768.30		
队列 4	1922.26		
队列 5	2076.22		

续表

	队列规模（万人）	过去	未来
理想队列（队列6）	2230.18	1.281	0.834
队列7	2384.14		
队列8	2538.10		
队列9	2692.06		
队列10	2846.02		
队列11	2999.98		

资料来源：作者模拟计算。

比较理想队列位于人口周期中九种位置的终身受教育年限，可以发现，队列成员终身受教育年限的最大值和最小值分别是位于人口周期谷底值和高峰值位置的出生队列，两者相差达到0.41年。就终身受教育年限的角度来看，这个差距并非一个小的差距。从我国人口平均受教育年限的增长趋势来看，这样的差距通常需要8~10年才能追平。而九种位置中，没有出生队列规模影响的状态，即第九种位置的队列成员的终身受教育年限值恰好处于九种位置的中位数，再一次表明出生队列规模变动对队列成员的终身受教育程度存在影响。

具体而言，九种位置的队列成员终身受教育年限大致呈现三个梯队。第一梯队是队列成员终身受教育年限较高的一组位置，包括最大值——位于人口周期谷底位置的出生队列，其次是位于第五种位置——队列规模增长起点的出生队列，随后是位于第三种位置——均匀上升阶段中间点的出生队列，这一组出生队列的平均受教育年限均为9.6~9.7年；第二梯队是队列成员终身受教育年限处于中间水平的三种位置，分别是第八、第九和第七这三种位置，其队列成员的终身受教育年限为9.5年左右；而第三梯队是队列成员终身受教育年限较低的一组位置，包括最小值——位于人口周期的高峰值出生队列，次小值——位于出生队列规模下降起点的出生队列（第六种位置）和均匀下降阶段中间点的队列（第四种位置），它们对应的队列成员终身受教育年限在9.2~9.3年。

综合理想队列在人口周期中各种位置的终身受教育程度，我们得出以下结论：第一，规模较大出生队列成员的终身受教育程度小于规模较小出生队列；第二，在规模相近的前提下，位于人口周期中增长阶段的出生队列比队列规模缩减阶段的出生队列的成员终身受教育程度高（第三种和第四种位置）；第三，面对人口增长的出生队列比面对人口下降的出生队列终身受教育程度高（第五种和第六种位置）；第四，位于人口周期增长起点的出生队列比位于人口周期增长终点的出生队列终身受教育程度高（第五种和第七种位置）。这些结果的出现是队列成员通过调整自身人口行为规避或抵消了其处于人口周期中不利位置负面影响的结果（Falaris and Peters, 1992）。Connelly 的研究表明，出生队列规模与劳动力队列（labor cohort）规模呈正相关，规模较大的出生队列进入劳动力市场时，会造成年轻劳动力的激增，因而拉低了劳动力市场的工资收益，因此，出生队列规模与工资收益呈负相关（Connelly, 1986）。而为了追求终身贴现收益的最大化，如果个人出生在队列规模较大的出生队列中，他会努力让自己摆脱这种困境，力争逃离队列规模较大的劳动力队列（Wachter and Wascher, 1984）。所以，对于因出生队列在人口周期中所处的位置而导致的机会劣势，个人不会被动地接受，而是主动通过调整自身的人口行为，如缩短或延长受教育的年限、提前或延缓进入劳动力市场的时点，来缓和或抵消出生队列规模带给他的不利影响。基于这种所谓"理性"的选择，一方面，出生在人口周期中队列规模扩大阶段的队列成员，会为了避免在进入劳动力市场时，与其后出生的规模较大出生队列相遇，导致劳动收益下降而选择继续接受教育，通过延缓进入劳动力市场并同时增加人力资本积累的方式，转变其因出生队列在人口周期中所处位置不利而导致的机会劣势；另一方面，出生在人口周期队列规模缩小阶段的队列成员，由于未来出生队列的规模处于缩小趋势，因而预期的队列劳动收益处于增长状态，受教育的机会成本不断增加，所以这些队列的成员会选择尽快进入劳动力市场以获得劳动收益。因此，处于人口周期不同阶段的队列成员，基于各自情况进行的"理性"选择，导致位于人口周期不同位置的队列成员的终身受教育程度存在差异。

小结

本章在使用宏观统计数据分析不同规模出生队列成员各级教育毕业率的基础上，使用 2015 年中国综合社会调查数据探究了出生队列规模变动对队列成员教育成就的影响。首先，出生队列规模变动与各级教育的毕业率没有呈现较强的相关性，这可能是因为各级教育的毕业率虽然可以反映队列成员的直接教育成就，但其本质上仍是考察已经进入各级教育的队列成员最后是否能完成该级教育的情况。结合我国的国情，除了义务教育阶段强制入学以外，在非义务教育阶段竞争最强的时点实际是入学节点而非毕业节点，个体只要能够顺利通过升学考试进入相应的教育阶段，辍学和肄业的比例均较低。所以可以认为，在宏观层面上，出生队列规模变动对队列成员毕业情况的影响不显著是因为出生队列规模的影响绝大部分集中在各级教育的入学阶段，而分化了其对毕业阶段的影响。

基于毕业率指标反映的队列成员教育成就均是阶段性的成果，而非队列成员通过完整的正规教育所获得的最终教育成就，或者说是终身教育成就。因此，本章进一步运用队列成员的平均受教育年限来考察出生队列规模变动对队列成员教育成就的影响。通过比较2015年中国综合社会调查数据中1949～1997年出生队列规模及其平均受教育年限的变动情况，发现队列成员的平均受教育年限随出生队列规模的周期性变化而呈现周期性波动上升的趋势，而且在同一个人口周期内，规模较小出生队列成员的终身受教育程度高于规模较大出生队列的成员。此外，本章也通过考察队列成员完成最高学历的年龄发现其与平均受教育年限呈现类似的变化趋势，即在同一个人口周期内，规模较小出生队列的成员完成最高学历的年龄高于规模较大出生队列的成员。队列成员的平均受教育年限和完成最高学历的年龄与对应年份出生队列规模的变动趋势共同表明，出生队列规模的缩小有利于提高队列成员的终身受教育程度，改善队列成员的教育福利状况。

在描述分析的基础上，本章也通过多元线性回归模型和分组模型来分析影响队列成员最高受教育程度及其完成年龄的因素的主效应和调节效应。结果显示，在控制其他个人特征变量和家庭背景变量的前提下，出生队列规模变动对两者都存在显著影响，表现为规模较大出生队列成员的教育成就低于规模较小出生队列的成员，出生队列规模的差异造成了队列成员的教育福利优势或劣势。然而这种影响也受到其他因素的调节，表现为出生队列规模变动对男性和女性、非农业和农业户口队列成员的教育成就存在不同程度的影响，弱势群体的教育成就更可能受到出生队列规模变动的影响，但出生队列规模的缩小有助于改善原本相对弱势群体的教育成就劣势，缩小不同群体之间的教育福利差距。

此外，我们通过模拟分析分解出出生队列规模的净效应，发现出生队列规模变动对队列成员教育成就存在相应的拉高或拉低效应。当出生队列规模较大时，拉低效应出现；而当出生队列规模较小时，拉高效应出现。同时，模拟的结果也表明，在现行生育政策不做大幅调整、出生队列规模持续缩小或不出现大幅波动的前提下，出生队列规模变动对队列成员教育成就的影响将不断减小，但是只要教育资源的变动仍不回应出生队列规模的变动，那么出生队列规模的效应将可能长期存在。

第七章
经济福利：职业与收入

经济福利是一种保障性的人口福利，对于实现和维持其他福利具有十分重要的支持作用。在生命历程中，经济福利有多种表现形式，本书选择了其中较为重要和典型的两个人口事件来考察不同规模出生队列成员的经济福利状况。第一个维度是队列成员的就业状况，第二个维度是队列成员的收入水平。通过考察不同出生队列成员的就业状况和收入水平，我们可以大致勾勒他们的经济福利水平以及出生队列规模对此的潜在影响。

就业是个体生命历程中紧随教育的一个重要人口事件，通常个体在完成终身教育后会选择进入劳动力市场。而参与就业和接受教育类似，也涉及就业的机会和结果两个方面，其中，就业机会主要是指职业获得的过程，而就业结果是劳动者的职业。个体的职业获得过程及其结果无法直接从宏观的汇总数据当中获取，因此，我们需要借助微观的调查数据来考察不同出生队列成员的就业状况。具体而言，本章所使用的中国综合社会调查数据中没有关于被访者职业经历的调查，因此无法从该数据中直接获得关于被访者职业获得过程的数据，而且不同个体的职业获得过程迥异，无法直接进行比较，所以本研究将聚焦对就业结果的考察，从队列成员现有职业状况的角度探究出生队列规模变动可能对其存在的影响。此外，在个体进入劳动力市场并顺利获得某个职业后，这份职业将给他带来相应的收入，其收入水平的高低将极大地影响其自身的经济福利水平。因此，本章在对队列成员职业状况考察的基础上，还要进一步探究不同规模出生队列成员的收入水平。

前文的分析已经表明，出生队列规模变动对队列成员的营养健康、教育机会、教育成就均存在显著影响，而且这种影响可能随个体生命历程的推进而传递到新的阶段，对后续的人口福利产生影响。因此，本章不仅要在控制其他影响因素的前提下，考察出生队列规模变动是否会导致其队列成员在职业状况和收入水平两方面存在差异，而且要在此基础上评估出生队列规模变动的影响是否在生命历程中存在一定的传递性和累积性。

本章仍然使用2015年中国综合社会调查数据作为分析的主要数据，该调查中涵盖了对被访者具体职业和年收入的调查。数据中的职业变量依据国际劳工组织（International Labour Organization）提出的国际标准职业分类（International Standard Classification of Occupation，ISCO）进行了编码，我们将根据ISCO的分类将被访者的职业类型转换为国际标准职业社会经济地位指数（International Socio-economic Index，ISEI）进行相关的计算和分析，以使不同职业之间具有更好的可比性。

在分析方法上，本章仍然以分析出生队列规模变动对队列成员经济福利影响的主效应为基础，并在此基础上关注性别和城乡因素对出生队列规模的主效应是否存在调节效应。在完成回归分析的基础上，还将运用人口模拟的方法观察出生队列规模变动对队列成员经济福利影响的净效应。

第一节　出生队列规模变动对队列成员职业状况的影响

一般情况下，个体在完成教育后会首要考虑就业问题，所以个体可以通过选择接受教育时间的长短来调节自己进入劳动力市场的时间。因此，对于出生队列规模变动对队列成员经济福利影响的考察，首先关注队列成员的职业状况。

在已有研究中，对于宏观人口就业状况的考察，一般通过劳动参与率、就业率、失业率等基本的就业统计指标来进行。然而这些指标的特点在于它们一般是时期指标甚至是时点指标，并不适合我们进行纵向的队列分析，所以本书选择以个体的职业作为其就业状况的直接反映。虽然职业在生命历程中具有多变性和不稳定性的特征，但职业会随着人口年龄的增长逐步趋于稳定，而且该变量更侧重于从微观的角度反映个人的就业结果，更契合我们关注队列成员微观福利的研究视角。然而仅通过职业分类，我们无法实现对某个出生队列所有成员的整体就业状况进行整合和平均,并与其他队列进行比较。因此,本章拟将职业分类转化为 ISEI,使不同出生队列之间的职业状况具有可比性。

ISEI 是美国学者 Ganzeboom、Graaf 和 Teriman 于 1992 年根据 16 个国家的 31 套数据中 73901 个全职在业者,在充分考量职业与收入、教育等因素的关系的基础上,采用国际标准化的职业分类体系,构建的一套关于职业社会经济地位的标准得分(Ganzeboom,Graaf,and Teriman,1992)。该职业标准得分具有较好的代表性和综合性,不仅能反映个人的职业层级,也能在一定程度上反映个人的职业声望,极大地便利了对社会不同阶层职业状况的比较,以及对国别的人口职业发展状况的比较。ISEI 基于国际标准职业分类体系(ISCO),构建了 8 个大类、84 个中类和 217 个小类的职业社会经济地位指数得分,某职业 ISEI 得分越高意味着该职业的社会经济地位越高。ISEI 指数通过给每个职业赋以标准化的职业得分来评价职业的社会经济地位。因此,可以运用这种数量化的结果进行相关的计算,来获得整个出生队列职业状况的平均水平。

一 出生队列规模变动与队列成员 ISEI 得分呈反向变动

图 7-1 展示了 2015 年中国综合社会调查数据中 1949~1997 年各出生队列的 ISEI 平均得分与对应出生队列规模的关系。整体上,各出生队列的 ISEI 平均得分呈现波动上升的态势,表明我国人口的职业社会经济地位总体上处于不断提升的状态。同时,各出生队列的 ISEI 得分也呈现与出生队列规模几乎反向变动的趋势。在第一次出生高峰的出生队列中,ISEI 得分随着出生队列规模的波动增长出现先下降后小幅上升的变化过程,ISEI 平均得分从 28 分下降到 26.9 分又上升为 31 分。随后,伴随着出生队列规模的大幅缩小,队列成员的 ISEI 平均得分出现了第一次比较明显的上升,1961 年出生队列规模的最小值对应了 ISEI 得分在 1970 年以前的最高值 36.6 分。在之后的第二次出生高峰(1962~1973 年)的出生队列中,队列规模的急剧扩大使队列成员的 ISEI 得分在 31~35 分徘徊,没有出现比较明显的增长。在 1974 年第二次出生低谷开始之后出生的出生队列中,出生队列规模的缩小带来了队列成员 ISEI 得分再次开启上升势头,并从 1977 年的出生队列开始,队列成员的 ISEI 得分开始超过 40 分。1981 年,出生队列的 ISEI

得分到达相对高峰值44分以后，第三次出生高峰出生的各队列成员的ISEI得分再次呈现停滞不升的状态。因此，可以认为，出生队列规模变动与队列成员的职业社会经济地位呈现一种反向变动的关系，规模较大出生队列成员的职业社会经济地位比规模较小出生队列成员的低，出生队列规模的缩小有利于队列成员职业社会经济地位的提高。与前文出生队列规模变动对队列成员教育成就的分析结果相结合，可以得出，出生队列规模缩小时期，队列成员受教育程度的提高有利于提高队列成员的职业层次，也间接提高了队列成员的社会阶层和社会地位。然而，队列成员的职业社会经济地位是否确实因出生队列规模变动而存在显著差异，还需要我们进一步通过回归模型进行验证。

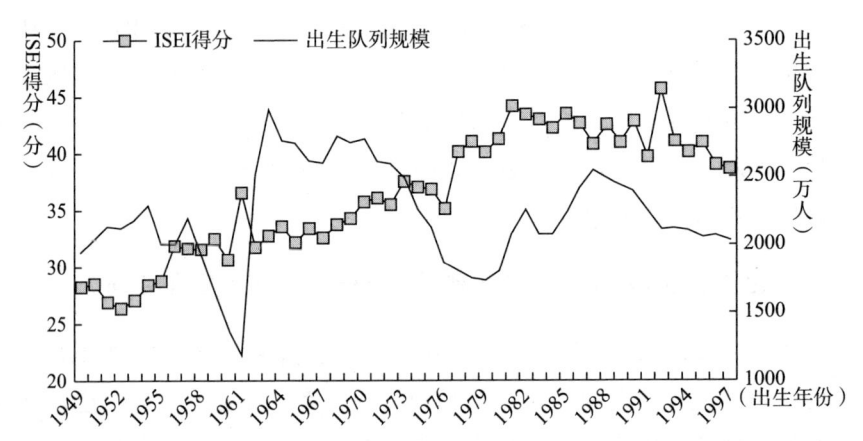

图7-1　1949~1997年各出生队列成员的ISEI得分及对应年份出生队列规模

资料来源：ISEI得分根据2015年中国综合社会调查数据计算；出生队列规模根据总人口和出生率计算得出，1949~1997年数据来源于《新中国六十年统计资料汇编》。

二　出生队列规模变动对队列成员职业状况的影响

在描述出生队列规模变动与队列成员ISEI值变动情况的基础上，本节还将通过回归模型考察出生队列规模变动对队列成员职业社会经济地位的影响。模型的因变量是每个队列成员的ISEI值，而首先纳入模型的自变量是出生队列的相对规模，该变量的计算方法与前文一致，包括"过去"和"未来"两个变量。此外，要探究出生队列规模变动对队列成员的职业经济地位是否存在显著影响，必须控制其他相关的影响因素。基于职业是社会分层的一个重要标识，职业的社会经济地位是社会分层研究的重要分支，以往诸多研究都涉及影响人们职业类型、层次或者声望的因素。Ganzeboom 等在构建 ISEI 得分时指出，个体的收入、受教育程度、年龄是影响职业状况的几个重要因素（Ganzeboom, Graaf, and Teriman, 1992）。李春玲认为在当前中国社会，决定人们声望地位的主要因素是教育、收入、权力、就业单位性质，以及是否从事受歧视职业（李春玲，2005）。陈恢忠指出，个人职业地位的获得，受到先赋因素和自致因素两个方面的影响，以自致因素为主、先赋因素为辅，其中先赋因素包括父亲的受教育水平、行政职务、月收入水平和职业；自致因素包括个人的文化程度、政治面貌、工作经验和努力程度四个方面（陈恢忠，2005）。因此，本章的分析模型所控制的变量也包括自致因素和先赋因素两个方面，其中自致因素包括个体的性别（男性和女性，其中以女性为参照类）、户口类型（非农业户口和农业户口，其中以农业户口为参照类）、最高受教育程度、完成最高学历的年龄①、年收入和初婚年龄，而先赋因素包括父亲的受教育程度（包括未上学、小学、初中、高中及以上，其中以未上学为参照类）、父亲和母亲的职业（以 ISEI 得分来反映）和家庭规模（家庭成员数）。

1. 出生队列规模变动对队列成员职业状况影响的主效应

表 7-1 是出生队列规模变动对队列成员职业社会经济地位影响的主效应，结果显示，在控制其他变量的前提下，出生队列规模变动并非都对队列成员的职业社会经济地位存在显著影响。其中，"过去"变量有显著的负向影响，而"未来"变量的影响不显著。这表明当某出生队列与过去队列相比规模较大时，其队列成员的职业社会经济地位较低；而当某出生队列与未来队列相比时，出生队列规模变动对其队列成员的职业社会经济地位没有影响。这一结果的出现是因为，在社会就业资源有限而且职业层级越高越具有稀缺性的前提下，出生队列规模越大，进入就业市场的劳动力规模越大，竞争越激烈，就会有更多的队列成员被挤出到相对较低层次的职业中，导致了其职业社会经济地位的相对劣势。结合前文对教育福利的分析，出生队列规模越大，队列成员的终身受教育程度越低。这种教育福利劣势也会随着生命历程的推进传递到就业阶段，从而导致队列成员的职业

---

① 由于数据中不包含个人的初职年龄，所以用完成最高学历的年龄近似替代。

社会经济地位也相对较低，进而引致了其经济福利劣势。同时，队列成员在进入劳动力市场时，其职业状况主要受到存量劳动力的影响，也就是，过去出生队列及其规模的影响，对潜在的劳动力增量，即未来出生队列及其规模的影响不敏感，因此"未来"变量对队列成员的职业社会经济地位没有产生显著的影响。

此外，本节所控制的自致因素和先赋因素也对队列成员的职业社会经济地位存在不同程度的显著影响。在自致因素方面，男性的职业社会经济地位平均低于女性2.4分，这一结果的出现是职业性别隔离导致的。职业性别隔离导致女性集中在以女性占多数的职业类别中，如教师和医护人员等，这些职业的ISEI得分相对较高；男性在产运工人这类职业中较多，而这类职业的ISEI得分相对较低。因此，职业性别隔离是造成出生队列中女性成员的职业社会经济地位较男性高的主要原因。非农业户口队列成员的职业社会经济地位显著高于农业户口的队列成员，这是农业户口的队列成员大多集中于农业和相关职业的结果。队列成员的最高受教育程度对其职业社会地位有显著的提升效应，受教育年限每增加一年，队列成员的ISEI得分上升1.1分；同样，完成最高学历的年龄也对队列成员的ISEI得分有显著但较为微弱的提升效应，其影响力不及最高受教育程度。队列成员的年收入也能够显著提升其职业社会经济地位，年收入每增长1%，队列成员的ISEI得分可以增加2分。而队列成员的初婚年龄也能提升其职业社会经济地位，初婚年龄越大、结婚越迟，职业社会经济地位越高。在先赋因素方面，父亲和母亲的职业社会经济地位对子女的职业社会经济地位有显著的促进作用；同样，父亲的受教育程度也存在类似的效应，父亲的受教育程度越高，其子女的职业社会经济地位也越高，特别是高中及以上受教育程度的父亲，其子女的职业社会经济地位平均比未读过书的父亲的子女平均高出2.6分。家庭规模对队列成员的职业社会经济地位有负向影响，家庭规模越大，其成员的职业社会经济地位越低，这是家庭资源被家庭规模稀释而导致家庭成员福利受损的直接体现。

综合自变量和各控制变量的影响力，我们发现户口类型、性别、父亲的受教育程度和个人的年收入是对队列成员职业社会经济地位影响较大的四个变量，而出生队列规模的影响力居中，也对队列成员的社会经济地位存在不可忽视的影响。

表7-1 出生队列规模变动对队列成员职业社会经济地位影响的主效应

	系数	标准误
过去	-1.075*	0.629
未来	0.446	1.003
性别	-2.373***	0.332
户口类型	4.364***	0.411
最高受教育程度	1.105***	0.067
完成最高学历的年龄	0.296***	0.044
年收入	2.060***	0.178
初婚年龄	0.173***	0.050
家庭成员数	-0.239**	0.106
父亲的ISEI得分	0.041**	0.013
母亲的ISEI得分	0.059**	0.020
父亲受教育程度（小学）	0.164	0.408
父亲受教育程度（初中）	1.196**	0.471
父亲受教育程度（高中及以上）	2.610***	0.627
常数项	-4.918**	2.337

*** $p<0.001$，** $p<0.05$，* $p<0.10$。
资料来源：2015年中国综合社会调查数据。

2. 出生队列规模变动对队列成员职业状况影响的调节效应

在验证了出生队列规模变动对队列成员职业状况存在显著影响的基础上，下文将进一步考察出生队列规模的这一效应是否也会受到性别和城乡因素的调节。表7-2是检验性别调节效应的结果。结果显示，出生队列规模变动对男性和女性队列成员的职业状况存在不同程度和阶段的影响。其中男性队列成员的职业社会经济地位主要受到"未来"变量的影响。这表明在男性队列成员中，当某出生队列与未来队列相比规模较大时，其队列成员的职业社会经济地位相对较低。女性队列成员的职业社会经济地位主要受到"过去"变量的影响。也就是说，在女性队列成员中，当某出生队列与过去队列相比规模较大时，其队列成员的职业社会经济地位较低。由此可见，队列成员的性别确实对队列成员的职业社会经济地位存在显著的调节效应。男性队列成员的职业社会经济地位在出生队列规模的缩小阶段更可能受到出生队列规模变动的影响，而女性队列成员的职业社会经济地位在出生队列规模的扩大阶段更可能受到出生队列规模变动的影响。这表明在队列规模扩大阶段，出生队列规模的挤压效应主要集中在女性队列成员身上，而缓解了男性队列成员内部的压力。在队列规模的缩小阶段，由于出生队列规模对男女性队列成员职业社会经济地位的影响整体上弱化，可能加剧了单一性别内部的压力，使其对男性队列成员内部的影响凸显。此外，通过不同组别系数守恒检验，从统计上也验证出，出生队列规模变动对男性和女性的职业社会经济地位产生的不同效应是显著的。其他控制变量的影响与主效应模型一致，并未受到调节效应的影响。

表 7-2 出生队列规模变动对队列成员职业社会经济地位影响的性别调节效应

	男性		女性	
	系数	标准误	系数	标准误
过去	-0.662	0.844	-1.642 **	0.815
未来	-2.016 *	1.160	1.154	1.132
	系数		标准误	
户口类型	4.261 ***		0.408	
最高受教育程度	1.077 ***		0.067	
完成最高学历的年龄	0.299 ***		0.044	
年收入	2.026 ***		0.176	
初婚年龄	0.174 ***		0.049	
家庭成员数	-0.212 **		0.105	
父亲的 ISEI 得分	0.037 **		0.013	
母亲的 ISEI 得分	0.067 **		0.049	
父亲受教育程度（小学）	0.143		0.405	
父亲受教育程度（初中）	1.261 **		0.468	
父亲受教育程度（高中及以上）	2.706 ***		0.623	
常数项	-5.617 **		2.350	

*** $p<0.001$，** $p<0.05$，* $p<0.10$。
资料来源：2015 年中国综合社会调查数据。

城乡因素对出生队列规模效应的调节整体上没有性别效应明显（见表 7-3）。出生队列规模变动对农业户口队列成员的职业社会经济地位没有显著影响，而只有"未来"变量对非农业户口队列成员的职业社会经济地位存在显著影响。在非农业户口队列成员中,当某出生队列规模与未来队列相比较大时,其队列成员的职业社会经济地位较高。这是因为农业户口队列成员大多从事职业层次相对较低的职业类别,而且农业类别的职业存在相对不易饱和以及竞争较小的特征,因此,在这一群体内部,职业的同质性较高且竞争很小,所以并不会因为出生队列规模的波动而对其职业社会经济地位产生显著影响。出生队列规模变动对非农业户口队列成员职业社会经济地位的影响可能受到其他因素的干扰,特别是本书运用了截面调查数据构造的假定队列,可能使队列效应中掺杂了年龄效应,而且在出生队列规模的缩小阶段呈现越年轻的出生队列成员的职业社会经济地位相对越低的态势,使调节效应模型的结果与总效应模型存在一定差异。此外,通过不同组别系数守恒检验,从统计上也验证出,出生队列规模变动对农业户口和非农业户口队列成员的职业社会经济地位产生的不同效应是阶段性显著的,在"未来"变量上显著而在"过去"变量上不显著。其他控制变量的影响与主效应模型一致,并未受到调节效应影响。

表 7-3 出生队列规模变动对队列成员职业社会经济地位影响的城乡调节效应

	非农业户口		农业户口	
	系数	标准误	系数	标准误
过去	-0.408	1.145	-1.029	0.644
未来	2.404*	1.372	-1.327	0.995
	系数		标准误	
性别	-2.643***		0.316	
最高受教育程度	0.887***		0.064	
完成最高学历的年龄	0.350***		0.047	
年收入	2.172***		0.163	
家庭成员数	-0.307**		0.097	
初婚年龄	0.167***		0.047	
父亲的 ISEI 得分	0.042**		0.012	
母亲的 ISEI 得分	0.079***		0.020	
父亲受教育程度(小学)	0.170		0.377	
父亲受教育程度(初中)	1.152**		0.448	

续表

	系数	标准误
父亲受教育程度（高中及以上）	2.775 ***	0.624
常数项	-4.045 *	2.234

*** $p<0.001$，** $p<0.05$，* $p<0.10$。

资料来源：2015 年中国综合社会调查数据。

综合三组模型的结果，本节验证了出生队列规模变动对队列成员的职业社会经济地位存在影响。当某出生队列规模与过去队列相比较大时，其队列成员的职业社会经济地位较低，队列成员的职业社会经济地位更容易受到存量竞争者的影响。此外，出生队列规模的这一效应受到性别因素的调节，使出生队列规模在不同阶段对男性和女性队列成员存在影响；但是城乡因素对出生队列规模主效应的调节不完全显著，只存在阶段性的调节效应。

第二节　出生队列规模变动对队列成员收入水平的影响

从理论上讲，"婴儿潮"一代进入劳动力市场时引入了大批年轻劳动力，因而对其相对收入、就业率和职业升迁造成了显著的负面影响。然而 Easterlin、Schaeffer 和 Macunovich 通过对"婴儿潮"一代及其父母一代的福利比较，发现"婴儿潮"一代的福利水平并不低于其父代（Easterlin, Schaeffer, and Macunovich, 1993）。同时，他们也发现，"婴儿潮"队列成员通过调整其生命历程中的人口行为，如长期维持单身、生育更少的孩子、组成非婚伴侣以及让母亲也工作等，使其经济福利水平不仅没有低于反而高于之前的队列成员（Easterlin, Macdonald, and Macunovich, 1990）。因此，在检验了出生队列规模变动对队列成员的职业状况存在显著影响的基础上，下文将进一步分析出生队列规模变动是否也影响了与职业状况紧密相关的队列成员的收入水平，即队列成员的平均收入水平是否因其出生队列规模的差异而存在明显的差异。

一 出生队列规模变动与队列成员的收入水平变化没有显著的共变趋势

运用2015年中国综合社会调查数据的平均年收入水平考察出生队列规模与队列成员平均年收入水平的变动关系,可以发现,除了1990年以来(调查时点25岁及以下)的8组出生队列,因为进入就业领域的年龄较小且占比较低(绝大部分90后还处于受教育阶段),平均收入水平逐年下降外,其他出生队列的收入基本上呈现不断上升的趋势(见图7-2)。整体而言,出生队列规模变动与队列成员平均收入的变化没有表现出较为明显的共同变化趋势,仅表现为在出生队列规模缩小的阶段,收入水平的上涨幅度较出生队列规模扩大阶段明显。那么队列成员的平均收入水平是否并未受到出生队列规模变动的影响,还需要通过回归模型进行检验。

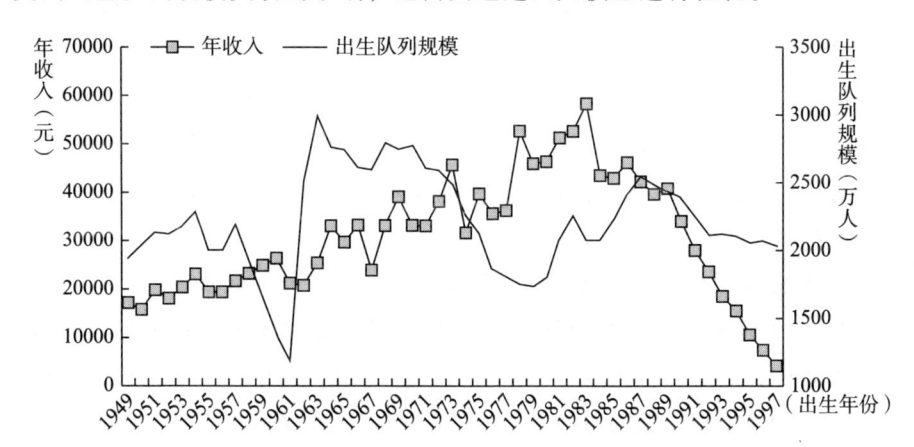

图7-2 1949~1997年各出生队列成员平均年收入及对应年份出生队列规模

资料来源:平均年收入根据2015年中国综合社会调查数据计算;出生队列规模根据总人口和出生率计算得出,1949~1997年数据来源于《新中国六十年统计资料汇编》。

二 出生队列规模变动对队列成员收入水平的影响

关于出生队列规模变动对队列成员平均收入水平的影响,国外相关研究已有所涉及。伊斯特林等研究指出,由于队列成员会根据自身状况调整相关的人口行为,其出生队列规模对收入水平的影响受到了调节,影响不再显著(Easterlin, Macdonald, and Macunovich, 1990)。而Jeon和Berger

研究发现，在各种受教育程度的队列成员中，处于人口周期上升阶段的队列成员的收入水平高于处于下降阶段的队列成员（Jeon and Berger，1996）。因此，本节将运用前文界定的出生队列相对规模，来考察出生队列规模变动是否对我国的各出生队列成员的收入水平存在显著影响。此外，相关研究还涉及影响个体收入的其他重要因素，如性别，女性在社会资本上欠缺是导致收入差异的重要原因（程诚等，2015）；再如受教育程度，我国个人收入和受教育程度呈正相关，受教育程度是影响中国人收入的最重要因素（梁瑞嘉、梁毅，2018）；还有研究发现，城乡收入差距是中国社会经济发展中存在的最突出矛盾之一（武小龙、刘祖云，2014）；还有因为职业隔离的存在而导致的同工不同酬的结果（吴晓刚、张卓妮，2014）。所以本节根据这些相关研究，在回归模型中纳入了一些控制变量，包括队列成员的基本个人特征：性别（男性和女性，其中以女性为参照类）、户口类型（非农业户口和农业户口，其中以农业户口为参照类）、所在区域（东部、中部、西部，其中以东部为参照类）、最高受教育程度、完成最高学历的年龄和职业社会经济地位。此外，与大部分对收入的研究一致，本节对样本中所有个体收入取自然对数，将自变量变动对因变量绝对量的影响转变为对因变量相对量的影响。

1. 出生队列规模变动对队列成员收入水平影响的主效应

表7-4显示了出生队列规模变动对队列成员收入水平影响的主效应。回归结果显示，出生队列规模变动对队列成员的收入水平存在显著影响。其中，"过去"变量对队列成员的收入水平没有显著影响，而"未来"变量存在显著的负向影响。这表明当某出生队列与未来队列相比规模较大时，其队列成员的平均收入水平较低。一方面，出生队列规模较大加剧了队列成员的就业竞争，影响了队列成员的收入水平；另一方面，出生队列规模较大也降低了队列成员的职业层次，结合前文对队列成员职业社会经济地位的分析结果，出生队列规模与队列成员的社会经济地位是反向变动的关系。由于队列成员的职业状况与收入水平高度相关，因此，这一反向变动关系也传递到出生队列规模与队列成员收入水平之间的关系，使两者也呈现反向变动关系。但是回归的显著性水平和回归系数都反映出，出生队列规模变动对队列成员收入水平的影响虽然显著但影响相对较小，这不仅回应了前文描述统计的结果，而且表明从队列成员职业状况传递到收入水平

的出生队列规模效应出现了弱化，出生队列规模效应主要作用于队列成员的职业状况。不过，基于出生队列规模仍对队列成员的收入水平存在影响，出生队列规模的缩小仍然有利于队列成员提高收入水平和改善经济福利状况。

此外，其他控制变量也对队列成员的收入水平存在不同程度的显著影响，其中男性队列成员的年收入比女性高约38.9%；非农业户口队列成员的年收入比农业户口队列成员高20.6%；中部和西部地区队列成员的收入比东部地区分别低33.3%和55.5%；最高受教育年限每增加一年，队列成员的收入水平增长5.0%；同样，完成最高学历的年龄每增加一岁，队列成员的收入水平增长1.1%；而职业社会经济地位得分每增加一分，队列成员的收入水平提高1.5%。综合考察各变量的权重，可以发现，出生队列规模变动对队列成员收入的影响仅次于性别、户口类型和居住地，是被以往研究所忽视的重要变量。

表7-4 出生队列规模变动对队列成员收入影响的主效应

	系数	标准误
过去	-0.033	0.048
未来	-0.125*	0.074
性别	0.389***	0.024
户口类型	0.206***	0.030
中部	-0.333***	0.029
西部	-0.555***	0.032
最高受教育程度	0.050***	0.005
完成最高学历的年龄	0.011**	0.004
ISEI得分	0.015***	0.001
常数项	8.868***	0.102

*** $p<0.001$，** $p<0.05$，* $p<0.10$。
资料来源：2015年中国综合社会调查数据。

2. 出生队列规模变动对队列成员收入水平影响的调节效应

在考察出生队列规模变动对队列成员收入水平影响的主效应基础上，进一步检验性别和城乡因素是否调节出生队列规模的效应。分组回归的结果显示，出生队列规模变动对男性和女性存在不同程度的显著影响（见表7-5）。其中，"过去"变量对男性队列成员的收入水平具有显著的正向影响。这表明在男性队列成员中，当某出生队列与过去队列相比规模较大时，其收入水平相对较高；而"未来"变量对男性队列成员的收入水平没有显著影响。出生队列规模变动对女性队列成员收入水平的影响与男性相比略有差异，"过去"和"未来"变量都对女性队列成员的收入水平存在显著的负向影响。这意味着在女性队列成员中，无论其所在出生队列处于队列规模的扩大阶段还是缩小阶段，当某出生队列规模相对较大时，其女性队列成员的收入水平都相对较低。出生队列规模对男性和女性队列成员产生的不同影响充分说明，女性队列成员的收入水平更容易受到出生队列规模变动的影响，因为在就业职位数量相对有限的前提下，出生队列规模偏大产生的挤压效应会优先作用于女性，特别是受教育程度较低或职业层次相对较低的女性，然后才可能传导到同一层次的男性，之后再向更高层次的女性和男性传导。因此，出生队列规模的缩小对于女性经济福利状况的改善效果会优于男性队列成员。同时，通过不同组别系数守恒检验，从统计上也验证出，出生队列规模变动对男性和女性的收入水平产生的不同效应是显著的。此外，其他控制变量对队列成员收入水平的影响与主效应模型一致，没有受到检验调节效应的影响。

表7-5 出生队列规模变动对队列成员收入影响的性别调节效应

	男性		女性	
	系数	标准误	系数	标准误
过去	0.121*	0.063	-0.190**	0.064
未来	-0.101	0.086	-0.152**	0.086
	系数		标准误	
户口类型	0.210***		0.030	
中部	-0.335***		0.029	
西部	-0.555***		0.032	
最高受教育程度	0.051***		0.005	
完成最高学历的年龄	0.011**		0.004	
ISEI 得分	0.015**		0.001	
常数项	9.071**		0.102	

*** $p < 0.001$，** $p < 0.05$，* $p < 0.10$。

资料来源：2015年中国综合社会调查数据。

表7-6是城乡因素调节效应的检验结果。回归结果显示，出生队列规模变动对非农业户口和农业户口队列成员的收入水平存在不同程度的影响。首先，"过去"变量对非农业户口队列成员具有显著的正向影响，表明对于非农业户口队列成员来说，当某出生队列与过去队列相比规模较大时，其收入水平相对较高；"未来"变量对非农业户口队列成员的收入水平有显著的负向影响，表明对于非农业户口的队列成员来说，当某出生队列与未来队列相比规模较大时，其收入水平相对较低。其次，"过去"变量对农业户口队列成员的收入水平有显著负向影响，而"未来"变量对农业户口队列成员收入水平的影响虽然也是负向的，但影响不显著，说明对于农业户口队列成员来说，当某出生队列与过去队列相比规模较大时，其收入水平相对较低，出生队列规模变动与农业户口队列成员的收入水平呈反向变动。同时，通过不同组别系数守恒检验，从统计上也验证出，出生队列规模变动对非农业户口和农业户口队列成员的收入水平产生的不同效应是显著的。此外，其他控制变量的影响力在调节效应模型中与主效应模型保持一致。

表7-6　出生队列规模对队列成员收入影响的城乡调节效应

	非农业户口		农业户口	
	系数	标准误	系数	标准误
过去	0.117*	0.063	-0.136**	0.064
未来	-0.137*	0.086	-0.101	0.086
	系数		标准误	
性别	0.362***		0.024	
中部	-0.355***		0.028	
西部	-0.536***		0.032	
最高受教育程度	0.053***		0.005	
完成最高学历的年龄	-0.010**		0.003	
职业	0.014**		0.001	
常数项	9.000**		0.101	

*** $p<0.001$，** $p<0.05$，* $p<0.10$。
资料来源：2015年中国综合社会调查数据。

综合三组模型的结果，本节验证了出生队列规模变动对队列成员收入水平存在显著影响的假设，主效应模型显示，出生队列规模越大，队列成员的收入水平越低。此外，分组回归也证实，性别因素和城乡因素调节了出生队列规模的主效应，使出生队列规模对男性和女性、非农业户口和农业户口的队列成员产生了不同程度的影响，特别是出生队列规模的缩小对于女性和农业户口队列成员的收入水平有显著的提升效应，可以有效提高这一部分弱势队列成员的经济福利水平。

第三节 出生队列规模变动对队列成员职业状况和收入水平的净效应

在通过回归模型验证了出生队列规模变动对队列成员的职业状况和收入水平存在影响的基础上，本节还将进一步运用模拟的方法观测出生队列规模变动对队列成员经济福利的净效应。本节将运用前文主效应模型的回归系数来计算队列成员职业社会经济地位和收入水平的实际值和模拟值，并比较在不同的出生队列规模变动阶段两者有怎样的变动关系。模拟方法与前文一致。

一 出生队列规模变动对队列成员职业状况影响的净效应

图7-3展示了1954~1997年各出生队列的职业社会经济地位（ISEI）的实际值和模拟值，整体上队列成员职业社会经济地位的实际值与模拟值差异较小。这表明出生队列规模对队列成员职业状况虽然存在影响，但影响较为微弱。特别是1990年以来，出生队列规模的持续下降使出生队列规模的影响近乎消失。但是出生队列规模变动对新中国成立以后的那一批出生队列成员的职业状况还是有较为明显的影响的。比较典型的是，1959~1961年第一次出生低谷期间，队列成员ISEI得分的实际值明显高于模拟值，表明出生队列规模的缩小拉高了队列成员的职业社会经济地位。随后在1962~1965年，队列成员ISEI得分的实际值明显低于模拟值，由于这一组出生队列处于第二次出生高峰的峰值阶段，因此，出生队列规模较大导致了其职业地位劣势，职业社会经济地位因出生队列规模扩大而下降。1966~1974年的出生队列虽然仍属于第二次出生高峰，但随着峰值过后出生队列规模有所缩小，队列成员的ISEI得分的实际值与模拟值的差异大幅缩小。1975~1980年第二次出生低谷期间的出生队列，队列成员ISEI得分的实际

值再次小幅高于模拟值，但两者的差异与前一次出生低谷相比已经非常小。类似的情况也出现在第三次出生高峰期间的出生队列，队列成员的ISEI得分的实际值虽然低于模拟值，但两者的差异非常小。通过模拟分析，可以清晰地看到出生队列规模的净效应，以及这一效应随着时间的推移而不断减弱。虽然出生队列规模变动对队列成员职业社会经济地位的影响日益减弱，但是出生队列规模的缩小依然可以提升队列成员的职业社会经济地位，改善队列成员的经济福利状况。

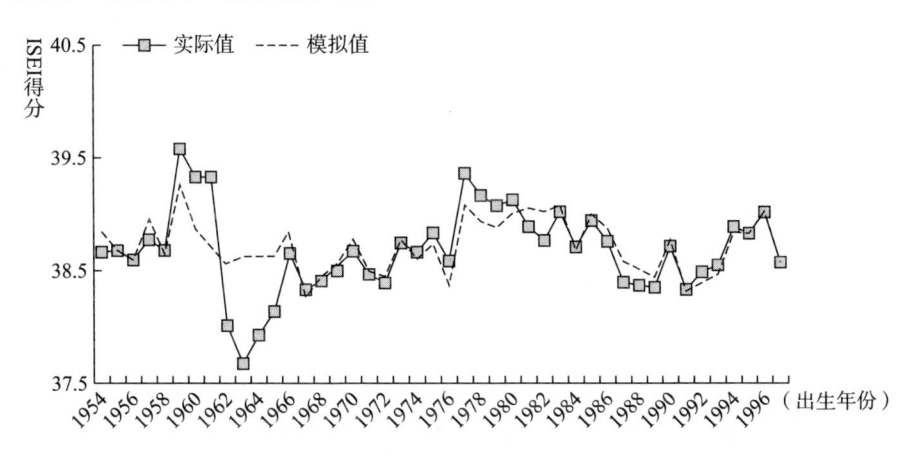

图7-3　1954~1997年出生队列成员ISEI得分的实际值与模拟值比较
资料来源：2015年中国综合社会调查数据。

二　出生队列规模变动对队列成员收入水平影响的净效应

出生队列规模变动对队列成员收入水平影响的模拟结果与其对队列成员职业状况的模拟结果较为类似。整体上，可以看到出生队列规模的影响日益减弱（见图7-4），实际值与模拟值之间的差距越来越小。1954~1958年第一次出生高峰期间的出生队列，其队列成员收入的实际值低于模拟值。出生队列规模较大拉低了队列成员的收入水平，两者的最大差距达到1184元。1959~1961年第一次出生低谷期间的出生队列，由于出生队列规模急速缩小，其队列成员收入的实际值显著高于模拟值。队列规模较小明显拉高了队列成员的收入水平，两者的差距在1961年出生队列达到2184元。1962~1975年出生队列，其队列成员收入的实际值再次低于模拟值，收入水平再次因队列规模较大而被拉低，但两者的差距已经大幅缩小，最大差距仅为 836 元。随后,1976~1985 年的出生队列包括第二次出生低谷和第三次出生高峰的初期,这一批队列成员的收入的实际值再次高于模拟值,但超出的部分最多为 609 元,两者差距也较上一次出生低谷有明显缩小。在 1986 年以后的出生队列中,队列成员收入的实际值与模拟值的差距再次缩小,两者近乎相等,出生队列规模的影响几乎消失。总体而言,模拟分析展示出出生队列规模与队列成员收入水平的反向变动关系,出生队列规模的缩小有助于提高队列成员的收入水平和经济福利水平。

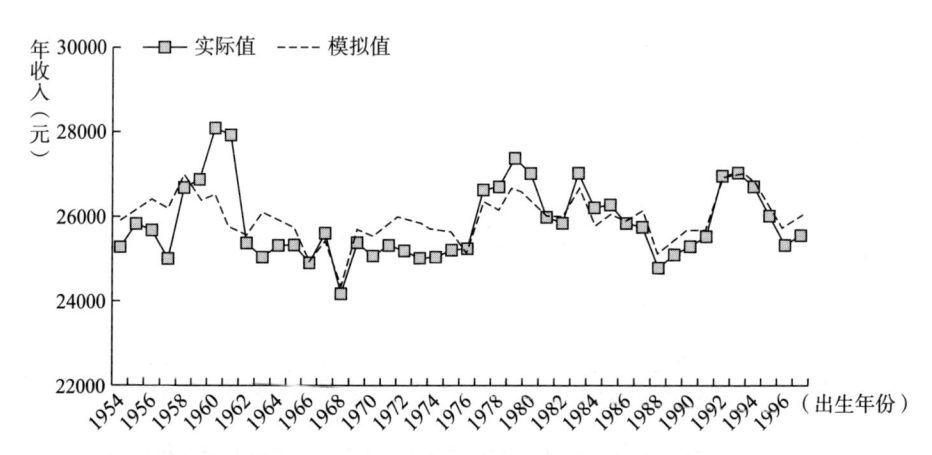

图 7-4　1954~1997 年出生队列成员年收入实际值与模拟值比较
资料来源:2015 年中国综合社会调查数据。

对经济福利两个维度的模拟共同表明,出生队列规模变动对队列成员的经济福利存在显著影响,但是随着队列的年轻化,出生队列规模的效应呈现不断弱化甚至消失的趋势。同时,出生队列规模变动对队列成员社会经济地位的影响大于其对队列成员收入水平的影响。随着生命历程的推进,出生队列规模变动的效应也随之不断弱化。

小结

本章运用 2015 年中国综合社会调查数据检验了出生队列规模变动对队列成员经济福利状况的影响。通过对队列成员职业社会经济地位和收入水平随出生队列规模变动而呈现的变化,验证了出生队列规模的主效应及其调节效应。

在职业社会经济地位方面，出生队列规模变动与队列成员的职业社会经济地位呈反向变动的关系，规模较大出生队列成员的职业社会经济地位比规模较小队列成员的低，出生队列规模的缩小有利于队列成员职业社会经济地位的提高。回归分析的结果很好地支持了这一结论。在社会就业资源有限而且职业层级越高越具有稀缺性的前提下，进入就业市场的劳动力规模越大，竞争越激烈，更多的队列成员就会被挤出到相对较低层次的职业中，导致了其职业社会经济地位的相对劣势。结合前文对教育福利的分析，出生队列规模越大，队列成员的终身受教育程度越低，这种教育福利劣势也会随着生命历程的推进传递到就业阶段，从而导致队列成员的职业社会经济地位也相对较低，并进而引致了其职业劣势。同时，队列成员在进入劳动力市场时，其职业状况主要受到存量劳动力的影响，也就是过去出生队列及其规模的影响，对于潜在的劳动力增量，即未来出生队列及其规模的影响不敏感。此外，出生队列规模的这一效应受到性别因素的调节，使出生队列规模对男性和女性队列成员存在不同程度和阶段的影响，但是城乡因素对出生队列规模主效应的调节不显著。此外，本章运用模拟分析发现，出生队列规模虽然对队列成员的职业社会经济地位存在影响，但这一影响相对有限，而且出生队列规模的这一影响随着社会变迁的推进而不断弱化甚至可能消失。

在收入水平方面，本章从描述统计中没有看到出生队列规模变动和队列成员收入水平呈现共同变动的趋势，但是回归分析结果显示，出生队列规模变动对队列成员的收入存在显著影响，并且这一影响的权重相对较小。一方面，出生队列规模较大加剧了队列成员的就业竞争，影响了队列成员的收入水平；另一方面，出生队列规模较大也降低了队列成员的职业层次。结合前文对队列成员职业社会经济地位的分析结果，基于出生队列规模与队列成员的社会经济地位是反向变动的关系，而且队列成员的职业状况与收入水平高度相关，可以认为，出生队列规模与队列成员社会经济地位的反向变动关系也传递到其与队列成员收入水平的关系中，使后两者也呈现反向变动关系。同时，对调节效应的检验证实了性别因素和城乡因素调节了出生队列规模变动对队列成员收入水平的主效应，使出生队列规模对男性和女性、非农业户口和农业户口的队列成员产生了不同程度的影响，特别是出生队列规模的缩小对于女性和农业户口队列成员的收入水平有显著的提升效应,可以有效提高这一部分队列成员的经济福利水平。最后,模拟分析也清晰地表明,出生队列规模与队列成员收入水平存在反向变动关系,出生队列规模的缩小有助于提高队列成员的收入水平和经济福利水平。

通过分析出生队列规模变动与队列成员经济福利的关系,不仅可以发现出生队列规模变动对队列成员经济福利的潜在影响,而且可以清晰地看到出生队列规模的效应沿着生命历程的推进从前序福利维度传递到后续福利维度,而且在传递的同时也将先前积累的优势或者劣势一并传递下来,成为后续福利水平的重要基础。因此,扭转后续福利阶段的劣势可能比在生命历程前一阶段扭转显得困难。同时,本章也发现,随着传递路径的不断延长,出生队列规模的效应呈弱化趋势。然而,从根本出发,缩小出生队列规模仍然是提升队列成员经济福利水平的重要途径。

第八章
婚姻福利：婚否与婚龄

　　婚姻是个体福利的重要一环，婚姻福利是一种稳定性的人口福利，充分反映个体在家庭和社会生活中的相对稳定性，可能对个体在单身状态下的福利水平有稳定、提升或者削弱的效应。本章从婚否和婚龄两个角度出发，重点考察出生队列规模变动是否对队列成员的婚姻状态、进入婚姻状态的年龄和夫妻间的婚姻匹配度存在影响。

　　进入婚姻是个体生命历程中又一件较为重要的人口事件。对于不同规模出生队列成员的婚姻状况，国外有相关的研究涉及。伊斯特林等研究发现，出生在规模较大队列的成员通过推迟结婚和减少生育孩子的数量等方式，自发调节其因出生队列规模较大而导致的经济劣势地位（Easterlin, Macdonald, and Macunovich, 1990）。因此，从他们的研究结论推断，出生队列规模相对较大的队列成员结婚相对较迟、初婚年龄较大。前文对不同规模出生队列教育成就影响因素的分析表明，规模较大出生队列成员的终身受教育程度相对较低，结合我国受教育程度与初婚年龄呈正相关的推断，我国的实际情况是规模较大出生队列成员存在结婚较早、初婚年龄较小的特征。国内外研究和实情两相矛盾的情况，需要通过本章的分析来获得相对合理的解释。

　　本章仍沿用 2015 年中国综合社会调查数据来检验出生队列规模变动对队列成员婚姻福利状况的影响。由于本书使用的是横向调查数据，样本中个体的婚姻状况不可避免地只是调查时点的状况，具有不稳定性，所以直接通过关注队列成员的婚姻状况来考察不同出生队列之间是否存在差异，可能存在一定偏差，所以本章主要使用队列成员的婚姻状况来分析他们进入婚姻的概率，以此反映不同规模出生队列成员进入婚姻的机会差异，从机会角度考察队列成员的婚姻福利水平。在此基础上，本章还将进一步使用初婚年龄来考察队列成员的婚姻福利，因为初婚这个人口事件是一次性事件，只要发生过就终生不会变化，更契合队列分析的视角。因此，本章将间接通过考察不同出生队列成员的平均初婚年龄，来探究不同规模出生队列成员的婚姻福利是否受其出生队列规模的影响，从结果的角度考察队列成员的婚姻福利水平。此外，夫妻间的婚姻匹配度是否因出生队列规模差异而存在差异，也是本章关注队列成员婚姻福利水平的一个补充视角。

第一节 不同规模出生队列成员的婚姻福利水平

一 出生队列规模变动与队列成员的已婚比例没有共同变动趋势

婚姻在我国是一种较为普遍的个人行为，因此，我国的已婚比例较高而单身比例非常低。图8-1是通过调查数据计算的我国各出生队列规模与队列成员已婚比例的变动情况。整体上，已婚比例随着出生队列的年轻化而出现不断下降的趋势。1949~1977年出生队列成员的已婚比例基本维持在95%以上。1978~1980年出生队列成员的已婚比例下降到90%左右。

图8-1 1949~1989年队列成员已婚比例及出生队列规模

资料来源：已婚比例根据2015年中国综合社会调查数据计算；出生队列规模根据总人口和出生率计算得出，1949~1989年数据来源于《新中国六十年统计资料汇编》。

1981~1985年出生队列成员的已婚比例保持在80%以上。1986年以后的出生队列成员在调查时点未满30岁,因此已婚比例迅速下降。1987年出生队列成员的已婚比例最低,仅为65%。直观地看,出生队列规模变动与队列成员是否进入婚姻状态的比例并没有共同变动的关系,出生队列规模变动对队列成员的已婚比例似乎并不存在影响。

二 队列成员的平均初婚年龄与出生队列规模呈反向变动

图8-2是运用2015年中国综合社会调查数据计算的1949~1993年[①]出生队列成员的平均初婚年龄及其对应出生队列的绝对规模。如图8-2所示,随着出生队列规模的波动,队列成员的平均初婚年龄呈现先下降、后回升、再下降的趋势。在第一次出生高峰期间(1949~1958年)出生的队列,随着出生队列规模的波动增长,其队列成员的平均初婚年龄在23.5岁至24.5岁之间波动。1959~1961年出生的队列,其队列成员的平均初婚年龄随着出生队列规模的缩小也出现下降趋势。在第二次出生高峰期间(1962~1973年)出生的队列中,随着出生队列规模的扩大,其队列成员的平均初婚年龄在22.5岁到23.5岁之间波动。而在第二次出生低谷期间(1974~1981年)出生的队列中,伴随着出生队列规模的大幅缩小,队列成员的平均初婚年龄在23.5至25.0岁之间波动上升。在随后的第三次出生高峰期间(1982~1990年)出生的队列,其队列成员的平均初婚年龄再次下降至22.5岁至24.0岁之间。但需要说明的是,最年轻的几组出生队列由于年龄相对较小,已经经历初婚事件的队列成员的比例相对较低,因而这些出生队列的平均初婚年龄存在一定程度的低估。1985年及以前的出生队列在2015年已初婚(包括离婚、丧偶、再婚)的比例均已超过90%,可以认为,这些出生队列的平均初婚年龄不存在低估。而1985年以后的出生队列平均初婚年龄的下降趋势与实际存在一定差异。整体而言,出生队列规模变动与队列成员的平均初婚年龄存在阶段性的变化关系,规模较大出生队列成员的平均初婚年龄相对较低,较早进入婚姻状态;规模较小出生队列成员的平均初婚年龄相对较高,延迟进入婚姻状态。

---

① 由于1993年以后的出生队列成员绝大部分仍处于未婚状态,计算平均初婚年龄会产生较大程度的低估,所以在这里并没有将其纳入计算范围。

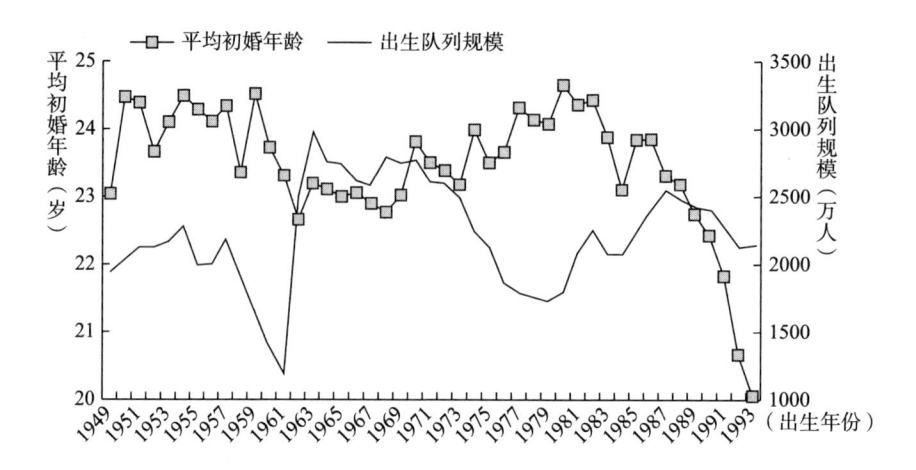

图 8-2　1949~1993 年队列成员平均初婚年龄及出生队列规模

资料来源：初婚年龄根据 2015 年中国综合社会调查数据计算；出生队列规模根据总人口和出生率计算得出，1949~1993 年数据来源于《新中国六十年统计资料汇编》。

三　出生队列规模变动并未造成队列成员夫妻婚龄差的显著差异

本节运用数据中夫妻的初婚年龄计算不同规模出生队列成员的夫妻婚龄差。我们将婚龄差界定为夫妻初婚年龄差值的绝对值，并未特别区分是丈夫年龄与妻子年龄的差值还是妻子年龄与丈夫年龄的差值。1949~1989年，各出生队列夫妻之间的初婚年龄差并没有大幅波动（见图 8-3），总体上呈现波动减小的趋势。1949~1958 年出生队列成员的夫妻婚龄差随着出生队列规模的波动扩大而持续减小，差距从 3.39 岁缩小到 2.73 岁。1959~1961 年出生队列成员的夫妻婚龄差随着出生队列规模的大幅缩小而出现了小幅增大。1962~1981 年出生队列成员的夫妻婚龄差在整个第二次出生高峰和出生低谷期间没有出现大幅波动和明显的减小趋势，婚龄差在 2.3~3 岁小幅波动。1982~1989 年出生队列成员的夫妻婚龄差再次随着出生队列规模的波动扩大出现了明显的减小趋势，但这个减小趋势可能受年轻出生队列已婚比例相对较低的影响。概括而言，不同规模出生队列成员的夫妻婚龄差在出生队列规模的扩大阶段会出现减小趋势，这可能是出生队列规模较大时择偶对象相对充足的一种反映，但出生队列规模变动与队列成员夫妻婚龄差之间的变动规律并不稳定。

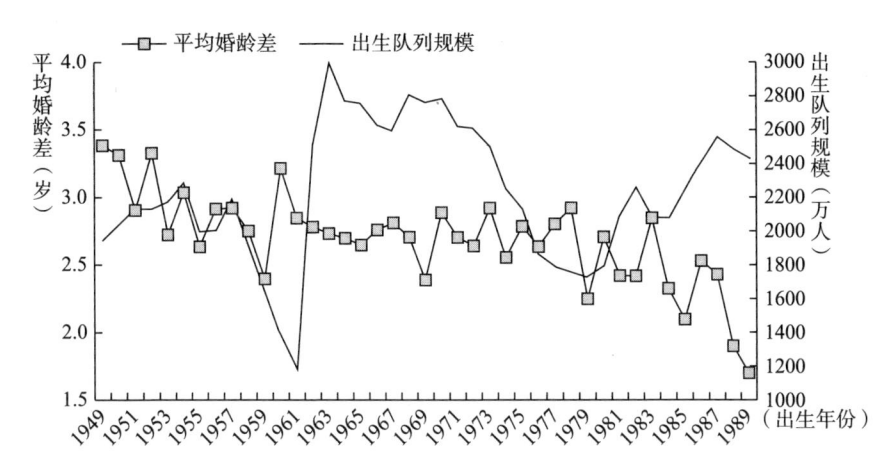

图 8-3　1949～1989 年队列成员的夫妻平均婚龄差及出生队列规模

资料来源：婚龄差根据 2015 年中国综合社会调查数据计算；出生队列规模根据总人口和出生率计算得出，1949～1989 年数据来源于《新中国六十年统计资料汇编》。

第二节　出生队列规模变动对队列成员婚姻福利的影响

一　出生队列规模变动对队列成员结婚与否的影响

在考察出生队列规模变动对队列成员结婚与否的影响模型中，本节除了重点关注出生队列规模的影响，还在模型中控制了以下个人特征变量，如队列成员的性别（男性和女性，其中以女性为参照类）、户口类型（非农业户口和农业户口，其中以农业户口为参照类）、收入水平（取自然对数）、职业状况（ISEI 得分）以及家庭特征变量，如家庭规模、父亲的受教育程度（包括未上过学、小学、初中、高中及以上，其中以未上过学为参照类）和父亲职业（ISEI 得分）。

前文描述统计的结果显示，出生队列规模变动与队列成员的已婚比例变动没有一致的趋势，但是运用 Logistic 回归的结果显示，出生队列规模变动对队列成员的结婚概率有显著影响（见表 8-1）。其中"过去"变量有显著的正向影响，表明当某出生队列与过去队列相比规模较大时，其队列成员结婚的概率较高。规模较大出生队列成员的结婚概率是规模较小出生队列的 2.6 倍。"未来"变量有显著的负向影响，表明当某出生队列与未来队列相比规模较大时，其队列成员的结婚概率较低，规模较大出生队列成员的结婚概率是规模较小出生队列的 30%。出生队列规模在队列规模的扩大和缩小阶段对队列成员的结婚概率存在不同程度的影响，在出生队列规模的扩大阶段，队列成员的结婚概率随着出生队列规模的扩大而上升；在出生队列规模的缩小阶段，队列成员的结婚概率随着出生队列规模的缩小而上升。

其他控制变量也对队列成员的结婚概率存在不同程度的影响。男性队列成员的结婚概率比女性队列成员低 50%；非农业户口队列成员的结婚概率比农业户口队列成员高 48%；最高受教育程度的提高降低了队列成员的结婚概率，最高受教育年限每增加一年，队列成员的结婚概率下降 14%；收入的提高可以促进队列成员的结婚概率，收入每增加 1%，队列成员的结婚概率上升 24%。在家庭特征变量中，父亲受教育程度的提高降低了队列成员的结婚概率；而父亲的职业社会经济地位越高越能促进队列成员进入婚姻状态；队列成员的家庭规模与其结婚概率呈正相关，家庭规模越大的队列成员越可能结婚。队列成员的职业社会经济地位对其结婚与否没有显著影响。

表 8-1　出生队列规模对队列成员结婚与否的影响

	系数	标准误	发生比
过去	0.941***	0.263	2.562
未来	-1.214**	0.353	0.297
性别	-0.686***	0.111	0.504
户口类型	0.394**	0.133	1.484
最高受教育程度	-0.147***	0.021	0.863
收入	0.218***	0.061	1.243
ISEI 得分	-0.002	0.004	0.998
家庭规模	0.307***	0.042	1.359
父亲受教育程度（小学）	-1.036***	0.176	0.355
父亲受教育程度（初中）	-1.940***	0.176	0.144
父亲受教育程度（高中及以上）	-2.092***	0.206	0.123

续表

	系数	标准误	发生比
父亲（ISEI 得分）职业	0.007**	0.003	1.007
常数项	2.069**	0.767	7.919

*** $p<0.001$, ** $p<0.05$, * $p<0.10$。

资料来源：2015 年中国综合社会调查数据。

二 出生队列规模变动对队列成员初婚年龄的影响

对于影响队列成员平均初婚年龄的因素，模型中除了重点考察的出生队列规模以外，还需要控制其他的影响因素。赵智伟通过对影响我国女性初婚年龄变动的因素分析，指出初婚年龄的大小取决于生理和社会两方面因素，其中社会方面的因素包括受教育程度、婚育观念和经济发展（赵智伟，2008）。陈友华和虞沈冠通过分析 20 世纪 80 年代我国人口的平均初婚年龄，归纳出了男女两性人口在初婚年龄方面的主要差异（陈友华、虞沈冠，1993）。王鹏、吴愈晓利用 2006 中国综合社会调查数据分析了初婚年龄的影响因素，指出受教育程度、职业和家庭的社会经济特征对初婚年龄有着显著的影响，并表现出性别和户籍差异，而且父母受教育程度和兄弟姐妹数量也有影响（王鹏、吴愈晓，2013）。此外，相关研究也表明迁移流动对人口的初婚年龄存在推迟效应（曾迪洋，2014）。

根据现有研究，本节在分析出生队列规模变动对队列成员初婚年龄影响的主效应模型中，主要控制以下个人特征变量，队列成员的性别（男性和女性，其中以女性为参照类）、户口类型（非农业户口和农业户口，其中以农业户口为参照类）、收入水平（取自然对数）、职业状况（ISEI 得分）以及家庭特征变量，家庭规模、父亲职业（ISEI 得分）和配偶的职业（ISEI 得分）。在探究出生队列规模主效应的基础上，本节也分别从性别和城乡两个方面考察它们对出生队列规模的主效应是否存在调节效应。

1. 出生队列规模变动对队列成员平均初婚年龄的主效应

表 8-2 是出生队列规模变动对队列成员平均初婚年龄影响的主效应，回归结果表明，在控制其他变量的前提下，代表出生队列规模的两个因变量"过去"和"未来"变量均对队列成员的平均初婚年龄存在显著影响。其中，"过去"变量的影响为负，表明当某出生队列与过去队列相比规模较

大时，其队列成员的平均初婚年龄相对较小，更早进入婚姻状态；而"未来"变量的影响为正，表明当某出生队列与未来队列相比规模较大时，其队列成员的平均初婚年龄相对较大，更可能推迟结婚。综合两个变量的影响，可以发现，在出生队列规模的扩大阶段，队列成员的平均初婚年龄随着出生队列规模的扩大而下降，到周期顶点时出生队列成员的平均初婚年龄最低；在出生队列规模的缩小阶段，队列成员的平均初婚年龄随着出生队列规模的缩小而下降。这种结果的出现，充分体现了出生队列规模的效应可以沿着生命历程从早期人口事件传导到中晚期人口事件的特征，即出生队列规模通过影响队列成员的终身受教育程度和完成最高学历的年龄，将其效应传导到队列成员的就业和婚姻事件。在出生队列规模的扩大阶段，因出生队列规模相对较大而较早结束正规教育的队列成员，相对较早地暴露在提早工作和提前结婚的风险之下，因而平均初婚年龄相对较小；在出生队列规模缩小阶段的队列成员，随着出生队列规模的缩小、终身受教育程度的提高，推迟了完成最高学历的年龄，进而推迟了就业，但结婚的年龄与上学和就业并非截然分离和顺序进行的，因此教育年龄的推迟不一定带来初婚年龄的推迟，规模较小队列的成员可能因其规模较小在婚姻竞争中处于相对优势而降低了婚配难度，进而拉低了其初婚年龄。

其他控制变量也对队列成员的平均初婚年龄存在不同程度的显著影响（见表 8-2）。男性队列成员的平均初婚年龄比女性队列成员高 1.8 岁；非农业户口队列成员的平均初婚年龄比农业户口队列成员高 0.8 岁。队列成员的受教育程度显著提高了其平均初婚年龄，最高教育年限每增加一年，队列成员的平均初婚年龄提高 0.04 岁。同样完成最高学历的年龄也显著推迟了队列成员的平均初婚年龄，完成最高学历的年龄每增加一岁，队列成员的平均初婚年龄增加 0.08 岁。这个变量也从一个侧面反映了参与就业的年龄对初婚年龄的影响。同时，队列成员个人收入的提高也会增加其平均初婚年龄，收入每提高 1%，平均初婚年龄上升 0.08 岁。而队列成员的职业层级越高，初婚年龄越大。最后，三个家庭特征变量对队列成员平均初婚年龄的影响表现为，家庭成员数越多，队列成员的平均初婚年龄越小。父亲的职业层级越高，其子女的平均初婚年龄越大。配偶的职业层级越高，队列成员的初婚年龄约大。夫妻双方的职业都对平均初婚年龄有同向的推迟效应。

通过比较自变量和各控制变量的系数绝对值，可以评估各个变量的影响力。其中，出生队列规模是除性别和户口类型两个刚性因素外对队列成员平均初婚年龄影响最大的因素，表明该变量是被以往研究所遗漏的重要变量。

表8-2 出生队列规模对队列成员初婚年龄影响的主效应

	系数	标准误
过去	-0.701***	0.200
未来	0.552*	0.310
性别	1.797***	0.085
户口类型	0.793***	0.104
最高受教育程度	0.041**	0.018
完成最高学历的年龄	0.077***	0.013
收入	0.080*	0.046
职业（ISEI得分）	0.015**	0.005
家庭成员数	-0.114***	0.024
父亲职业（ISEI得分）	0.008**	0.003
配偶职业（ISEI得分）	0.019**	0.006
常数项	19.079***	0.556

*** $p<0.001$，** $p<0.05$，* $p<0.10$。
资料来源：2015年中国综合社会调查数据。

2. 出生队列规模变动对队列成员初婚年龄影响的调节效应

在探究出生队列规模变动对队列成员初婚年龄影响主效应的基础上，本节进一步考察性别和城乡因素的调节效应。在考察调节效应时，仍然运用控制部分变量系数的分组回归进行分析，相关系数守恒检验均表明对这些变量系数的控制是成立的。

表8-3是对性别因素调节效应的考察。回归结果表明，出生队列规模变动对队列成员平均初婚年龄的影响受到性别因素的调节，其对男性和女性队列成员存在不同程度的显著影响。其中，"过去"变量对男性和女性队列成员都存在显著的负向影响，且两者系数较为接近。这表明当某出生队列规模比过去队列大时，男性和女性队列成员的平均初婚年龄均相对较小，结婚较早。而"未来"变量对男性队列成员有非常显著的影响，却对女性

队列成员没有显著影响，且两者系数差异较大，男性的系数几乎是女性的15倍。这表明当某出生队列规模比未来队列大时，队列中男性成员的初婚年龄相对也较大，结婚较晚。由于我国婚姻中有"男大女小"的传统婚配模式，因此在婚姻这一事件中，择偶更多的是面向未来，如果未来出生队列规模缩小，意味着当前出生队列的婚配可能存在富余，两者差额越大，富余越多。因此，出生队列规模变动在这个层面上对男性队列成员产生了更为巨大的影响，使规模较大出生队列中的男性成员成为婚配市场上的"弱势"群体，不得不通过推迟结婚或者其他提升个人竞争力的方式扭转自身的婚姻福利劣势。同时，本书发现，出生队列规模也是对男性队列成员平均初婚年龄影响最大的一个变量。基于同样的理由，女性队列成员的婚姻事件更多地受到过去出生队列规模的影响，而呈现队列规模越大初婚年龄越小的趋势。其他控制变量的影响与主效应模型保持一致，都对男性和女性队列成员具有较为稳定的影响。

表 8-3 出生队列规模对队列成员初婚年龄影响的性别调节效应

	男性		女性	
	系数	标准误	系数	标准误
过去	-0.626**	0.305	-0.655**	0.232
未来	1.739***	0.385	0.117	0.329
	系数		标准误	
户口类型	0.742***		0.103	
最高受教育程度	0.059**		0.018	
完成最高学历的年龄	0.077***		0.013	
收入	0.103**		0.046	
职业（ISEI 得分）	0.016**		0.006	
家庭成员数	-0.099***		0.023	
父亲职业（ISEI 得分）	0.007**		0.003	
配偶职业（ISEI 得分）	0.015**		0.006	
常数项	19.264***		0.553	

*** $p<0.001$，** $p<0.05$，* $p<0.10$。
资料来源：2015 年中国综合社会调查数据。

表 8-4 是城乡因素调节效应的考察。根据系数守恒检验，调整了对模

型中部分变量系数的控制，对最高受教育程度和收入变量的系数没有控制为两个分组保持一致。回归结果表明出生队列规模变动对队列成员平均初婚年龄的影响也受到城乡因素的调节，对非农业户口和农业户口的队列成员存在不同程度的影响。其中，"过去"变量对非农业和农业户口的队列成员均存在显著的负向影响，当某出生队列与过去队列相比规模较大时，其队列中非农业户口和农业户口队列成员的平均初婚年龄相对较低，在这一层面出生队列规模变动对非农业户口队列成员的影响比对农业户口队列成员大。而"未来"变量只对农业户口队列成员的平均初婚年龄存在显著正向影响，当某出生队列与未来队列相比规模较大时，队列成员的平均初婚年龄相对较大。"未来"变量对非农业户口队列成员没有显著影响。而且在这一层面出生队列规模变动对两种户口类型的队列成员的影响与"过去"变量正好相反，对农业户口队列成员的影响比对非农业户口队列成员的影响大。"未来"变量只对农业户口队列成员存在影响，可能是出生队列规模缩小整体上降低了婚姻竞争，但婚姻挤压在一定程度上仍然存在，农业户口队列成员作为婚配市场中竞争力相对较弱的群体，成为最先承受婚姻挤压的群体，因此，可能对出生队列规模的效应比对非农业户口队列成员更为敏感。

其他控制变量中性别、完成最高学历的年龄、职业、家庭成员数、父亲职业和配偶的职业均对非农业户口和农业户口的队列成员的平均初婚年龄存在稳定和显著的影响。没有控制系数的两个变量——最高受教育程度和收入两个变量的影响存在区别，其中最高受教育程度变量只对非农业户口的队列成员存在显著的正向影响。受教育程度的提高对非农业户口队列成员的初婚有推迟效应，而农业户口的队列成员由于最高受教育程度相对较低，削弱了受教育程度对初婚年龄的影响。收入变量对农业和非农业户口的队列成员的初婚年龄也存在不同程度的影响，其对非农业户口队列成员初婚的推迟效应比对农业户口的队列成员明显。

表8-4　出生队列规模对队列成员初婚年龄影响的城乡调节效应

	非农业户口		农业户口	
	系数	标准误	系数	标准误
过去	-1.010**	0.313	-0.539**	0.246

续表

	非农业户口		农业户口	
	系数	标准误	系数	标准误
未来	0.262	0.440	0.648*	0.378
最高受教育程度	0.091***	0.025	0.003	0.019
收入	0.192**	0.065	0.086*	0.049

	系数	标准误
性别	1.794***	0.084
完成最高学历的年龄	0.081***	0.013
职业（ISEI得分）	0.010*	0.006
家庭成员数	-0.108***	0.024
父亲职业（ISEI得分）	0.006**	0.003
配偶职业（ISEI得分）	0.018***	0.006
常数项	19.117***	0.572

*** $p<0.001$，** $p<0.05$，* $p<0.10$。

资料来源：2015年中国综合社会调查数据。

综合三组回归模型的结果，可以发现，出生队列规模变动对队列成员的平均初婚年龄存在显著影响，在出生队列规模的扩大阶段，平均初婚年龄随着出生队列规模的扩大而下降；在出生队列规模的缩小阶段，平均初婚年龄随着出生队列规模的缩小而下降。这种影响受到性别因素和户口类别因素的调节，由于传统婚配模式的影响，男性队列成员的初婚年龄更容易受到出生队列规模的影响，因出生队列规模的波动而呈现相对的婚姻福利劣势。由于婚姻匹配存在向下层的挤压，处于相对下层的农业户口队列成员更容易受到出生队列规模变动的影响而呈现相对的婚姻福利劣势。所以，男性、农业户口队列成员的婚姻福利水平相对较低。

三 出生队列规模变动对队列成员婚龄差的影响

描述统计显示，出生队列规模变动与队列成员的夫妻婚龄差没有相对一致的规律，通过回归分析也发现了同样的结论（见表8-5）。代表出生队列规模的"过去"和"未来"变量均对队列成员的夫妻婚龄差没有显著影响，表明夫妻婚龄差的变动更多受到其他因素的影响，如队列成员的户口类型、受教育程度、收入和初婚年龄。具体而言，非农业户口队列成员的夫妻婚龄差比农业户口队列成员高 0.33 岁；受教育程度和收入越高的队列成员，其夫妻婚龄差越小；同时，初婚年龄越低的队列成员，其夫妻婚龄差越小。其他变量，如性别和队列成员的职业社会经济地位均对其夫妻婚龄差没有显著影响。

表 8-5 出生队列规模变动对队列成员婚龄差的影响

	系数	标准误
过去	-0.096	0.176
未来	-0.182	0.269
性别	-0.001	0.078
户口类型	0.328***	0.093
最高受教育程度	-0.129***	0.012
收入	-0.090**	0.042
职业（ISEI 得分）	0.000	0.005
初婚年龄	0.154***	0.010
常数项	1.387**	0.528

*** $p<0.001$，** $p<0.05$，* $p<0.10$。
资料来源：2015 年中国综合社会调查数据。

第三节 出生队列规模变动对婚姻福利的净效应

本节运用前文出生队列规模变动对队列成员结婚概率和平均初婚年龄的主效应模型来进行出生队列规模变动净效应的模拟。与前文的模拟类似，仍然是保留"过去"、"未来"、性别和户口类型变量的原值，将其余变量的取值均替换为均值来计算队列成员结婚概率和平均初婚年龄的实际值与模拟值。

一 出生队列规模变动对队列成员结婚概率的净效应

出生队列规模变动对队列成员结婚概率的净效应如图 8-4 所示。如果没有出生队列规模的影响，队列成员的结婚概率将维持在 94% 左右，但实际上队列成员的结婚概率在 91%~97% 波动。1954~1959 年出生队列结婚概率的实际值低于模拟值，第一次出生高峰期间出生队列规模较大，拉低了其队列成员的结婚概率。1959~1967 年出生队列结婚概率的实际值高于模拟值。但是这一组队列包括了第一次出生低谷和第二次出生高峰的队列，出生队列规模经历了先缩小、后扩大、再缩小的过程，出生队列规模对队列成员结婚概率的影响不一致。1968~1978年出生队列结婚概率的实际值再次低于模拟值。这一组队列是第二次出生高峰后期的出生队列，虽然出生队列规模相对较大但已开始逐年缩小，因此，在队列规模的缩小阶段，出生队列规模的缩小拉低了队列成员的结婚概率。1979~1987年出生队列结婚概率的实际值再次高于模拟值，但两者的差距呈缩小趋势，在出生队列规模的扩大阶段，出生队列规模的扩大拉高了队列成员的结婚概率。1988~1997年出生队列结婚概率的实际值同样低于模拟值，两者的差距进一步缩小。这一组出生队列出生在第三次出生高峰后期，队列规模在相对高位开始出现缩小趋势，同样是在队列规模的缩小阶段，出生队列规模的缩小拉低了队列成员的结婚概率。因此，模拟结果表明，队列成员的结婚概率并不直接受到出生队列规模的影响，而是出生队列在人口周期中的位置对队列成员的结婚概率影响更显著，但这一效应是阶段性的，并未完全反映在所有出生队列中。

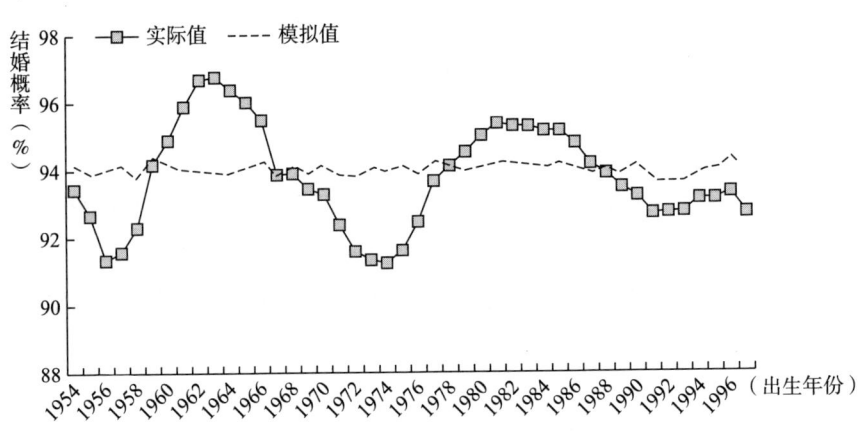

图 8-4　1954~1997 年队列成员结婚概率实际值与模拟值

资料来源：根据 2015 年中国综合社会调查数据计算。

二　出生队列规模变动对队列成员平均初婚年龄的净效应

出生队列规模变动对队列成员平均初婚年龄净效应的结果如图 8-5 所示。除了第一次出生高峰期间的出生队列，其余出生队列成员平均初婚年龄的实际值与模拟值均有较为一致的变动规律。在第一次出生高峰期间的出生队列中，平均初婚年龄的实际值高于模拟值，表明出生队列规模的扩大拉高了队列成员的平均初婚年龄，导致了队列成员推迟结婚。而第二次出生高峰期间的出生队列却出现了截然相反的趋势，队列成员平均初婚年龄的实际值低于模拟值，两者的差距为0.44岁，表明出生队列规模扩大拉低了队列成员的平均初婚年龄。第二次出生低谷期间（1969~1978年）的出生队列，其队列成员平均初婚年龄的实际值高于模拟值，两者的差距约为0.2岁，表明出生队列规模的缩小拉高了队列成员的平均初婚年龄，使队列成员普遍推迟结婚。到第三次出生高峰（1979~1988年）期间的出生队列，平均初婚年龄的实际值再次低于模拟值，但两者的差距较第二次出生高峰明显缩小。1989年以后的出生队列，随着队列规模的不断缩小，队列成员平均初婚年龄的实际值再次小幅高于模拟值。

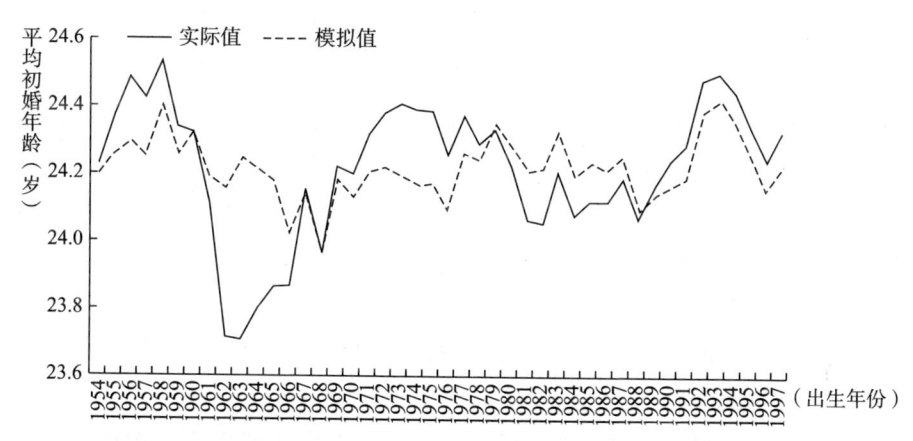

图8-5 1954~1997年队列成员平均初婚年龄实际值与模拟值

资料来源：根据2015年中国综合社会调查数据计算。

通过模拟，可以更清晰地把握出生队列规模变动对队列成员平均初婚年龄的净效应。除了新中国成立初期因为社会经济发展不稳定导致初婚年龄与出生队列规模存在一定的反常关系外，整体而言，出生队列规模的差异导致了队列成员平均初婚年龄的波动，对规模较大队列的成员产生了婚姻提前效应，对规模较小队列的成员产生了婚姻推迟效应，然而无论是提前效应还是推迟效应都呈现逐渐减弱的态势。

小结

本章运用2015年中国综合社会调查数据探究出生队列规模变动与队列

成员婚姻福利的关系，对队列成员婚姻福利的考察主要通过对队列成员婚姻状态、进入婚姻状态的年龄和夫妻间的婚姻匹配度来进行。

首先，在婚姻状态方面，出生队列规模的效应具有阶段性和不稳定性。描述统计的结果显示，出生队列规模变动与队列成员的结婚比例没有明显的共同变动趋势。但是 logistic 模型分析的结果却表明出生队列规模变动对队列成员的结婚概率存在显著影响。这种影响是阶段性的，在出生队列规模的扩大阶段，队列成员的结婚概率随着出生队列规模的扩大而上升；在出生队列规模的缩小阶段，队列成员的结婚概率随着出生队列规模的缩小而上升。这是进入婚姻的难度随着队列年轻化增加的一种表现。社会变迁影响了队列成员进入婚姻的难易程度，变迁早期进入婚姻的成本相对较低，限制条件也相对较少，因而绝大部分社会成员都可以顺利进入婚姻，即使是队列规模较大的队列成员，其结婚概率也并不低。而社会变迁的推进增加了社会成员进入婚姻的成本，增加了相应的限制条件，所以使队列成员在人口转变带来的出生队列规模缩小的前提下，依然面临队列规模越大婚姻竞争越激烈的局面。出生队列规模的效应也在这种情境下凸显出来，因而出生队列规模越大，队列成员结婚概率越低。模拟的结果也很好地印证了这一结论，在出生队列规模的缩小阶段，规模较大出生队列成员的结婚概率普遍被拉低。

其次，在队列成员的平均初婚年龄方面，出生队列规模的效应比其在婚姻状态方面更明显。总体而言，出生队列规模变动与队列成员的平均初婚年龄存在阶段性的变化关系。规模较大出生队列成员的平均初婚年龄相对较低，较早进入婚姻状态；规模较小出生队列成员的平均初婚年龄相对较高，延迟进入婚姻状态。回归分析的结果也反映了类似的规律，在出生队列规模的扩大阶段，队列成员的平均初婚年龄随着出生队列规模的扩大而下降，到周期顶点时出生队列的平均初婚年龄最低；在出生队列规模的缩小阶段，队列成员的平均初婚年龄随着队列规模的缩小而下降。这种结果的出现，充分体现了出生队列规模的效应可以沿着生命历程从早期的人口事件传导到中晚期的人口事件，即出生队列规模通过影响队列成员的终身受教育程度和完成最高学历的年龄，将其效应传导到队列成员的就业和婚姻事件。在出生队列规模的扩大阶段，由于出生队列规模相对较大，而较早结束正规教育的队列成员，相对较早地暴露在提早工作和提前结婚的风险之下，因而平均初婚年龄相对较小；在出生队列规模的缩小阶段，随着出生队列规模的缩小，队列成员终身受教育程度的提高，推迟了完成最高学历的年龄，因而推迟了进入劳动力市场的年龄，并进而推迟了进入婚姻状态的年龄。但结婚年龄与上学和就业并非截然分离和顺序进行的，因此接受教育年龄的推迟不一定带来初婚年龄的推迟。规模较小出生队列的成员也可能因其规模小而在婚姻竞争中处于相对优势，因而降低了自身的婚配难度，进而拉低了其初婚年龄。出生队列规模变动对队列成员平均初婚年龄的主效应，受到性别因素和城乡因素的调节。由于传统婚配模式的影响，男性队列成员的平均初婚年龄更容易受到出生队列规模变动的影响，因出生队列规模的波动而呈现相对的婚姻劣势。同样，由于婚姻匹配存在向下层挤压的特点，处于相对弱势的农业户口队列成员更容易受到出生队列规模的影响而呈现相对的婚姻劣势。所以男性、农业户口队列成员的婚姻福利水平相对较低。随后，通过模拟进一步验证了，出生队列规模的差异导致了队列成员平均初婚年龄的波动，对规模较大出生队列的成员产生了婚姻提前效应，对规模较小出生队列的成员产生了婚姻推迟效应，但无论是提前效应还是推迟效应都呈现逐渐减弱的态势。

再次，本章关注了出生队列规模变动对队列成员夫妻婚龄差的影响，描述分析的结果表明，出生队列成员的夫妻婚龄差在出生队列规模的扩大阶段会出现下降趋势，这可能是出生队列规模较大择偶对象相对充足的一种反映，但出生队列规模变动与队列成员夫妻婚龄差的这一变动规律并不稳定。此外，模型分析的结果显示，出生队列规模变动对队列成员的夫妻婚龄差均无显著影响，影响夫妻婚龄差的因素更可能是个人特征因素。

综合对婚姻福利三个方面的分析结果，可以得出，出生队列规模的差异造成了队列成员婚姻福利状况的差异，这种效应集中体现在婚姻竞争的弱势群体身上，导致他们的婚姻福利处于劣势。这种效应形成的机制一方面是出生队列规模本身的稀释效应或浓缩效应，另一方面是婚姻之前的生命历程中累积的人口福利优势或劣势沿着生命历程的推进传递到了婚姻维度。然而出生队列规模的效应随着社会变迁的推进呈现逐步弱化的趋势，不同规模队列成员的婚姻福利差异可能在未来逐渐消失。

第九章
出生队列规模的效应：总结与应对

个体的人口福利水平不仅受到当期社会经济发展、个人特征和家庭背景的影响，而且伊斯特林的研究表明，每个个体所属出生队列的规模也对个体的福利存在影响。因此，本书聚焦出生队列规模变动与队列成员人口福利之间的关系，希望通过规范和系统的实证研究探究两者的相互关系，并且基于两者的关系讨论国家应当以怎样的方式来应对这种关系。

第一节　出生队列规模效应

本书从健康福利、教育福利、经济福利和婚姻福利四个维度，探讨了出生队列规模变动和队列成员人口福利的关系，不仅运用宏观数据分析了两者的变动关系，而且根据研究需要运用两套综合调查的微观数据，在控制相关因素的前提下检验了出生队列规模变动对队列成员人口福利的影响。同时，还借助人口模拟，考察了没有出生队列规模影响下的队列成员的人口福利状况，更直观和清晰地分解出出生队列规模的净效应。总结全书，并回应前文的研究假设，本书获得了以下主要结论。

第一，在控制其他因素的前提下，由于资源承载力和人口再生产的节律不匹配，出生队列规模变动对队列成员各个维度的人口福利均存在不同程度的显著影响，集中体现为出生队列规模越大，队列成员的人口福利水平相对越低。但是随着社会总资源量的日渐充裕以及出生队列规模变动的相对稳定，出生队列规模的效应将逐渐弱化甚至是消失。

首先，出生队列规模变动对不同年龄段队列成员的健康福利水平均存在显著影响，这种影响是社会营养健康资源与人口再生产变动规律不匹配的结果。由于营养健康资源的相对有限，出生队列规模越大，队列成员的营养健康资源越可能出现稀释；反之，出生队列规模越小，队列成员的营养健康资源越可能出现浓缩。这造成了不同规模出生队列成员健康福利的差异。以往研究表明，健康问题本质上是社会经济地位的分层问题，然而本书发现，在社会阶层分层的基础上，出生队列规模对于人口健康也存在相对独立的影响，需要引起重视，并以社会政策对此进行回应和调整。

其次，出生队列规模变动对队列成员的教育福利存在显著的负向影响，出生队列规模越大，队列成员的教育机会越少，终身教育成就越低，特别是队列成员中的女性和农业户口成员。出生队列规模对教育福利的影响从本质上讲，是宏观人口再生产节律与教育承载力变动不匹配的结果，教育承载力单向增加而人口再生产波动起伏，两者的不匹配必然导致在教育承载力有限的前提下，出生队列规模越大，队列成员享受的教育资源越被稀释的结果。

再次，在经济福利方面，规模较大出生队列成员的职业社会经济地位比规模较小出生队列成员的低。出生队列规模的缩小有利于队列成员职业社会经济地位的提高，在社会就业资源有限而且职业层级越高越具有稀缺性的前提下，进入就业市场的劳动力规模越大，竞争越激烈，更多的队列成员会被挤出到相对较低层次的职业中，导致其职业社会经济地位处于相对劣势。在收入方面，出生队列规模变动对队列成员的收入存在显著影响，但是这一影响的权重相对较小。一方面，出生队列规模较大加剧了队列成员的就业竞争，影响了队列成员的收入水平；另一方面，出生队列规模较大也降低了队列成员的职业层次，进而拉低了队列成员的收入水平。

最后，出生队列规模的差异也造成了队列成员婚姻福利水平的差异，这种效应集中体现在婚姻竞争的弱势群体身上，导致他们的婚姻福利处于劣势。这种效应形成的机制一方面是出生队列规模本身的稀释效应或浓缩效应，另一方面是婚姻之前的生命历程中累积的人口福利优势或劣势沿着生命历程的推进传递到了婚姻维度，造成了婚姻福利优势或劣势。

此外，出生队列规模变动的影响具有阶段性的特征，与资源的丰富程度相关。在资源相对匮乏和稀缺的阶段，由于资源量尚不足以被出生队列规模稀释或是浓缩，所以出生队列规模变动对队列成员人口福利的影响较小甚至无法显现出来；在资源量日益充足的阶段，对资源的竞争也相对激烈，出生队列规模变动的影响更为凸显；而在资源相对饱和的阶段，由于资源几乎可以满足所有人的需求，对资源的竞争几乎消失，因而出生队列规模变动的影响也会完全消失。因此，出生队列规模变动对队列成员人口福利的影响，更倾向于出现在资源日益充足但又尚未饱和的中期发展阶段。但是随着我国进入低生育率水平稳定的阶段，一方面，出生队列规模日益缩小降低了队列成员对各种资源的需求总量；另一方面，资源总量的日益增加又极大地增加了资源可消费总量。二者共同作用必然导致出生队列规模引致的人口福利优势或劣势逐渐减弱甚至完全消失。

第二，从生命历程的角度考察，出生队列规模变动对于队列成员的健康福利、教育福利、经济福利和婚姻福利存在的影响沿着生命历程的推进持续传递和累积，同时，呈现影响不断弱化的特征，对于生命历程中相对靠后的人口福利相对更难以进行调整。

出生队列规模变动对队列成员人口福利的影响沿着队列成员的生命历程推进而传递和累积并逐渐弱化。首先是传递和累积过程，出生队列成员从婴幼儿期到学龄期再到成年期的健康福利水平是生命历程中其他各项福利的基础，在健康层面因出生队列规模变动引致的健康福利优势或劣势会传递到生命历程下一个阶段的人口福利。健康福利较好的队列成员往往属于规模较小的出生队列，其健康福利优势不仅为其顺利接受教育、获得教育福利打下了良好的基础，而且其队列规模较小也使其具有教育机会更充足的教育福利优势，这种优势进一步传递和累积到其终身教育成就，使其获得相对较高的教育成就。之后，带着健康福利和教育福利优势的队列成员在进入劳动力市场时，这种优势得以保持甚至优化。由于出生队列规模较小，他们的就业竞争相对较小，而且较高的教育成就也使他们更可能进入职业社会经济地位较高的职业，进一步获得相对较高的收入，以此确保并提高了自己的经济福利。在此基础上，健康状况好、受教育程度高、职业层次高、收入水平高的队列成员，不仅因出生队列规模较小而面对相对较小的婚姻竞争和挤压，而且自身优越的条件更使他们在婚姻市场上成为优势群体。这些优势进而又能够促进队列成员的健康福利水平。因此，规模较小出生队列的成员在生命历程中能够经历一个福利优势不断传递、累积和提高的过程，终身福利水平相对较高；然而规模较大出生队列成员的人口福利劣势也可能在生命历程中经历类似的传递和累积过程，使其终身福利水平始终处于相对劣势状态。

其次是弱化过程，弱化过程分为两个角度。一是在本书所涉及的生命历程四个阶段中出生队列规模变动对各人口福利层面的影响呈现逐渐弱化的过程。出生队列规模对于队列成员健康福利的影响力最明显，对教育福利的影响力次之，而对于经济福利和婚姻福利的影响逐渐弱化。我们从出生队列规模变动对各人口福利层面影响的回归模型中各变量的权重变化可以看到这个过程。这一弱化过程的出现是因为，越是生命历程早期的人口福利受其他因素的干扰越少，比如婴幼儿期的健康福利主要受到家庭背景的影响，而很少受到诸如教育、经济等社会因素的影响，因此出生队列规模变动的影响也更容易凸显。但随着生命历程的推进，各福利层面除了受到个体和家庭因素的影响，相互之间也会出现交互影响，而且越是生命历程靠后的福利越可能有更多的交互影响，因而可能干扰了出生队列规模效应的显现，使该效应呈现日益弱化的趋势。如队列成员的婚姻福利就必然受到健康、教育和经济福利的共同影响，因而削弱了出生队列规模变动潜在的影响力。二是随着社会资源总量的日渐丰富，出生队列规模的效应也会逐渐弱化。这是由于资源量的极大丰富可以消除出生队列规模变动对队列成员资源占有量的稀释效应和浓缩效应，因此，出生队列规模的效应逐渐弱化甚至消失。

人口福利的优势和劣势沿着生命历程的推进传递、累积又日益弱化，因此，越是生命历程中靠后的人口福利越可能受到更多因素的干扰，想要扭转和改善累积的劣势需要涉及更多的层面，增加了其调整难度。

第三，出生队列规模变动对队列成员人口福利影响的主效应受到性别和城乡因素的调节，对于出生队列中不同性别和城乡身份的队列成员存在不同的影响，弱势群体可能更多地受到出生队列规模稀释效应的挤压而呈现人口福利水平的劣势，但出生队列规模的缩小对弱势群体人口福利状况的改善更显著。

出生队列规模变动对队列成员人口福利影响的主效应受到性别因素和城乡二元因素的调节，对出生队列中不同性别和城乡居住地（或户口类别）的队列成员存在不同程度的影响。由于资源的稀释和浓缩效应都有一个扩散顺序，因此在出生队列规模产生稀释效应的时候，相对弱势的群体会感受到更多的稀释效应，而在出生队列规模产生浓缩效应的时候，相对优势的群体能享受到更多的浓缩效应。比如在规模较大出生队列中的女性队列成员和农村户口队列成员的教育成就相对较低就是一种表现。出生队列规模的主效应和性别或城乡因素的调节效应叠加在这一组劣势队列中的弱势群体身上，使其教育福利水平是各群体中最低的。但是也因为这些相对弱势群体的人口福利水平相对最低，所以在出生队列规模缩小时，给他们福利水平带来的提高效应也更显著。

第四，出生队列规模变动对队列成员人口福利的影响，既受到社会政策等其他外部因素的干扰和调节，也受到队列成员主观行为的调整。因此，短期的人口福利劣势并不意味着终身的劣势。

出生队列规模变动对队列成员人口福利的影响，受到社会政策等外部因素的干扰和调节。本书的分析结果显示，义务教育政策和高等教育扩招政策等这类典型的社会政策，干扰了出生队列规模变动对队列成员教育福利的影响，因其实施时机的恰当性，恰好改善了规模较大出生队列成员的教育福利状况。同时，由于出生队列规模变动对队列成员教育福利的影响与教育事业的发展程度密切相关，教育事业的发展可能强化人口周期下降阶段出生队列规模引致的教育福利优势，也可能弥补人口周期上升阶段的出生队列规模引致的教育福利劣势。但是对于峰值队列成员，这种弥补效应无法逆转而只能相对弱化队列成员原有的教育机会劣势。以我国现行的教育政策为例，义务教育政策于1986年实施，恰逢出生于1974年左右的队列成员进入初中阶段，以及1980年以后出生的队列成员进入小学阶段，这是我国第二次出生低谷时期，因此义务教育政策的实行为其后的第三次出生高峰时期出生的队列成员进入义务教育阶段奠定了良好的基础。由于政策保障了义务教育阶段的入学机会，客观上增加了这些队列成员的教育机会，使原本因为出生队列规模较大而相对处于劣势的队列成员的教育福利水平得到一定程度的提高。因此，由于义务教育政策的实施恰好与出生队列规模的变动趋势相契合，客观上提升了队列成员的教育福利水平。同样，高等教育扩招政策于1999年开始实施，恰逢1980年左右出生的队列成员进入高等教育阶段，与义务教育政策类似，高等教育扩招政策的机会窗口恰好与出生队列规模的变动同步，也改变了第三次出生高峰出生的队列成员原本的教育福利劣势，有效地回应了出生队列规模变动对队列成员教育福利的影响。

此外，本书也发现，队列成员可以通过调整自身的人口行为来调节出生队列规模引致的人口福利优势和劣势，如通过缩短或延长接受正规教育的时间来调整进入劳动力市场的时点，甚至是进入婚姻市场的时点，选择竞争相对较弱的时点进入某个人口事件是一种克服自身队列规模效应的方法。所以队列成员短时的人口福利劣势也可能只是暂时的，在主观调节和客观干扰的双重作用下，原有的人口福利劣势或优势都可能出现转化。

当然出生队列规模的效应也可能受到特殊时期社会资源供给波动的影响。如在三年困难时期，当时处于生命历程各个阶段的出生队列成员，无论出生队列规模大小，人口福利状况均较差。但是即使是特殊时期，规模偏小出生队列成员的人口福利状况受到的时期影响仍然是相对较小的。

第二节 应对出生队列规模效应的政策建议

基于出生队列规模变动对队列成员的人口福利存在显著影响，导致规模不同出生队列成员的人口福利存在差异，从维护社会公平的角度出发，国家应当通过调整或设计相应的社会政策，来回应出生队列规模变动导致的人口福利差异，改变因出生队列规模差异而引致的队列成员人口福利差异。针对主要研究结论，本书提出以下政策和建议，为政府回应这一现象提供相应的参考。

一 增加社会资源总量，削弱出生队列规模变动的影响

本书研究表明，出生队列规模变动对队列成员人口福利的影响存在阶段性，即该影响主要产生在资源日益充足但又尚未饱和的发展阶段。因此，想要削弱甚至是消除出生队列规模变动给队列成员人口福利带来的负效应，根本途径是从不同的角度着力，增加社会资源总量，降低队列成员对资源的竞争。

在健康方面，大力实施"健康中国"战略，提升全民健康水平和增加健康资源供给。目前，我国健康领域仍存在卫生和健康领域投入不足，自费负担较重，医疗保险、医疗卫生、医药供应体制改革滞后等问题，制约了我国国民健康水平的提高和健康资源供给总量的增加。因此，应当依托

《健康中国"2030"规划纲要》提出的"普及健康生活、优化健康服务、完善健康保障、建设健康环境、发展健康产业"五方面的战略任务,把健康融入所有政策,全方位、全周期保障人民健康,大幅提高健康水平,显著提高健康公平状况,统筹解决关系人民健康的重大和长远问题,切实提高不同规模出生队列成员的健康福利和使其均等地享有各种健康资源。

  在教育方面,落实"教育强国"战略,着力增加各级教育的机会和提高平均受教育程度。除了继续巩固义务教育的基础地位,提升初中阶段义务教育的普及程度,也要加大对非义务教育阶段的投入,并着力推进高等教育的大众化和普及化。然而增加教育机会不能只依靠教育扩招这一条路径。相关研究已经表明,高等教育扩招并没有带来社会各阶层适龄人口教育机会的平等增加(李春玲,2010)。出现这种现象的原因,是高等教育扩招并没有使新增的教育机会平等地流向社会各阶层和群体,反而使教育机会和资源更多地集中在社会的优势阶层(刘精明,2003)。因此,在大力倡导教育扩招的同时,更需要通过相关的配套政策,确保社会各阶层的民众都能均等地受惠于政策的执行和实施效果。同时,也要注重大力发展多层次教育,使适龄人口分流到各种教育渠道接受教育,实现"学历教育和非学历教育协调发展,职业教育和普通教育相互沟通,职前教育和职后教育有效衔接"。只有切实平等地增加各级教育机会,并有效保障不同背景的个体都有均等的教育可及性,形成惠及全民的公平教育,才能从根本上减少各出生队列成员因出生队列规模差异而导致的教育机会方面的教育福利差异,促进他们终身教育成就的提高。

  在就业方面,实行"就业优先"战略,形成就业机会增加、就业质量提高、就业机构优化、就业公平提升的新局面。目前我国就业领域的问题主要是存在因经济结构变化引起的结构性失业和因信息不对称等因素引起的摩擦性失业,因此应当全面实行"就业优先"战略,把稳定和促进就业、提高就业质量放在经济社会发展优先位置,一方面,努力完善公共就业服务体系,丰富就业服务内容,推动公共就业服务实现均等化、信息化、现代化,为劳动者提供便捷高效的就业服务;另一方面,努力提高社会保障制度和基本公共服务的公平性,打破城乡、地区、行业分割和身份、性别歧视,维护劳动者平等就业权利,使各种就业形态的劳动者都有获得社会政策托底的机会,让改革发展成果惠及最广大劳动者,实现不同规模出生队列成员的充分就业和职业社会经济地位的提升。

二 加强信息的对称性，引导队列成员做出理性选择

从理论上讲，规模不同出生队列的成员会根据自己所在出生队列在人口周期中的位置，理性地进行决策，以确定自己进入某一重大人口事件的时机。比如，队列成员可以决定自己是否继续或结束某一阶段的教育，并通过调整自己的受教育年限来改变自己进入劳动力市场的时点，甚至是进入婚姻市场的时点，以此改变自己的终身福利水平。这就是出生队列成员通过调整生命历程中的重要人口事件，来回应或规避其因出生队列规模引致的人口福利优势或劣势的逻辑。然而理性决策的基础是信息的对称性。经济学研究中涉及的理性经济人往往假设其能够获得决策所需要的各种信息，即信息是对称的。只有在这一种前提下，个人才能做出理性的决策。但是在现实中并不存在绝对的信息对称，我们只能追求信息的相对对称。而作为信息的主要提供者，政府应当主动承担为民众提供决策所需宏观信息的责任，通过信息的公开引导民众做出理性和合理的选择。概括地讲，根据本书的研究结果，在进行相关决策时，民众需要了解其所在出生队列的基本状况。从非学术的角度出发，就是要了解相邻几年出生人口规模的状况，据此做出合理的选择。

对应队列成员生命历程的不同阶段，政府信息的公开以及对民众行为和决策的引导应当更有针对性。首先，从源头上减小出生队列规模的差异。除了人口惯性造成的波动属于符合人口周期变化规律的合理波动以外，出生队列规模的波动也会受到国家生育政策和民众生育偏好的影响。一方面，国家要保证生育政策的稳定；另一方面，政府也应当引导民众树立理性的生育观念，不因对特定年份存在生育偏好而导致出生人口增多，或因对特定年份存在生肖避讳而导致出生人口骤减，从源头上防止出生队列规模出现非正常波动。其次，在人口的受教育阶段，尤其是非义务教育阶段，要注重对相关教育和就业信息的及时公开和传递。政府应在民众进行教育决策之时，提供相对充分的信息，使民众能够根据自身的情况做出合理的选择，那么理性的选择或许能够自动分流规模较大出生队列的成员，从而实现减少就业市场压力的效果。因此本书认为，政府对相关信息的公开有助于消除出生队列规模变动对队列成员人口福利的影响。妥善回应这种影响

的有效途径，是加大信息公开的力度，增强信息的对称性，引导队列成员做出理性的决策，以其自身人口行为的调整来调节自身的人口福利水平，在宏观上达到"削峰填谷"的效果。

三 政策回应或调整需准确定位政策机会窗口

对于队列成员因其出生队列规模差异而导致的"先天"劣势，除了队列成员在个体层面自己调整自身的人口行为来减少或转化劣势以外，也需要国家通过相关的社会政策施加外部影响来改变其弱势地位。实现这一政策目标的关键在于，准确把握相关政策执行和实施的政策机会窗口。所谓的政策机会窗口是指根据给定的动议采取行动的机会（金登，2004），即政策执行的最佳时点，在这个时点执行相关的政策能够使政策执行实现效果最大化。政策机会窗口的开启需要满足一定的条件，而其往往只能呈现和敞开很短的时间，如果决策者没有利用这一次的机会窗口，就必须等待时机，直到下一次机会的降临。因此，回应出生队列规模变动对队列成员人口福利影响的政策过程，最核心的因素就是回应或调整的机会窗口，政策的执行或调整应当契合出生队列规模的变化特征，选择出生队列规模对队列成员人口福利存在负面影响或给其带来劣势的时点进行相应调整。一旦准确把握住了这种关键的时点，就能有效转化或削弱队列成员因出生队列规模差异而导致的人口福利劣势；相反，一旦错过了这种重要的时机，就有可能造成"优者更优，劣者更劣"的局面，反而可能加剧队列成员因出生队列规模差异而导致的人口福利差异。

以我国现行的教育政策分析，义务教育政策的实行为第三次出生高峰时期出生的队列成员进入义务教育阶段提供了相对充足的入学机会，使原本因为出生队列规模较大，而相对处于劣势的队列成员的教育福利水平得到一定程度的提高。因此，由于义务教育政策的实施恰好与出生队列规模的变动趋势相契合，客观上提高了队列成员的教育福利水平。同样，高等教育扩招政策也让第三次出生高峰出生的队列成员获得了更多的高等教育机会，提高了队列平均受教育程度，高等教育扩招政策的机会窗口也恰好与出生队列规模的变动同步，有效地回应了出生队列规模变动对队列成员教育福利的影响。因此，要解决出生队列规模的潜在影响，必须准确把握回应或调整政策的机会窗口。在人口周期的下降阶段，由于出生队列规模效应相对较弱，把握政策机会窗口准确度的差异不会造成政策效果的较大差异，然而在当前我国已经调整了原有生育政策的背景下，出生队列规模的变动趋势难以预测，相关政策调整和执行的机会窗口也同样不易把握，对此要给予充分的关注和考虑。核心的思路仍是要确保政策的机会窗口契合出生队列规模的变动趋势，有效保障不同规模的出生队列成员享有相对均等的人口福利。

第三节 人口福利研究的再评估与未来展望

一 对于人口福利研究的再评估

（一）本书对人口福利研究的主要贡献

1. 多维度的人口福利研究更加系统和全面

本书以健康、教育、经济和婚姻为切入点，结合了宏观实证分析与微观模拟分析，系统探讨了出生队列规模变动和队列成员人口福利的关系，填补了目前对人口福利的研究中尚无系统地研究人口福利的空白，也将出生队列规模这一因素引入了影响人口福利的模型。

2. 以生命历程为研究视角更为丰富和立体

本书从生命历程的视角关注队列成员的健康福利、教育福利、经济福利和婚姻福利的变化和差异，这一研究视角的运用既能相对全面地反映队列成员的人口福利水平，也能准确把握人口福利的动态变化过程，是从微观视角关注个人福利水平的研究，使研究更为丰富和立体。

3. 以出生队列为分析单位更具动态性

本书以出生队列为分析单位，从纵向的、动态的角度考察队列成员的人口福利水平，涉及人口周期中的所有普通队列。这一分析单位的使用可以更好地观测变迁动态过程及其随时间轴的演进。

4. 充分结合回归分析与人口模拟更为恰当和直观

与以往研究只将人口变动视为背景信息不同，本书对出生队列规模变动与队列成员人口福利关系的探讨，是将人口规模变动这一变量由背景因素转化为影响因素进行的研究。同时，本书还使用了分组回归的方法检验出生队列规模的调节效应，并运用人口模拟的方法验证出生队列规模的净效应。以恰当的方法较好地回应了本书的研究问题和相关假设。

5. 从理论上深化了人口转变研究

本书关注出生队列规模变动对队列成员人口福利的影响，实质上是从一个新的视角探讨我国人口转变的后果，将已有的人口转变研究引向深入。

（二）本书的潜在遗憾

1. 缺乏真实的队列长期追踪调查数据，用横向组合数据进行分析存在一定偏差

虽然本书试图从队列的、纵向的角度关注队列成员的福利状况，然而实际上我们无法获得真正的纵向追踪数据来进行相关的分析。当我们运用横向数据纵向考察队列成员的人口福利状况时（即使是不同调查时点的组合数据），对于较为年长的队列成员，由于其相关人口事件的结果已经相对稳定，因此其时期福利水平基本可以反映其终身福利水平。然而对于较为年轻的队列成员，以时期的人口事件结果反映终身的福利水平并且与年长队列相比，可能在一定程度上低估了其福利水平。然而本书认为，总体上低估的程度相对较低，对于分析结果的趋势性不存在决定性的影响。从这个意义上说，本书对队列成员人口福利水平的分析结果仍然具有相应的合理性和可信度。

2. 数据的可及性制约了本书的时间跨度

对于出生在低生育率水平下的出生队列成员，本书没有进行完整的追踪，尤其是无法对其终身教育成就和后续的就业和婚姻状况进行分析，因此对于低生育率水平下的队列成员的人口福利状况尚无一个整体性的把握。

3. 影响队列成员人口福利的其他因素

本书主要探讨了影响队列成员人口福利的队列效应，然而队列成员的人口福利还可能受到年龄和时期效应的影响。但是，一是年龄-时期-队列模型需要多次连续调查数据的组合，二是年龄-时期-队列模型一般不进行出生队列的分析，因此需要我们重新界定队列的含义。基于本书重点关注的是出生队列，为了更聚焦出生队列规模的社会效应，我们没有在研究中运用年龄-时期-队列模型来分析三种因素的影响力，而是选择了相对聚焦的出生队列这个分析单位。

二 对于未来人口福利研究的展望

在未来的人口福利研究中，需要着力解决以下问题。一是在数据可及的前提下继续关注低生育率水平下，特别是生育政策调整后新出生队列的人口福利水平与其出生队列规模变动的关系，以及这种影响是否会因为出生队列规模的新变动趋势而出现新的变化方向。二是收集相关的定性资料并将其纳入分析中。定性资料不仅有助于我们深入分析影响产生的机制，而且有助于我们理解一些定量分析结果中出现的令人费解的结果。三是希望能够运用真正的纵向追踪数据考察出生队列规模的社会效应，进一步提升本研究的科学性和准确性，使研究结果更加合理和准确。

中国特色的社会发展进程造就了中国特色的人口转变进程，也形成了我国独有的人口转变结果，规模迥异的出生队列成员在生命历程中享受到了各不相同的人口福利。然而出生不一定决定机会，福利优势或劣势既可能是暂时的，也可能是终身的。在客观环境和主观能动性的共同作用下，队列成员的人口福利状况将向着更高的水平迈进。

参考文献

阿马蒂亚·森，2002，《以自由看待发展》，任赜、于真译，中国人民大学出版社。

鲍冬红、张辉、王博、徐亮、万宇辉、陶芳标、许韶君，2017，《安徽汉族儿童青少年消瘦性营养不良现状及动态分析》，《中国公共卫生》第3期。

陈怃忠，2005，《市场过渡期中国大城市居民职业地位获致中的先赋因素与自致因素》，《管理世界》第1期。

陈伟、顾昕，2010，《人口政策与普通高等教育的发展》，《高等教育研究》第3期。

陈曦、孙红英、王丽萍、张璇、俞梦璐、孙圆圆、余双彬、袁萍，2018，《绵阳市学龄儿童青少年营养不良的流行现状分析》，《四川大学学报》（医学版）第5期。

陈友华，2008，《出生高峰与出生低谷：概念、测度及其在中国的应用》，《学海》第1期。

陈友华、虞沈冠，1993，《八十年代中国两性平均初婚年龄研究》，《南方人口》第4期。

陈玉柱、方志峰、唐振柱、杨红、王启淳、赵琳、刘玄华、陆武韬、李忠友，2015，《广西1989~2011年儿童青少年营养不良状况及变化趋势》，《中国儿童保健杂志》第6期。

陈玉柱、唐振柱、黄兆勇、周为文、李晓鹏、赵文华，2017，《我国6~18岁儿童青少年各类营养不良与父母BMI、身高关系探讨》，《中国生育健康杂志》第6期。

程诚、王奕轩、边燕杰，2015，《中国劳动力市场中的性别收入差异：一个社会资本的解释》，《人口研究》第2期。

邓士琳、刘忆湘、张军平、王芸，2017，《中国城市学龄儿童超重肥胖流行现状及危险因素分析》，《中国公共卫生》第9期。

董辉，1990，《试析人口变动对教育发展的影响》，《人口学刊》第5期。

董彦会、王政和、杨招庚、王西婕、陈妍君、邹志勇、马军，2017，《2005年至2014年中国7~18岁儿童青少年营养不良流行现状及趋势变化分析》，《北京大学学报》（医学版）第3期。

董媛、王佳蕾、吴玲玲、蔡美琴，2013，《上海市中心城区幼儿园儿童超重和肥胖现状及其影响因素》，《环境与职业医学》第9期。

段成荣，2006，《中国人口受教育状况分析》，《人口研究》第1期。

段成荣、杨书章、高书国，2000，《21世纪上半叶我国各级学校适龄人口数量变动趋势分析》，《人口与经济》第4期。

高勇，2003，《"推移"现象及其解释——论经济增长与教育的性别平等之间的关系》，载蒋永萍主编《世纪之交的中国妇女社会地位》，当代中国出版社。

葛小寒、陈凌，2010，《人力资本、人口变动与经济增长》，《人口与经济》第1期。

顾明远，2002，《教育均衡发展是教育平等的问题，是人权问题》，《人民教育》第4期。

国家统计局国民经济综合统计司编，2010，《新中国六十年统计资料汇编》，北京：中国统计出版社。

《2019年中国统计年鉴》，http://www.stats.gov.cn/tjsj/ndsj/2019/indexch.htm，最后访问日期：2020年11月30日。

何泱泱、刘国恩、徐程，2016，《中国职业隔离与性别工资差异的变化趋势研究》，《经济科学》第4期。

黄飞，2010，《北京市2010~2020年户籍人口变动对就业的影响研究》，《人口与经济》（增刊）。

黄思哲、周双、李钦、李锋华、陈超军、王丽梅、王海俊，2019，《早期BMI较低对儿童青少年营养不良影响的队列研究》，《中国学校卫生》第7期。

季成叶，2002，《中国青少年生长与营养状况变化和改善策略》，《北京大学学报》（医学版）第 5 期。

江立华，2007，《城市社区对弱势群体的福利服务：现状与行动策略——以武汉市的调查为例》，《社会主义研究》第 1 期。

科尔曼，詹姆斯等，2019，《科尔曼报告：教育机会公平》，汪幼枫译，华东师范大学出版社。

李春玲，2005，《当代中国社会的声望分层——职业声望与社会经济地位指数测量》，《社会学研究》第 2 期。

李春玲，2009，《教育地位获得的性别差异——家庭背景对男性和女性教育地位获得的影响》，《妇女研究论丛》第一期。

李春玲，2010，《高等教育扩张与教育机会不平等——高校扩招的平等化效应考查》，《社会学研究》第 3 期。

李强、邓建伟、晓筝，1999，《社会变迁与个人发展：生命历程研究的范式与方法》，《社会学研究》第 6 期。

梁瑞嘉、梁毅，2018，《影响中国人个人收入的最重要因素——基于 2011 年数据的实证分析》，《当代经济》第 17 期。

梁晓红、戚小兵、程黎、赵慧贞，2014，《珠海地区 3 岁以下儿童生长迟缓影响因素分析》，《中国妇幼保健》第 16 期。

刘家强、罗蓉，2006，《学龄人口发展与人力资本提升——基于四川省 2005～2020 年学龄人口发展的分析》，《人口研究》第 4 期。

刘精明，2003，《高等教育扩展与入学机会差异：1978～2003》，《社会》第 3 期。

刘楠，2006，《2003～2010 年我国人口变动对就业的影响及应对措施》，《河南社会科学》第 5 期。

刘淑华、王立波，2007，《教育机会不平等研究述评》，《学术论坛》第 7 期。

刘颖春，2006，《城市化过程中人口变动趋势对我国房地产开发的影响》，《人口学刊》第 3 期。

卢乃桂、许庆豫，2001，《我国 90 年代教育机会不平等现象分析》，《华东师范大学学报》（教育科学版）第 4 期。

吕文慧，2008，《中国城镇居民福利和不平等的实证研究》，博士学位论文，中国人民大学。

马洪路，2002，《中国残疾人社会福利》，中国社会出版社。

满塞丽麦、郭岩，2016，《中国5岁以下儿童营养不良的社会决定因素研究》，《北京大学学报》（医学版）第3期。

米红、文新兰、周仲高，2003，《人口因素与未来20年中国高等教育规模变化的实证分析》，《人口研究》第6期。

乔锦忠，2009，《高等教育入学机会公平的指标体系研究》，《教育学报》第6期。

秦新红、李丽英、孙桂平、邬雪山，2010，《学龄儿童营养不良的危险因素分析》，《现代预防医学》第10期。

《全国教育经费执行情况统计公告》（1993～2000年），http：//www.edu.cn/edu/tjsj/zhsj/jiao_yu_jing_fei/，最后访问日期：2020年11月30日。《全国教育经费执行情况统计公告》（2001～2016年），http：//www.moe.gov.cn/srcsite/A05/s3040/，最后访问日期：2020年11月30日。

沈百福，2004，《义务教育投入的城乡差异分析》，《教育科学》第三期。

沈有禄，2010，《教育机会分配的公平性问题研究综述》，《现代教育管理》第10期。

石人炳，2003，《我国人口变动对教育发展的影响及对策》，《人口研究》第1期。

石人炳，2005，《人口变动对教育的影响》，中国经济出版社，北京。

石中英，2007，《教育机会均等的内涵及其政策意义》，《北京大学教育评论》第4期。

宋月萍、谭琳，2004，《论我国基础教育的性别公平》，《妇女研究论丛》第2期。

孙磊，2008，《北京市人口变动对各级教育发展的影响研究》，硕士学位论文，首都经济贸易大学。

唐雯、李晓松、潘杰，2014，《中国儿童超重和低体重与家庭社会经济特征相关性研究》，《卫生研究》第2期。

陶青，2008，《班级规模与生师比的混用、辨析及其政策启示》，《上海教育科研》第11期。

田宝宏，2008，《学龄人口变动对基础教育发展的影响研究》，博士学位论文，西南大学。

汪玲、史慈静、武桂英、安爱华、欧阳风秀、周卫萍、任娟英，1994，《青少年营养不良的干预研究》，《中国公共卫生》第 7 期。

王承宽、刘蒙，2007，《试论江苏省人口变化对教育发展的影响》，《教育与职业》第 6 期。

王金营、石玲，2007，《北京市未来人口发展下的教育需求预测》，《北京行政学院学报》第 4 期。

王军，2004，《我国人口老龄化对教育行业的影响及对策》，《深圳大学学报》（人文社会科学版）第 6 期。

王鹏、吴愈晓，2013，《初婚年龄的影响因素分析——基于 CGSS 2006 的研究》，《社会》第 3 期。

王为农，2002，《亚洲消除营养失调面临的双重负担——营养不足与营养过剩》，《经济研究参考》第 9 期。

王艳萍，2006，《克服经济学的哲学贫困——阿马蒂亚·森的经济思想研究》，中国经济出版社。

王玉英、陈春明、何武，2007，《中国儿童营养状况 15 年变化分析——应用 2006 世界卫生组织儿童生长标准评价中国儿童营养状况》，《卫生研究》第 2 期。

吴晓刚、张卓妮，2014，《户口、职业隔离与中国城镇的收入不平等》，《中国社会科学》第 6 期。

伍小兰，2009，《我国农村老年人口福利状况研究》，中国社会出版社，北京。

武俊青、戎芬、李玉艳、华芹、蒋蓬、任静朝、高尔生，2012，《无锡市 10~14 岁儿童超重肥胖现状调查及影响因素分析》，《卫生研究》第 5 期。

武小龙、刘祖云，2014，《中国城乡收入差距影响因素研究——基于 2002~2011 年省级 Panel Data 的分析》，《当代经济科学》第 1 期。

辛涛、黄宁，2009，《教育公平的终极目标：教育成就公平——对教育成就公平的重新定义》，《教育研究》第 8 期。

辛涛、田伟、邹舟，2010，《教育成就公平的测量及其对基础教育发展的启示》，《清华大学教育研究》第 4 期。

杨东平、周金燕，2003，《我国教育公平评价指标初探》，《教育研究》第 11 期。

杨菊华，2007，《生育政策与少儿福利》，哈尔滨出版社。

杨旻，2009，《高等教育机会性别不平等的因素分析与对策思考》，《江苏社会科学》第 3 期。

杨艳琳，2001，《湖北省人口变化对教育的影响及对策研究》，《教育研究》第 7 期。

叶欣茹，2005，《中国高等教育生均教育经费的增长与国际比较》，《高教探索》第 6 期。

于冬梅、房红芸、许晓丽、于文涛、贾凤梅、郭齐雅、琚腊红、李淑娟、赵丽云，2019，《中国 2013 年 0～5 岁学龄前儿童营养不良状况分析》，《中国公共卫生》第 3 期。

于冬梅、刘爱东、于文涛、张兵、张继国、贾凤梅、李婕、赵丽云，2011，《2009 年中国贫困地区 5 岁以下儿童营养不良状况及其影响因素》，《卫生研究》第 6 期。

俞丹、陈玉柱，2017，《营养不良评价标准在中国公共卫生调查和研究中的应用进展》，《卫生研究》第 4 期。

袁双龙、郭峰，2009，《高等学校生师比研究述评》，《湘潮》（下半月）第 4 期。

约翰·W. 金登，2004，《议程、备选方案与公共政策》，丁煌、方兴译，中国人民大学出版社。

曾迪洋，2014，《生命历程理论视角下劳动力迁移对初婚年龄的影响》，《社会》第 5 期。

曾满超、丁延庆，2005，《中国义务教育资源利用及配置不均衡研究》，《教育与经济》第 2 期。

翟振武、陈卫，2007，《1990 年代中国生育水平研究》，《人口研究》第 1 期。

张继明、吴智鹏，2009，《论适龄人口低峰的到来与高等教育发展》，《教育学术月刊》第 11 期。

赵智伟，2008，《影响我国女性初婚年龄变动的因素》，《人口与经济》第 4 期。

郑秉文，2002，《公共物品、公共选择理论中的教育》，《世界经济与政治》第 12 期。

郑莉、曾旭晖，2016，《社会分层与健康不平等的性别差异：基于生命历程的纵向分析》,《社会》第 6 期。

郑真真、连鹏灵,2004,《中国人口受教育状况的性别差异》,《妇女研究论丛》第 5 期。

《中国教育年鉴》编辑部,1984,《中国教育年鉴(1949~1981 年卷)》,中国大百科全书出版社。

《中国教育统计年鉴》(1987~2017 年),中国知网年鉴数据库 https://data.cnki.net/trade/Yearbook/Single/N2019030252?z=Z017,最后访问日期:2020 年 11 月 30 日。

《中国统计年鉴》(1999-2019 年),http://www.stats.gov.cn/tjsj/ndsj/,最后访问日期:2020 年 11 月 30 日。

周雪光,2015,《国家与生活机遇——中国城市中的再分配与分层 1949~1994》,郝大海等译,中国人民大学出版社。

Ahlburg, Dennis A. 1996. "Population Growth and Poverty," in D. A. Ahlburg, A. C. Kelley, K. and Oppenheim Mason edited, *The Impact of Population Growth on Well-being in Developing Countries*, Springer, pp. 219–258.

Ahlburg, D. A., 1983. "Good Times, Bad Times: A Study of the Future Path of U. S. Fertility," Social Biology 30 (1): 17–31.

Ahlburg, D. A., and Schapiro, M. O. 1984. "Socioeconomic Ramifications of Changing Cohort Size: An Analysis of U. S. Post-war Suicide Rates by Age and Sex," Demography 21 (1): 97–108.

Ahlburg, D. A., A. C. Kelley, and K. Oppenheim Mason edited. 1996. *The Impact of Population Growth on Well-being in Developing Countries*. Springer.

Arriaga, Eduardo E. 1972. "Impact of Population Changes on Education Cost", Demography 9 (2): 275–293.

Blake, Judith. 1989. *Family Size and Achievement*. Berkeley: University of California Press.

Bronson, Mary Ann, and Maurizio Mazzocco. 2013. "Cohort Size and the Marriage Market: Explaining Nearly a Century of Changes in U. S. Marriage Rates," Working Paper. https://paa2013.princeton.edu/papers/132713.

Browne, Irene. 1995. "The Baby Boom and Trends in Poverty, 1967–1987," Social Forces 73 (3): 1071–1095.

Butz W. P., and Ward M. P. 1979. "The Emergence of Countercyclical U. S. fertility," *American Economic Review* 69 (3): 318 – 328.

Connelly, Rachel. 1986. "A Framework for Analyzing the Impact of Cohort Size on Education and Labor Earning," *The Journal of Human Resources* 21 (4): 543 – 562.

Costello, Michael A. 1993. "Consequences of Population Change at the Community Level: Some Empirical Findings for Employment, Education and Health. In: Studies on consequences of population change in Asia: comparative findings. Proceedings of the Regional Seminar on Consequences of Population Change in Asia, Chiang Mai, Thailand, 7 – 10 April 1992, [compiled by] United Nations. Economic and Social Commission for Asia and the Pacific [ESCAP]. New York, New York, United Nations, pp. 75 – 104.

Easterlin, Richard A., and Christine Macdonald and Diane J. Macunovich. 1990. "How Have American Baby Boomers Fared: Earnings and Economic Well-Being of YoungAdults, 1964 – 1987," *Journal of Population Economics* 3 (4): 277 – 290.

Easterlin, Richard A., Christine M. Schaeffer and Diane J. Macunovich. 1993. "Will the Baby Boomers be Less Well off Than Their Parents? Income, Wealth, and Family Circumstances over the Life Cycle in the United States," *Population and Development Review* 19 (3): 497 – 522.

Easterlin, Richard. A. 1980. *Birth and fortune: the impact of numbers on personal welfare*. Chicago: The University of Chicago Press.

Easterlin, Richard. A. 1987. "Easterlin Hypothesis," *In the New Palgrave: A Dictionary of Economics*, J Eatwell, M Milgate, P Newman edited, 2, 1 – 4.

Falaris, Evangelos M., and H. Elizabeth Peters. 1992. "Schooling Choices and Demographic Cycles," *The Journal of Human Resources* 27 (4): 551 – 574.

Ganzeboom, Harry B. G., Paul M. De Graaf, and Donald J. Treiman. 1992. "A Standard International Socio-economic Index of Occupation Status," *Social Science Research* 21: 1 – 56.

Guest, Philip. 1993. "Consequences of Population Change at the Household Level," In: Studies on Consequences of Population Change in Asia: Comparative Findings. Proceedings of the Regional Seminar on Consequences of Population Change in Asia, Chiang Mai, Thailand, 7 – 10 April 1992, [compiled by] United Nations. Economic and Social Commission for Asia and the Pacific [ESCAP]. New York, New York, United Nations, pp. 105 – 135.

Guest, P. 1993. "Consequences of Population Change for Human Resource Development," In: The Fourth Asian and Pacific Population Conference, 19 – 27 August 1992, Bali, Indonesia. Selected papers, [compiled by] United Nations. Economic and Social Commission for Asia and the Pacific [ESCAP]. New York, United Nations, pp. 65 – 79.

Imhoff, Evert van, and Wendy Post. 1998. "Microsimulation Methods for Population Projection," *New Methodological Approaches in the Social Sciences* 10 (1): 97 – 138.

Jeon, B. Philip, and Mark C. Berger. 1996. "The Demographic Cycle and Optimal Schooling Choices," *Southern Economic Journal* 63 (2): 301 – 311.

Kelley, Allen C., 1996. "The Consequences of Rapid Population Growth on Human Resource Development: the Case of Education,". in D. A. Ahlburg, A. C. Kelley, K. and Oppenheim Mason edited, *The Impact of Population Growth on Well-being in Developing Countries*. Springer, pp. 67 – 137.

Kelley, Allen C., and Schmidt, Robert M. 1996. "Toward A Cure for the Myopia and Tunnel Vision of Population Debate: a Dose of Historical Perspective," in D. A. Ahlburg, A. C. Kelley, K., and Oppenheim Mason edited, *The Impact of Population Growth on Well-being in Developing Countries*. Springer, pp. 11 – 35.

Kosters, Marvin H. 1990. "Schooling, Work Experience, and Wage Trends," *The American Economic Review*, Papers and Proceedings of the Hundred and Second Annual Meeting of the American Economic Association 80 (2): 308 – 312.

Landon, Stuart. 1997. "High School Enrollment, Minimum Wages and Education Spending," *Canadian Public Policy* 23 (2): 141 – 163.

Lloyd, Cynthia B., and Ann K. Blanc. 1996. "Children's Schooling in Sub-Saharan Africa: The Role of Fathers, Mothers, and Others," *Population and De-*

velopment Review, 22 (2), 265 – 298.

Macunovich, Diane J. 1996. "Cohort Size Effects on U. S. Enrollment Decisions," [Unpublished] Presented at the Annual Meeting of the Population Association of America, New Orleans, Louisiana.

Macunovich, Diane J. 1999. "The Fortunes of One's Birth: Relative Cohort Size and the Youth Labor Market in the United States," *Journal of Population Economics* 12 (2), Special Issue on Youth Labor Market, pp. 215 – 272.

Mankiw, N. Gregory, and Weil, David N. 1989. "The Baby Boom, the Baby Bust, and the Housing Market," *Regional Science and Urban Economics* 19 (2): 235 – 258.

Mason, Andrew. , 1996. "Population, Housing and the Economy," in D. A. Ahlburg, A. C. Kelley, K. , and Oppenheim Mason edited, *The Impact of Population Growth on Well-being in Developing Countries*. Springer, pp. 175 – 218.

Mehrotra, Santosh. 2006. "Child Malnutrition and Gender Discrimination in South Asia," *Economic and Political Weekly* 41 (10): 912 – 918.

Menard S. , and Elliot 1992. "Demographic and Theoretical Variables in the Age-Period- ohort Analysis of Illegal Behavior," *Journal of Research in Crime & Delinquency* 29: 178 – 199.

Montgomery, Mark R. , and Cynthia B. Lloyd. 1996. "Fertility and Maternal and Child Health," in D. A. Ahlburg, A. C. Kelley, K. and Oppenheim Mason edited. *The Impact of Population Growth on Well-being in Developing Countries*. Springer, pp. 37 – 65.

Mosley, W. Henry, and C. Lincoln Chen. 1984. "An Analytical Framework for the Study of Child Survival in Developing Countries," *Population and Development Review*, Supplement: Child Survival: Strategies for Research 25 – 45

Nussbaum, M. C. 2000. *Women and Human Development: the Capabilities Approach*. Cambridge: Cambridge University Press.

Pampel, Fred C. , and H. Elizabeth Peters. 1995. "The Easterlin Effect," *Annual Review of Sociology* 21: 163 – 194.

Panayotou, Theodore. 1996. "An Inquiry into Population, Resource and Environment," in D. A. Ahlburg, A. C. Kelley, K. and Oppenheim Mason edited.

The Impact of Population Growth on Well-being in Developing Countries. Springer, pp. 259 – 298.

Poterba, James M. 1997. "Demographic Structure and the Political Economy of Public Education," *Journal of Policy Analysis and Management,* 16 (1), Special Issue: Serrano V. Priest: 25th Anniversary, pp. 48 – 66.

Ruttan, Vernon W. 1996. "Population Growth, Environmental Change and Technical Innovation: Implication for Sustainable Growth in Agricultural Production," in D. A. Ahlburg, A. C. Kelley, K. and Oppenheim Mason edited. *The Impact of Population Growth on Well-being in Developing Countries.* Springer, pp. 139 – 173.

Selvaratnam, S. 1993. "Consequences of Population Change at the National Level: the Asian Context," In: Studies on consequences of population change in Asia: comparative findings. Proceedings of the Regional Seminar on Consequences of Population Change in Asia, Chiang Mai, Thailand, 7 – 10 April 1992, [compiled by] United Nations. Economic and Social Commission for Asia and the Pacific [ESCAP]. New York, New York, United Nations, pp. 47 – 74.

Sherman, Joel D. , and Jeffrey M. Poirier. 2007. *Educational Equity and Public Policy: Comparing Results from 16 Countries.* Montreal: UNESCO Institute for Statistics.

Stapleton, David C. , and Douglas J. Young. 1988. "Educational Attainment and Cohort Size," *Journal of Labor Economics* 6 (3): 330 – 361.

Susan, Watkins, and Jane Menken and John Bongaarts. 1987. "Demographic Foundation of Family Change," *American Sociological Review* (3): 346 – 358.

Wachter, Michael L. , and William L. Wascher. 1984. "Leveling the Peaks and Troughs in the Demographic Cycle: An Application to School Enrollment Rates," *The Review of Economics and Statistics* 66 (2): 208 – 215.

Wellek, Stefan. 2003. *Testing Statistical Hypotheses of Equivalence.* Boca Raton, FL: Chapman and Hall/CRC.

图书在版编目(CIP)数据

出生与机会:出生队列规模变动与人口福利/马妍著.--北京:社会科学文献出版社,2020.12
(当代中国社会变迁研究文库)
ISBN 978-7-5201-7677-4

Ⅰ.①出… Ⅱ.①马… Ⅲ.①人口-问题-研究-中国 Ⅳ.①C924.24

中国版本图书馆CIP数据核字(2020)第242003号

当代中国社会变迁研究文库
出生与机会
——出生队列规模变动与人口福利

著　者/马　妍

出 版 人/王利民
责任编辑/胡庆英

出　版/社会科学文献出版社·群学出版分社(010)59366453
　　　　地址:北京市北三环中路甲29号院华龙大厦　邮编:100029
　　　　网址:www.ssap.com.cn
发　行/市场营销中心(010)59367081　59367083
印　装/三河市龙林印务有限公司
规　格/开　本:787mm×1092mm　1/16
　　　　印　张:14.25　字　数:232千字
版　次/2020年12月第1版　2020年12月第1次印刷
书　号/ISBN 978-7-5201-7677-4
定　价/98.00元

本书如有印装质量问题,请与读者服务中心(010-59367028)联系

▲ 版权所有 翻印必究